중국을
낳은
뽕나무

《 사치와 애욕의 동아시아적 기원 》

중국을 낳은 뽕나무

강판권 지음

글항아리

머리말 _ 뽕나무가 만든 나라

　중국을 의미하는 '차이나'의 유래가 뽕나무라는 것을 아는 사람은 많지 않다. 대부분의 사람들은 서구에서 중국을 일컫는 말인 '차이나China'의 어원을 중국 최초의 통일제국 진秦나라의 음역인 '진Tsin'에서 찾고 있으며, 학계에서도 별다른 의심 없이 수용하고 있다. 이러한 주장은 명말청초 예수교 선교사에게서 나왔지만 명확한 근거가 있는 것은 아니다. 물론 진은 역사적으로 의미가 큰 나라다. 진은 최초의 통일제국이자 황제 지배 체제를 확립한 나라이며, 이러한 체제는 이후의 중국 역사에 큰 영향을 주었다. 그런데 이와 같은 차이나의 어원에 대한 기존의 이해는 다른 차원의 역사적인 상상력을 억압하고 있다.

　애초 외국인들이 중국을 인식한 매개는 비단이었다. 왜냐하면 진나라가 등장하기 훨씬 이전부터 비단이 서구에 전해졌기 때문이다. 기원전 1500년 전에 만든 중국의 비단이 현재 아프가니스탄인 박트리아에서 발견되었다. 페르시아나 인도에서는 중국을

4

비단 생산과 관련하여 '진Cin' 이나 '지나Cina' 로 불렸다. 기원전 4세기부터 인도나 페르시아를 통해 중국에 관한 정보를 얻은 그리스인들은 중국을 비단 생산국으로만 알고 있었다. 로마에서는 중국을 '세레스Seres' 혹은 '세라Sera' 라 불렀다. 이는 '비단국민' 혹은 '비단나라' 를 의미한다. 서양인들은 비단을 '세리카Serica' 라 불렀다. 이 말은 값비싼 피륙을 의미하는 한자인 '사絲' 의 음사音寫였다. 한나라에서 만든 비단은 로마를 비롯한 서양인들을 단번에 매료시켰고 고대의 활발한 동서무역의 기폭제가 되었다.

중국은 수천 년 간 잠상업蠶桑業을 해오면서 그 기술을 거의 독점했다. 이것이 비단의 가치를 더욱 증폭시켰고, 비단을 중심으로 하는 조공무역 체계를 만들었다. 세계 만방의 국가들이 중국에 와서 조공을 바치며 황제에게 예를 다하는 조공의식은 한나라에서 시작되어 청나라까지 이어지면서 중화의식을 형성했다. 이것이 가능했던 이유는 황제가 조공국에서 비싼 화폐로 통용될 수 있는 고급비단을 선물로 주었기 때문이다. 나아가 조공을 빌미로 중국에 와서 장사를 할 수 있었기 때문이기도 하다. 중국이 가운데 있고 오랑캐가 사방을 둘러싸는 이 오래된 세계질서는 정치적·군사적 힘의 우위를 넘어 이익을 위해 굴욕을 감내하는 인간의 속성과 무관하지 않다.

비단은 의복의 소재이면서 동시에 문화를 퍼뜨리는 매체였다. 중국은 의복의 질서를 통해 나라를 다스렸다. 예치禮治의 근본은 신분과 남녀에 따른 옷감과 디자인의 차별화였다. 일반 백성들이 입는 값싼 비단과 다섯 겹을 껴입어도 "젖꼭지"가 보였다는 고급 비단의 존재는 여러 측면에서 고대사회의 통치이념을 제도화시키는 데 일조했다.

이뿐이겠는가. 종이가 없던 시절 비단이라는 평면 공간의 확보는 예술가들에게 무한한 상상력을 불러 일으켰다. 돌과 구리에는 표현할 수 없었던 복잡한 문양은 추상과 상징이라는 문명의 표현법을 낳았다. 또한 페르시아의 화풍까지 바꿔놓았던 중국 회화의 질감을 책임진 것도 바로 비단이었다.

나아가 비단은 세계의 중심이었던 당의 수도 장안과 남송의 수도 항주의 도시문화를 수놓는 핵심 아이콘이었다. 비단은 배의 돛폭에서 술집 난간을 휘감아 꾸미는 천까지 쓰이지 않는 곳이 없었다. 다산신앙과 결합되어 사회적으로 합법화된, 뽕나무 밭에서의 야합野合까지 더해진다면 비단과 관련된 사치와 애욕의 문화사는 책이 열권이라도 모자랄 정도다.

이 책에는 이러한 풍경들이 담겨 있다. 기르기 어려운 뽕나무와 쉽게 죽어버리는 누에에서 조금이라도 더 많은 실을 뽑아내기 위해 농민들이 어떤 방법을 쓰고 기지를 발휘했는지에 대한 이야기부터 뽕나무의 작품이라 할 수 있는 비단이 펼쳐보인 화려한 세계도 보여주려고 노력했다. 특히 청대 강남의 농업을 전공한 학자로서 중국 잠상업의 전개를 서술하는 데 심혈을 기울였다.

이 책은 뽕나무로 역사와 문화를 드러내려 한 지 5년 만에, 뽕나무로 학술 논문을 쓴 지 꼭 9년 만에 세상에 나오는 셈이다. 뽕나무 공부를 한 지 거의 10년의 세월이 흐른 뒤에야 꿈을 이루니 감회가 매우 새롭다. 연구실 책꽂이에 뽕나무 관련 사료만 해도 적지 않은 분량이다. 한 그루의 뽕나무는 중국과 한국, 나아가 동북아시아 사람들에게 추위를 견딜 수 있게 한 주인공이자 중국과 한국의 역사에 깊이 뿌리내린 사료史料이기도 했다. 감히 말하건대, 뽕나무를 모르는 자가 중국사를 말한다면, 그건 『시경詩經』을 모르면서 중국 고대 역사를 이야기하는 것과 같다.

내가 10년 동안의 뽕나무 공부를 마무리할 수 있도록 도와준 분은 이방인에게 잠실蠶室을 기꺼이 보여주신 경북 영천 고경면의 이름 모를 할아버지와 뽕나무의 생태적 가치를 일러주신 농촌진흥청의 성규병 박사, 탈고를 기다려주신 글항아리 여러분, 그리고 교정의 무거운 짐을 덜어준 살구나무(우현정)였다. 꿈은 언제나 뜻을 같이 하는 사람들과 함께 이루는 법이다.

2009년 여름 궁산 자락에서
쥐똥나무

제1부

1
중국 문명의 가장 오래된 상징

산서에서 시작된
뽕나무의 고대사

중국 역사를 열었던 요堯와 순舜임금이 태어난 산서의 봄은 무척 아름답다. 봄철이면 집집마다 예쁘게 차려 입은 아가씨들이 삼삼오오 몰려 나와 웃고 떠들며 뽕밭으로 향하기 때문이다. 이곳 아가씨들에겐 봄철 뽕밭에 가는 날이 곧 축제일이었다. 겨울 내내 집에만 갇혀 있던 원기 왕성한 처녀들에게 탁 트인 봄 들판으로 나가는 것만큼 간절한 일은 없었다. 집밖엔 사람들이 있었고 무엇보다 아가씨들에게 눈길을 주는 잘생긴 남자들이 있었다. 손에 바구니를 하나씩 들고 폴짝폴짝 뛰면서 세상에 가장 먼저 봄기운을 뿌리는 그녀들의 모습은 상상하는 것만으로도 행복하다.

산서성을 포함해 섬서성陝西省, 감숙성甘肅省 등지는 비옥한 비여과성 토양을 이루는 황토로 덮여 있었다. 그래서 매년 비료 없이 농작물을 재배할 수 있었고, 강우량이 제한돼 있는데도 습기를 유지할 수 있는 토양 때문에 매년 풍년이 들었다. 이 지역들은 고대 중국 농업의 가장 오래된 중심지였다. 특히 산서 동북에 위치한 대동大同지역은 뽕나무가 즐비했다. 이곳에 뽕나무가 많았던 것은 이곳을 흐르는 상간하桑乾河 때문이었다. 상간하 주변 땅은 뽕나무가 자라기에 아주 적합했다. 상간하는 바로 이곳의 상황을 고려해서 붙인 이름이다. 하천 이름에 '마를 간'이 들어간 것은 뽕나무의 열매인 오디가 5∼7월 경 익을 즈음 이곳의 하천이 말랐기 때문이다.(마를 건의 본음은 간이다.)

하夏나라 우禹임금이 도읍한 산서성 해주解州의 안읍安邑에서 가까운 하현夏縣 서음촌西陰村에서는 중국 신석기 문화를 대표하는 채도彩陶 문화의 유적이, 포주浦州 만영현萬榮縣에서는 앙소仰韶 문화의 유적이 발견됐다. 이러한 흔적은 이 지역이 일찍부터 농업

산서성은 남북으로 400킬로미터에 달하는 태행산맥 서쪽에 있으며, 고대 중국의 역사를 앞장서서 이끌었던 곳이다. 사진 왼쪽은 산서성 불궁사에 있는 응현목탑이다. 1056년 조성된 요나라 유물로 탑의 높이는 67.31미터이다. 이 탑에 올라가면 멀리 항산恒山과 상간하桑乾河가 보인다. 오른쪽은 산서성 길현에 있는 호구폭포壺口瀑布의 원경.

이 발달한 곳이었음을 증명한다. 1926년에 하현 서음촌 유적 발굴에서 사람이 반으로 잘라 실을 뽑아낸 듯한 누에고치 껍질[蠶繭]이 발견됐다. 돌 혹은 도자기로 만든 물레[紡錘]도 발견되었다. 발견 당시 학자들 사이에서는 이것이 고치인 것은 분명하지만 과연 누에고치인가를 두고 논란이 있었다. 발굴자인 이제李濟는 누에고치라고 단정할 수는 없으나 그렇다고 아니라는 증거도 없다는 중립적 입장을 내보였다. 하지만 앙소문화기에 이미 잠업이 발생했다고 보는 것이 타당할 것이다. 그렇지 않으면 그 뒤를 잇는 은나라와 주나라의 시대에 고도로 발달한 잠상 관련 유물의 존재를 설명하기 힘들기 때문이다.

선사시대를 지나면 중국대륙은 기원전 1600년대에 용산문화기에 접어든다. 은·주의 역사 시대에는 양잠이나 견직물이 유물이나 기록에 많이 나타나고 있다. 대표적인 것이 옥누에[玉蠶]와 누에고치 문양[蠶紋]이다. 1953년 안양 대사공촌大司空村에서 발견된 은묘의 부장품에서 7절 백색옥잠이 비교적 완전한 형태로 발굴되었고, 1966년 산동성 소부둔蘇埠屯의 은묘에서도 정교한 옥잠이 출토되었다. 옥잠과 함께 은대(기원전 1500~1100) 청동기에는 튀어나온 눈을 달고 꿈틀거리며 기어가는 생동감 있는 누에 문양도 선명히 나타나고 있다. 특기할 만한 것은 이러한 잠문이 북방에서는 물론, 남방의 흑도黑陶 유적에서도 찾아볼

상나라의 옥누에
옥누에의 발굴로 상 왕조가 잠상을 중시했다는 것을 알 수 있다.

수 있다는 점이
다. 이것은 고대
부터 중국 전역
에서 비단이 생산됐다는 걸 의
미한다. 1959년 강소성 오강吳江의 언덕
유적지에서 출토된 검은 간토기에는 누
에 문양이 구체적이고 사실적으로 묘사
되어 있는데, 이는 당시 사람들이 누에
에 대해 정확하게 파악하고 있었음을
뜻한다.

　중국은 '옥의 나라'라 부를 수 있
을 만큼 옥이 흔하다. 옥공예 기술 또한
아주 뛰어나다. 갑골문에 등장하는 '옥
玉'은 세 개의 옥을 세로의 끈으로 묶은
모습이다. 옥은 누구나 탐내는 물건이다. 그렇기 때문인지 옥에는
'사랑하다'는 뜻도 담겨 있다. 옥은 단단하기 때문에 조각하기가
쉽지 않다. 그렇지만 상나라에 이르러 옥조각 기법이 매우 발달해
평면부조나 선 조각이 존재했고, 반입체와 입체 원형 조각도 있었
다. 상나라 때는 벽璧·종琮·규圭·장璋·황璜 등 옥의 종류도 아
주 많았다. 상나라 때 옥공예가 발달한 것은 옥이 제사에 사용하
는 상스러운 물건이었을 뿐 아니라 권력의 징표였기 때문이다. 아
주 귀한 옥궤玉簋는 예악기로 사용했다.

　이처럼 누에가 상징물로 도안될 정도라면 실생활에서 비단이

상나라의 귀족 복식
상나라 사람들은 위에는 의衣,
아래는 치마를 입었다. 지금은
'의'가 상의와 하의를 모두 일
컫는 말이지만, 당시에는 위에
입는 옷, 즉 상의를 뜻했다.

널리 쓰였음은 짐작
할 만하다. 그 증거
로 청동기 표면에 부
착된 견직물의 흔적
이 있다. 1950년 안
양 은허에서 출토된
청동으로 만든 세 점

상나라 견직물의 도안
견직물 도안은 두 가지의 모양
을 갖고 있다. 대체로 '회回' 자
무늬(왼쪽)와 번개 무늬이다.

의 창과 1955년 정주鄭州에서 출토된 상나라 때의 무덤에서도 그
흔적이 나왔다. 스웨덴의 견직물 학자 실완Vivi Sylwan은 스톡홀름
의 말모 박물관에 소장된 은대의 청동기 술잔과 청동 도끼에도 직
물의 직조 과정에서 나타나는 마름모 문양인 능형문菱形紋과 마름
모꼴을 여러 개 겹쳐 돌아올 회回 자의 모양으로 만든 회문回文이
뚜렷하게 남아 있다고 밝혔다. 이와 관련 실완은 상나라의 기술
수준이 비스듬한 마름모 문양의 능직綾織 비단인 기綺를 생산하는
데에 이르렀다고 지적한 바 있다.

은대에 잠업이나 견직물이 성행했다는 사실은 은허에서 출토
된 갑골문 기록에 의해서도 충분히 드러나고 있다. 갑골문에는 잠
상과 연관된 단어로 뽕나무를 의미하는 상桑, 누에를 뜻하는 잠蠶,
비단실을 의미하는 사絲, 비단으로 만든 천을 의미하는 백帛, 비단
으로 만든 머리쓰개를 의미하는 건巾, 옷을 의미하는 의衣 등이 등
장한다. 그 외에 실을 묶는다는 속束, 실로 낚시질을 한다는 민敏
등 방직과 관련된 문자들이 나온다. 상형문자인 갑골문은 수천 자
에 불과한 것으로서 당시 사회에 존재했던 보편적인 사물이나 현

상만을 표현하고 있는 제한된 문자였다는 점을 감안한다면, 잠업이나 방적·직견과 관련된 문자가 많이 나온다는 것은 그만큼 잠업이나 견직물이 보편적이었음을 말해 주는 것이다.

정수일 교수의 실크로드 연구에 따르면 주대에 이르러 견직업이 더욱 발달해 생산 규모가 확대되었고, 견직업을 체계적으로 관리·운영하는 제도도 정립되었음을 알 수 있다. 『주례周禮』에는 주나라가 방직업 을 "부녀자의 일[婦功]"로 적극 장려하고 왕 공, 사대부, 백공, 상려, 농부 등과 함께 국 가의 6대 직종으로 규정했으며 전문적인 관리 기구와 제도를 마련해 견직물 생산을 국가적으로 통제했다. 천관天官 산하에 전부공典婦功, 전사典絲, 전 시典枲, 내사복內司服, 봉인縫人, 염인染人 등 6개 생산관리 부서를 둬 방적 원료의 구입과 저장·이용에서 염색과 의류 봉제에 이르 기까지 관리하고 전담자를 배치했다. 중국의 고대 언어, 신화, 문 학, 철학, 사회, 문화를 총망라한 『상서尙書』를 보면 전국 9주 중 곤주袞州, 청주靑州, 서주徐州, 양주揚州, 형주荊州, 예주豫州 등 6개 주에 잠사가 분포되었다고 기록되어 있으며, 그 공물 조항을 보면 생사生絲, 작잠사柞蠶絲, 주綢, 검은색 주, 흰색 견絹, 고운 견면絹 綿, 고운 갈포 등이 언급되어 있다.

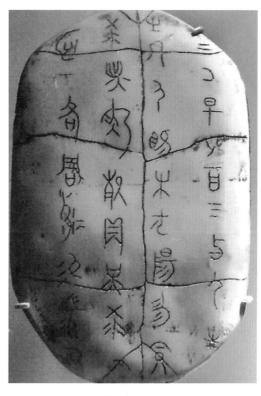

갑골문
상나라 사람들은 점을 칠 때 거북껍질이나 소뼈에 열을 가해 갈라진 무늬를 보고 길흉을 점쳤다. 그리고 그 무늬 옆에 점친 내용을 새겼다.

은허전차
은허에서 발굴된 전차의 모습과
은허박물원에 전시중인 상나라
시대 마차의 복원된 모습.

　　이렇듯 양잠은 중국의 신석기 시대에 출현해 청동기시대에 이르러서는 국가의 기반산업으로 성장했다. 중국은 지금부터 3~5천여 년 전부터 뽕나무를 심고 누에고치를 길러 비단을 짠 나라였던 것이다. 이 시기 대부분의 다른 문명에서는 동물의 가죽과 털을 가공하거나, 나무껍질을 가공해서 실을 얻는 수준에 그치고 있었다. 그에 비해 식물을 먹고 자란 동물의 배설물로 실을 뽑아낸 중국의 방식은 차원이 다른 것이었다. 이것은 고대 황하문명이 농경민족의 발상지였다는 점과 뽕나무가 자라기 좋은 비옥한 토양, 그리고 의복을 중시하는 문화가 결합되어서 오랜 기간 진화 · 발전해온 결과물이다.

　　그렇다고 해서 중국 문명이 독자적으로 발전했다는 생각은 금물이다. 윌리엄 맥닐의 연구에 따르면 중국이 비단 생산에서 앞섰던 반면 서아시아의 메소포타미아 문명은 전차戰車나 정교한 무기에서 중국 문명을 훨씬 앞질렀다. 기원전 1400~1100년 사이에 은의 수도 안양에서 발굴된 말의 유골, 청동 무기와 장신구, 전차 등은 서아시아 문명이 이 시기 중국에 미친 영향을 보여준다. 이런 유물들은 비슷한 시대에 서아시아·그리스·인도 등지에서 전차를 몰던 정복자들이 이 땅에 남긴 흔적을 강하게 암시한다. 전차의 좁은 공간에서 사용할 수 있도록 본체의 크기를 줄이고 동물의 뼈나 힘줄을 덧대어 강력하게 만든 합성궁, 도시 자체의 장방형 배열은 분명 중국적인 것이 아니다.

일부 학자들은 황하 유역과 서아시아를 갈라놓는 사막과 험준한 산맥 등 지리적 거리 때문에 둘 사이에 영향이 있지는 않았을 거라고 추정하지만 반드시 그렇게 단정할 수는 없다. 가령 서아시아에서 전차가 완성되었을 때, 이 강력한 신형 무기의 주인들은 중앙아시아 오아시스의 평화로운 농경민을 쉽게 복속시켰을 것이다. 지금이야 사막화가 진행되어서 중앙아시아가 완벽한 오지가 되어 버렸지만, 과거에는 눈 덮인 고산에서 떨어져 내린 물줄기가 히말라야·알타이·천산 산맥의 기슭에 있는 사막으로 흘러들어 다양한 크기의 오아시스가 즐비했다. 황하 유역은 이들 오아시스 가운데 가장 크고 가장 동쪽에 있던 지역에 지나지 않았다. 실제 전차를 탄 정복자들이 처음으로 서아시아에 출현한 시기와 전차를 닮은 유사한 군사장비가 중국에 도달한 것으로 보이는 연대 사이에는 약 200년의 격차가 있다. 바다로 막혀있지 않다면 비록 멀리 떨어져 있더라도 문명간의 교류가 생겨나기에는 충분한 시간이다.

모든 문명은 고유의 발명품이 있다. 서아시아의 무시무시한 전차나 도시건설의 기술은 유럽으로 전해져 후대에 로마제국의 위용을 만들어냈다. 반면 3천 년 전부터 정교화되기 시작한 중국의 견직업은 당·송대에 이르러 중국을 세계에서 가장 부강한 나라로 만들었고, 당나라의 수도 장안과 남송의 수도 항주를 세계에서 가장 화려하고 번화한 도시로 만들어놓았다.

중국 고대 국가의 발상지
섬서와 뽕나무

인류 역사가 강에서 시작했다는 사실은 인간의 삶이 물 없이는 존재할 수 없다는 간단한 법칙을 확인하는 것 이상의 의미를 갖는다. 강은 고대 4대 문명에서 보듯, 인간이 생존하는 것을 넘어 거의 지금과 같은 모습을 갖추는 데 그 기초를 마련해주었다. 청동기, 계급, 문자, 종교 등과 같은 문명의 지표는 인간이 강과 처절하게 싸우면서 일군 성과다. 인간은 물이라는 존재와 끊임없이 싸우다가 그러한 문명의 지표들을 발견했다. 시련을 극복하면서 만든 문명의 이기는 인간을 물의 위험에서 구해냈다.

중국의 역사도 강에서 비롯됐다. 그런데 일반적으로 표현하는 강이 아니라 황하黃河, 즉 하河에서 시작했다. 사실 강과 하의 의미는 서로 다르지 않다. 단지 지역 간 언어가 달라 나타난 현상일 뿐이다. 그만큼 중국은 땅이 넓어 언어가 다양했다는 것을 의미한다. 지금도 중국은 그 어떤 나라보다 지방어가 많은 곳이다. 즉 '하'는 북방지역에서 나타나는 개념이고, '강'은 남쪽에서 나타나는 개념이다. 북쪽을 대표하는 것은 황하이고, 남쪽을 대표하는 것은 양자강이다.

사람들은 남쪽을 대표하는 양자강보다는 북쪽을 대표하는 황하를 먼저 떠올린다. 중국사에서도 마찬가지다. 그것은 중국 역사 인식의 산물이다. 중국인들은 강 중심이 아닌 하 중심으로 역사를 생각해온 유전인자를 갖고 있다. 그러나 황하에서 중국의 역사가 시작됐다는 것은 양자강 유역에 대한 무지에서 비롯됐다. 따라서 언젠가는 그런 생각을 바꿀 수 있도록 공간을 마련해둬야 한다. 그런 때가 오기 전까지는 만족스럽지 않지만 유전인자가 지시하는 대로 움직일 수밖에 없다.

중국 역사를 낳은 황하의 길이는 5464킬로미터, 양자강의 길이는 5800킬로미터다. 모두 500킬로미터 남짓한 한강의 열 배가 넘는 길이다. 황하 중에서도 위하渭河라고도 불리는 위수渭水 유역이 문명의 온상이다. 황하 최대의 지류인 섬서성 중부에 위치한 위수는 감숙성 위원현渭源縣 오서산烏鼠山에서 발원하여 위하평원을 지나 동관현潼關縣에 이르러 황하로 들어간다. 위수 또한 한강보다 훨씬 긴 800킬로미터에 달한다. 황하는 물이 누렇다. 그러면 황하로 들어가는 위수는 어떤 색깔일까? 위수는 황하처럼 누렇지 않고 맑다. 위수는 맑은 물을 상징하는 단어다. 우리나라에서도 위수 혹은 위천渭川이라는 지명을 흔히 발견할 수 있다. 그런 곳은

진시황 병마용갱兵馬俑坑
황하로 흘러들어가는 위수의 물은 맑은 색을 띤다. 이 위수 유역에 자리 잡은 함양과 서안에서는 역사적으로 아주 중요한 곳이다. 진시황의 진나라를 비롯한 많은 나라가 함양과 서안에 도읍을 세웠다. 진시황의 장례에 사용된 병마용들의 위용은 당시 이 지역의 번영을 느낄 수 있게 한다.

과거에 물이 맑았던 역사를 지니고 있다. 반대로 황하의 또다른 지류인 경수涇水는 흐린 물을 상징한다.

위수 유역에서는 많은 일들이 일어났고, 다른 어떤 곳에서 일어난 일보다도 그 영향력이 컸다. 위하평원 중부에 자리 잡은 서안西安(장안長安, 서한西漢), 신新(왕망), 동한東漢(헌제 초), 서진西晉(민제), 전조前趙, 전진前秦, 후진後秦, 서위西魏, 북주北周, 수隋, 당唐의 수도였으며, 진시황제의 나라 수도였던 함양咸陽 역시 위하평원 중부에 위치해 있다. 이처럼 위수 유역은 중국 역사에서 당나라 이전 대부분의 왕조가 수도로 삼았던 곳이다.

한 나라가 수도를 정하는 데에는 나름의 명분이 있다. 그중 군사와 경제는 수도를 결정하는 주요한 요소다. 군사는 국가의 안위를 결정하는 유력한 수단이며, 경제는 군대를 유지하는 물적 토대이기 때문이다. 위수 유역은 두 가지 조건을 충분히 갖추고 있다. 위수를 둘러싼 평원은 농업에 적합한 토양을 제공하고, 하남성河南省에서 섬서로 통하는 관문인 함곡관函谷關은 적을 막을 수 있는 훌륭한 요새를 제공한다. 모양이 함을 닮아서 붙인 함곡관은 진나라 때 설치했다. 함곡관은 만리장성의 서쪽 끝인 가곡관嘉谷關, 북쪽 이민족과 만나는 옥문관玉門關과 더불어 중국의 주요 관문이다. 특히 관중關中이라 부르는 함곡관 서쪽지역은 『사기』 「항우본기項羽本紀」에 "관중은 산하山河가 사방을 막고 있을 뿐 아니라 땅이 비옥해서 도읍하기에 가장 좋다"고 할 만큼 뛰어난 지리적 조건을 갖추고 있었다. 따라서 천하를 장악하려는 자는 무엇보다도 이곳을 차지해야만 했다. 천 년 이상의 세월동안 수많은 자들이 이곳을 차지하기 위해 목숨을 바쳤다. 이곳을 차지한 자는 성공했으나 그렇지 못한 자는 실패했다. 이곳은 왕조의 흥망과 성쇠를 가늠하는 기준과도 같았다.

거인의 발자국을 밟고 태어난
주나라의 시조, 후직

주나라 시조의 성姓은 희姬이고, 이름은 기棄다. 시조의 이름이 버릴 '기'라니 요즘 사람들에겐 쉽게 이해할 수 없는 작명이다. 그러나 고대사회의 위대한 인물은 언제나 상식을 벗어난다. 그것은 일종의 법칙이다. 갑골문에 등장하는 '기'는 아이를 버리는 모습이다. 그러니 주족周族의 시조는 버려진 존재였다.『사기』「주본기周本記」에는 그가 유태씨有邰氏의 딸이자 제곡帝嚳의 아내였던 강원姜原이 거인의 발자국을 밟고 잉태해 낳은 아들이라고 나와있다. 이러한 탄생 이야기를 '감생설화感生說話'라 부른다. 그는 탄생 자체가 불길하다 여겨져 세 차례나 버림을 받았다. 그러나 그때마다 구조되었다. 그는 농경에 뛰어난 재주를 가져 직稷에 천거됐다. 이 때문에 기를 후직后稷으로 부를 뿐 아니라 오곡의 신인 농경신農耕神으로 추앙했다.

후직의 탄생 설화는 곧 주나라가 농경사회라는 것을 보여주기 위한 후세 사람들의 지혜다. 후직의 '직' 자체가 기장을 의미한다. 직은 중국에서 가장 먼저 재배한 식물이다. 후직과 관계하여

직을 '오곡의 신' '오곡의 총칭', 농사를 맡은 벼슬인 '농관農官'
이라 부른다. 나라 이름인 주周 역시 농업과 밀접한 관계가 있다.
갑골문에 등장하는 이 글자는 네모난 밭을 구획한 토지를 의미한
다. 주족이 이러한 이름을 얻은 것은 농경에 능숙했기 때문이다.

섬서를 상징하는 단어
빈과 뽕나무

하夏나라 유민이었던 주족은 상나라의 공격을 피해 북쪽의 융
적戎狄지역까지 도망갔다. 주족은 대代를 거치면서 족장 공유公劉
때 다시 남쪽으로 내려와 빈豳 땅으로 천도했다. 빈 땅은 지금의
섬서성 빈주豳州이다. 『시경』의 「빈풍豳風」에서 '풍'은 바람이다.
바람은 백성들의 움직임이니 곧 풍속을 말한다. 이처럼 빈은 섬서
를 상징하는 단어다. 청대에 나온 『빈풍광의豳風廣義』도 섬서지역
의 잠상농업에 관한 자료다.

고려시대 이제현도 이 지역이 뽕나무 산지라는 것을 잘 알고
있었다. 그는 사천의 수도 성도成都를 여행하면서 다음과 같은 시
를 지었다.

「빈주豳州」

그윽한 산길을 더듬어가며   行穿山窈窕

우거진 산길을 굽어보노라	俯見樹扶疎
두멧골 맑은 시내 마실 만도 하구나	地僻宜澗飮
움집에 사는 사람들 순박도 하다	民醇多穴居
보리는 익어 물방아 돌아가고	麥黃仍水碓
뽕잎이 푸른데 자새소리 들리네	桑綠已繅車
아, 전원의 즐거움이여	看取田園樂
주나라의 덕이 남아 있음인가	周家積累餘

「정흥노상定興路上」

비온 뒤 감탕길이 이리 꾸불 저리 꾸불	雨餘泥滑路逶迤
들썩들썩 말안장에서 사지가 들썩이네	兀兀征鞍撼四肢
편하게야 사나이 뜻 이룰 길 있으랴	安坐豈償南子志
이역에서 그리는 어버이 내 마음 부끄러워	遠遊還愧老親思
다소곳한 들뽕나무에 바람은 잔잔하고	野桑翳翳風來少
아득한 마을 숲에 해는 지기 저어하네	村樹茫茫日下遲
이제 돌아가 나의 사명 아뢰리니	早晚歸來報明主
아는 이 찾아 이 한밤을 지내고저	却尋鷄黍故人期

　　섬서와 이웃한 사천은 비단 생산이 많다고 하여 금성錦城이라
했다. 금직錦織을 관리하는 관리를 두었기에 금관성錦官城이라고
도 불렀다. 두보의 시「촉성蜀城」에서 언급한 '금관재'가 바로 이
곳이다. 사천은 '잠총국蠶叢國'이라 불릴 만큼 누에를 많이 길렀

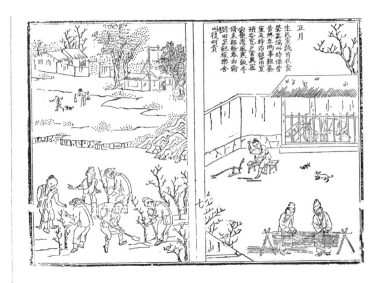

『빈풍광의』에 실린 섬서지역 사람들의 잠상 관련 그림. 「정월, 잠상 도구와 농기구 수리」. 정월에는 백성들이 의식衣食의 단초를 여는 시절이다. 그래서 잠상에 필요한 잠박이나 잠추, 농경에 필요한 농기구 등을 손질해야만 한다(위). 「2월, 밭갈이」. 2월은 중춘절仲春節이라 밭두둑 등지에 뽕나무를 심어야 한다. 또한 곡물농토에는 쟁기질하는 시절이다(아래 우측). 「3월, 누에가 나오는 시기」. 3월은 늦봄이라 누에가 겨우 나올 즈음이다. 뽕 잎을 칼로 잘라서 먹여야 한다. 누에를 키우는 일은 어린애를 기르는 것과 같다(아래 좌측부터 27쪽 위까지).

「4월, 식욕이 왕성한 누에와 뽕잎 따기」. 4월은 보리나 밀이 푸른 물결처럼 출렁이는 시절이다. 누에도 세번째 잠을 잔 뒤라 큰 잎을 먹여야 한다. 더욱이 이 때는 누에가 뽕잎을 많이 먹기 때문에 아주 부지런히 제공해야만 한다(아래).

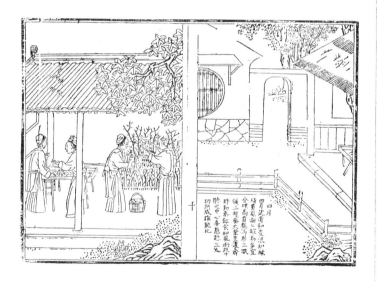

「5월, 실을 토하는 누에와 실뽑기」. 5월은 여름에 접어들어 누에가 고치를 만들 때다. 이 시기를 잘 보내야 가난에서 벗어날 수 있다(위). 「6월, 한가한 시간」. 6월은 더위가 기승을 부리는 때인지라 고치가 오래되면 실을 켜기가 쉽지 않다. 그러면 솥에 삶아 실을 켜야만 한다(아래 우측). 「7월 베짜기 독촉」. 7월은 밤새도록 불을 밝혀 부녀자들이 비단을 짜느라 무척 고통스러운 시절이다(아래 좌측부터 29쪽 위 우측까지).

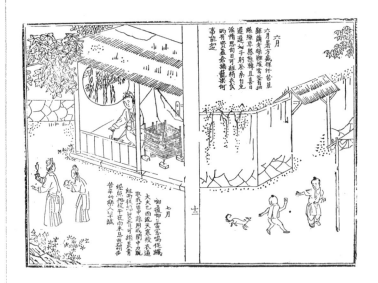

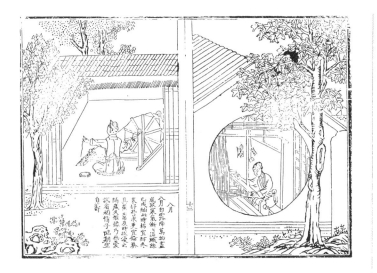

「8월, 면화 작업 및 누에 장비 수리」. 8월은 백로白露인지라 만물이 가을을 만나 찬 기운이 점차 몸으로 파고드는 시절이다. 그래서 이때 명주옷을 모두 만들었다. 아울러 이때는 면으로 옷을 만들어야 추위를 잘 견딜 수 있었다(위 좌측부터 아래 우측까지). 「9월, 비단 판매」. 9월엔 서풍이 점차 불어 찬 기운이 집안으로 들어온다. 이때는 비단옷을 몸에 걸쳐야 한다(아래 좌측부터 30쪽 위까지).

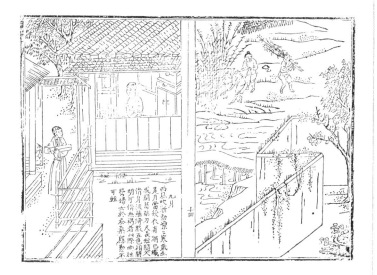

「10월, 추운 겨울의 잔치」. 10월 은 초겨울 부지런한 자와 게으 른 자를 알 수 있는 계절이다. 의식이 족하면 가을에 수확한 찹쌀로 술을 담그고 잔치를 베 푼다. 자제들에게는 시와 글자 를 가르친다(아래).

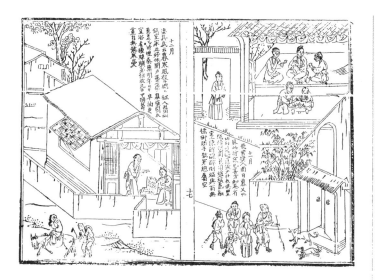

「11월, 눈 내리는 날 비단옷 입고 외출하기」. 11월엔 눈이 날려 얼굴을 때리고 날 저물면 북풍이 분다. 이때 누에의 공을 절감할 수 있다(위 우측). 「12월, 오디 심기」. 12월은 문을 닫고 발을 드리워 쉬기에 아주 적합한 시절이다. 아울러 이때는 다음해 양잠을 준비해야 한다(위 좌측부터 아래 우측까지).

다. 이 말은 이제현이 하북성에서 읊은 시에도 등장한다.

가도 가도 기름진 땅이 태행산에 접했는데   美壤每每接太行

오른편은 동진이요 북쪽에는 연항이라   東秦右臂北燕吭

그 옛날 유랑이 잠총국을 사랑했으니   劉郎却愛蠶叢國

고향의 뽕나무는 헛되이 푸르렀으리   故里虛生羽葆桑

뽕나무에서 태어난
은나라의 어진 신하 이윤

 탕왕이 하나라를 멸망시키고 은나라를 세우는 데 많은 이들이
공을 세웠지만, 그중 이윤伊尹의 역할이 단연 돋보인다. 이윤은 고
대 중국에서 어진 신하의 전형이다. 『맹자』에 그에 대한 내용이 자
세히 나와 있다. 이윤은 우리에게 아주 익숙한 백이伯夷와 다른 성
향을 가진 인물이었다.

 『맹자』「공손추公孫丑」에 따르면 "백이는 섬길 만한 군주가 아
니면 섬기지 않으며, 부릴 만한 백성이 아니면 부리지 않았다. 또
한 세상이 다스려지면 나아가고, 어지러워지면 물러났다." 반면
이윤은 "어느 분을 섬긴들 내 군주가 아니며, 어느 사람을 부린들
내 백성이 아니겠는가, 하고 생각했다. 또한 다스려져도 나아가고
혼란스러워도 나아갔다."

 백이와 이윤의 서로 다른 처세술 중 어느 쪽이 옳은 지를 따지

기는 어렵다. 다만 이윤은 당면한 문제를 피하지 않고 적극적으로 도전하는 성향을 지녔다. 그는 "하늘이 이 백성을 낸 것은 먼저 안 사람으로 하여금 뒤늦게 아는 사람을 깨우쳐주며, 선각자로 하여금 뒤늦게 깨닫는 자를 깨우치게 한 것"으로 여겼다. 아울러 "혹 일반 백성들 중에서 요순의 음덕을 받지 못한 사람이 있으면, 자신이 일부러 도랑 가운데로 밀친 것처럼" 생각했다. 이윤의 이러한 태도는 세상의 문제를 스스로 맡아야 한다는 이른바 '자임自任' 의식이다.

유신有莘의 처사處士였던 이윤은 은나라 탕왕이 초빙하여 하나라 걸왕桀王에게 나아가게 했다. 그러나 걸왕은 이윤을 등용하지 않았다. 그의 됨됨이를 알아보지 못했던 것이다. 하나라의 마지막 왕 걸왕은 이윤 같은 인물에는 관심이 없었다. 그를 사로잡은 것은 오직 향락이었다. 걸왕은 중국 고대 폭군의 상징적 인물이다. 물론 그를 폭군의 전형으로 평가하는 것은 하나라를 멸망시킨 은나라의 역사적 평가와 무관치 않다. 그의 이름은 계癸 또는 이계履癸이며, 발發의 아들이다. 발이 병으로 죽은 후 왕위를 계승한 그는 53년간 임금의 자리에 있었으나, 나라가 망하자 추방되어 굶어 죽었다. 그가 묻힌 곳은 남소南巢 와우산臥牛山, 지금의 안휘성 소현巢縣이다.

걸왕은 힘이 장사였다. 그는 자신의 힘만 믿고 백성들을 특별한 명분 없이 괴롭혔다. 아울러 그는 포악한 정치로 농업 생산기반을 파괴했으며, 대외원정을 남발해 주변의 작은 나라들을 약탈했다. 즉위한 지 33년째 되던 해에는 병력을 동원해 유시씨有施氏

를 정벌했다. 유시씨는 화의를 청하는 뜻에서 그에게 말희妹喜라는 미녀를 바쳤다. 그는 말희를 매우 총애해 그녀를 위해 옥으로 장식한 화려한 집[瓊室], 상아로 장식한 회랑[象廊], 옥으로 장식한 누대[瑤台], 옥침대[玉床] 등을 만들어주었다. 그는 말희와 이곳에서 향락에 빠져들었다. 이러한 걸왕이 이윤을 발탁할 리 없었다. 결국 이윤은 은나라 탕왕에게 돌아와 걸왕을 정벌했다. 탕왕이 하나라를 멸망시킬 수 있었던 것은 이윤 같은 어진 신하가 있었기 때문이다. 이윤에 대해서는 다음과 같은 설화가 전한다.

"옛날 유신씨가 다스리던 나라에 한 여인이 이수伊水의 강가에 살고 있었다. 그녀는 임신을 했다. 어느 날 꿈속에서 신이 나타나 이렇게 말했다. "절구에서 물이 솟아나면 동쪽으로 도망가거라. 그러나 결코 뒤를 돌아봐서는 안 된다." 그녀가 이튿날 절구를 봤더니 과연 물이 솟아나오고 있었다. 그녀는 이웃 사람들에게 신이 한 말을 알려주고 동쪽으로 10리쯤 도망갔다. 그런데 그녀는 마을이 어떻게 됐는지 궁금해서 고개를 돌려 마을을 바라보았다. 마을은 온통 물에 잠겨 있었다. 그 순간 그녀의 몸은 속 빈 뽕나무로 변했다. 얼마 후 어떤 여인이 그곳에 뽕잎을 따러 갔다가 뽕나무 안에서 울고 있는 갓난아기를 발견했다. 그녀는 아기를 임금께 바쳤고, 임금은 대궐 주방의 요리사로 하여금 그 아기를 기르게 했다. 아기가 발견된 곳이 이수 근처였기 때문에 그를 이윤이라 불렀다."

이윤이 다른 나무가 아닌 뽕나무에서 태어난 것은 어떤 의미일까? 이는 곧 이윤이 세상에 태어나서 해야 할 일을 암시하는 것인지도 모른다. 뽕나무가 누에를 먹여 사람들에게 옷을 제공해주듯, 이윤의 탄생도 백성들을 위해 살 인물임을 암시하는 설화일 것이다. 이윤은 요리사에게 길러진 덕분에 뛰어난 요리사가 됐지만, 학문 또한 훌륭했다. 그는 마침 유신씨의 딸이 탕왕의 비妃로 간택되자 공주를 수행하는 요리사가 되어 은으로 갈 수 있었다. 이윤은 궁정에서 맛있는 요리로 주목을 끌어 마침내 탕왕의 눈에 띌 수 있었다. 탕왕이 요리에 대해 물어보자 그는 거침없이 대답할 뿐만 아니라 요리의 이치로 정치의 도리까지 설명해냈다. 이에 감탄한 탕왕은 이윤을 큰 인물로 썼다.

맹자에 따르면, 탕왕이 왕 노릇할 수 있었던 것은 이윤에게 배웠기 때문이다. 맹자의 이러한 평가는 탕왕 같은 뛰어난 군주는 어진 신하를 만난 뒤에야 가능하다는 얘기다. 좋은 임금은 좋은 신하를 만나야만, 즉 임금은 신하를 스승으로 삼은 뒤에야 좋은 임금이 되기 때문에 신하를 결코 함부로 대할 수 없다. 임금이 두려워하는 신하가 있어야 큰일을 도모할 때 직접 찾아가 지혜를 구하는 법이다. 이윤은 바로 탕왕이 함부로 할 수 없는 그런 사람이었다. 뽕나무도 사람들이 함부로 대할 수 없는 그런 나무였다. 중국 문명이 여기서 나왔다는 것을, 자신들의 부의 기원이 여기에서 시작되었다는 것을 지배자부터 하층민들까지 모두 잘 알고 있었기 때문이다.

2

저주받은 여인, 누에의 신화

아주 오랜 시기부터 견직업을 발전시켜온 중국은 일찍이 이러한 삶의 터전을 신화적인 상상력을 통해 이야기로 만들어왔다. 신화 속의 뽕나무는 주로 수호守護의 이미지가 강하다. 뽕나무가 없으면 살아갈 수 없었던 중국인들은 뽕나무가 자신들을 지켜준다고 생각했다. 그리고 뽕나무가 나오는 곳에는 누에가 빠지지 않는다. 둘은 신화 속에서 서로 떼어놓을 수 없는 관계다. 중국 신화에서 누에는 여성의 모습이다. 견직업이 주로 여성의 일이었기 때문이다. 비단이 중국 문명의 형성에 미친 영향을 생각하면 여성이라는 존재가 예사롭지 않게 다가온다.

중국신화에서 태양의 신이자 농업의 신인 염제炎帝(신농씨)에게는 네 명의 딸이 있었다. 그 가운데 적제녀는 신선의 도를 배워 남양南陽 악산嶽山의 뽕나무 위에 살았다. 정월 초하루가 되자 그녀는 작은 나뭇가지들을 가져다가 나뭇가지 위에 집을 지었다. 열심히 일을 해서 정월 보름이 되니 집이 다 지어졌고 일단 집을 짓고 나자 다시는 나무 밑으로 내려오려 하지 않았다. 그녀는 흰 까치로 변하기도 했고 때로는 그냥 여인의 모습 그대로 있기도 했다.

이렇게 기이한 딸의 행동을 본 염제는 마음이 아팠는지 아니면 말을 듣지 않는 딸이 미웠는지 온갖 수단을 다 동원해서 그녀를 내려오게 해보려 했지만 아무 소용이 없었다. 마침내 그는 나무 밑에 불을 지르기로 결심했다. 그렇게 하면 뜨거워서라도 내려올 것이기 때문

이다. 그러나 맹렬하게 타오르는 불길 속에서 나이 어린 그녀는 몸의 형체를 벗어버린 채 하늘로 올라가고 말았다.

키가 1백길에 육박하는 제녀상

그녀가 떠나고 난 뒤에 남은 그 뽕나무는 후일 제녀상帝女桑이라고 불렸다. 이 제녀상이 『산해경山海經』 「중차십경中次十耕」에 나오는 제녀지상이다. 둘레가 다섯 길이나 되고 키가 1백길에 육박하는 매우 큰 나무인데, 가지는 엇갈려 사방으로 뻗어 나오며, 잎은 길이가 한 자나 되어 붉은색 무늬가 들어 있었다. 꽃은 노란색

염제
중국 고대 불의 신이다. 좌구명左仇明의 『국어國語』에서는 강씨姜氏의 시조신始祖神으로 나온다. 때로는 태양신으로 받들기도 했고, 또 신농씨와 동일시되는 경우도 있다. 고대 중국에는 전국시대 말 오행설이 유행함에 따라 신들을 통합하려는 기운이 나타나 그 때 화신火神들이 염제라는 이름으로 통합된 흔적이 엿보인다.

저주받은 여인, 누에의 신화

이었고 꽃받침은 푸른빛이었다. 염제의 딸이 이 뽕나무의 까치집에서 불에 타 하늘로 올라간 뒤, 세상에는 새로운 풍습이 하나 늘어났다. 해마다 정월 보름이면 사람들은 나무 위의 까치집을 걷어내렸다. 그리고 그것을 불에 태운 뒤 그 재에 물을 부어서 누에 알을 담가두는 것이었다. 이렇게 하면 그 해에 알에서 깨어난 누에들이 실을 많이 토해내고 그 실도 아주 품질이 좋게 된다고 했다. 이것은 다음에 나오는 잠마 신화와도 연관이 있다.

아마 신들의 전쟁에서 염제가 황제黃帝에게 이겼다면 뽕나무 여신의 차지는 염제의 딸이었을지도 모르겠다. 그러나 염제는 황제에게 패해 남쪽으로 내려가고 황제는 치우蚩尤와의 싸움에서도 승리한 뒤 그것을 축하하기 위해 10여 장으로 이뤄진「강고곡棡鼓曲」을 만들었다. 잔치 때 쓰이는 거대한 북을 사용한 이 노래는 성대함이 이루 말할 수 없을 정도였다. 북소리를 따라 전쟁에서 승리한 전사들은 개선의 노래를 불렀고, 또 대전大殿에서는 그 노래에 맞춰 승리를 상징하는 춤을 췄다. 황제가 대전 중앙의 상좌에 앉아 이 춤을 구경할 때 말가죽을 걸친 잠신蠶神이 하늘에서 천천히 내려왔다. 그녀는 팔에 실 꾸러미 둘을 감고 내려왔는데, 하나는 황금빛이었고 다른 하나는 순백의 색깔이었다. 그녀는 그것들을 황제에게 바쳤다.

황제는 이 아름답고 희귀한 물건을 보자 크게 칭찬하며 사람들을 시켜 옷감을 짜게 했다. 그 실로 짜낸 비단은 가볍고 부드럽기가 하늘의 구름 같기도 하고 또 흐르는 물결 같기도 해서 그 이전의 모시나 삼베 등과는 비교할 수가 없을 정도였다. 황제의 신하인 백여伯余가 이 비단으로 처음 옷을 만들었고 황제 또한 제왕의 예복과 모자를 만들어 착용했다.

잠신의 몸매는 아름다운 소녀의 그것이었지만 큰 말가죽을 뒤집어쓰고 있어서 아름다운 얼굴이 보이지 않았다. 말가죽은 소녀의 몸에 붙어 뿌리를 내린 것처럼 그녀의 몸과 한 덩어리가 되어 어떻게 떼어낼 도리가 없었다. 잠신이 말가죽의 양쪽 가장자리를 잡아당겨 자신의 몸을 감싸면 그 즉시 말 모양의 머리를 한 누에로 변하였다. 심지어는 그녀가 마음만 먹으면 끝없이 가늘고 긴, 빛을 발하는 실을 입에서 토해낼 수 있었다. 북방의 황야에 높이가 백 길이나 되고 줄기만 있으며 가지는 없는 세 그루의 뽕나무가 있었다. 그녀는 그 뽕나무 가까운 곳에 있는 또 다른 큰 나무에 올라가서는 무릎을 꿇고 앉은 채 밤낮을 가리지 않고 실을 토해냈다.

또 이런 이야기도 전한다. 황제의 부인인 서릉씨西陵氏 유조는 모든 여자들 중에서 가장 존귀한 하늘나라의 황후였는데 그녀도 친히 누에를 쳤다. 어느날 서릉씨는 차를 마시다 실수로 누에고치를 뜨거운 찻잔에 빠뜨렸다. 그런데 고치에서 가느다란 실이 계속 풀어져나오는 게 아닌가. 누에고치 속에서 오랫동안 비밀스레 간직되어 있던 비단실이 마침내 인간 앞에 그 아름다운 자태를 드러낸 놀라운 순간이었다. 이때부터 중국문명의 창시자라는 황제와 그 부인 서릉씨는 양잠업을 제창하고 이를 적극 권장했다는 것이다.

유조가 양잠을 시작하자 백성들도 뒤따라 시작해 누에는 점점 많아지게 되었다. 그리하여 누에가 없는 곳 없이 퍼져나갔다. 이렇게 뽕을 따고 누에를 기르고 옷감을 짜고 하는 작업은 중국 고대 부녀자들의 전문적인 일이 되었다.

잠신은 왜 말가죽을 덮어 썼는가

잠신이 말가죽을 뒤집어쓴 것에는 사연이 있다. 민간에서는 왕실에서 모신 서능씨가 아닌 '마두랑馬頭娘'을 잠신으로 모셨다. 민간에서 마두랑을 잠신으로 모신 데에는 다음과 같은 슬픈 전설이 있다.

때는 삼황오제 중 한 명인 제곡의 시대였다. 당시 촉 땅에서 어떤 남자가 집을 나섰는데 돌아오지 않고 타고 나갔던 말만 주인 없이 돌아왔다. 그러자 부인이 매우 슬퍼하면서 이렇게 말했다. "누구든지 남편을 구해오기만 하면, 내 딸아이를 그에게 시집보내겠다." 그 집에는 처녀가 있었는데 무척 아름다웠다. 그 말에 말의 귀가 번쩍 뜨였다. 말은 평소 딸을 몰래 흠모하고 있었다. 하늘을 우러러보며 크게 울부짖은 말은 고삐를 끊고 어디론가 쏜살같이 사라졌다가 집을 나간 가장을 데리고 돌아왔다. 하지만 부인은 약속은 잊어버린채 남편이 돌아온 것만 기뻐했다. 그 후 말은 딸만 보면 울부짖었다.

말이 슬피 우는 것을 이상하게 여긴 아버지는 부인에게 사연을 전해 듣고는 감히 짐승이 인간을 넘본다고 화가 머리끝까지 치솟았다. 아버지는 말을 죽이고 그 가죽을 벗겨 시렁에 걸어 말렸다.

그러던 어느 날 우연히, 딸이 말리고 있던 말가죽 옆을 지나가자 가죽이 갑자기 일어나 그녀를 싸가지고 사라져버렸다. 며칠 후 딸은 누에로 변하여 뽕나무에 걸려 있었다. 말가죽은 딸의 몸을 친친 감고 있었고 딸의 머리는 어느새 말의 머리로 변해 있었다. 신기하게도 이 기묘한 몸에서 실이 뽑아져 나와 스스로를 감싸고 있었다. 그후 사람들은 이 말을 마두랑이라 불렀다.

중국의 누에치는 집에서 말가죽을 누에 곁에 놓고 제사를 지내거나, 누에치는 방에 말가죽을 걸어놓으면 누에가 잘된다는 믿음도 여기서 나온 것이다. 그런데 왜 이야기의 주인공이 하필 여자와 말인가. 뽕나무와 관련한 이야기에 여자가 등장하는 것은 뽕잎을 따서 누에를 치는 일 등을 여자의 몫으로 생각했기 때문이다. 중국에서 잠신은 '잠고蠶姑'라고도 불린다. '고'는 시어머니 혹은 부인을 통칭할 때 사용하는 말이다.

그렇다면 말이 등장하는 이유는 무엇일까? 그 단서는 『순자』의 「잠부蠶賦」 편에서 찾아볼 수 있다. 순자는 누에의 모습을 "대체로 몸은 여자이고 머리는 말의 머리比夫身女好而頭馬首"라고 묘사했다. 누에의 머리는 말의 머리와 닮았고, 몸은 여자의 신체처럼 유연하고 부드럽다는 뜻에서 그렇게 말한

누에축제
중국 저장성에서 열린 누에의 신 축제의 한 장면.

神蠶

것이라고 짐작된다. 민중들의 상상력은 누에의 생김새에 대한 관찰을 토대로 마두낭 설화를 만들었던 것이다.

『왕정농서』에 그려진 잠신들. 마두낭馬頭娘, 원유부인菀窳婦人, 우씨공주寓氏公主 등 잠신들은 모두 여자이다.

정성스럽게 잠신을 모시는 방법들

잠신을 모시는 방법은 사람들이 자신의 조상을 모시는 것과 크게 다를 바 없었다.

　잠신을 모시기 위해 우선 누에를 키우는 곳 모서리에 조그마한 제단을 만든다. 제단의 크기는 넓이 2척, 높이 3척 정도다. 그다음 사방에 작은 기둥을 세우고 띠를 위에 덮는다. 그러고는 좋은 날을 택해서 잠신의 성씨를 적어 제사 지낸다. 제사를 지냈던 대상은 대개 다음과 같다.

본산토지지신	本山土地之神
작견신흥나씨지신	作繭新興羅氏之神

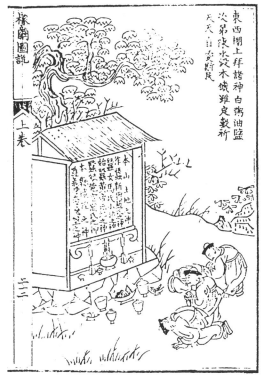
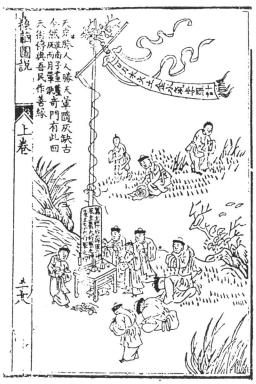

저주받은 여인, 누에의 신화

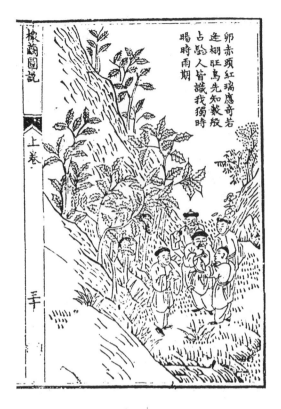

누에와 견의 성숙을 비는 모습.
『상견도설』 상권 30쪽.

잠녀마씨소고지신 　　　蠶女馬氏小姑之神
시잠황제원비지신 　　　始蠶黃帝元妃之神
잠낭원유우씨지신 　　　蠶娘菀窳寓氏之神
본현성황지신 　　　　　本縣城隍之神

　　잠신에게는 매일 향을 피우고 차를 올렸다. 아울러 매월 보름에는 유미油米를 굽고 죽을 만들어 제사 지냈다. 때론 백미로 죽을 만들고 거기에 다시 돼지고기를 넣어 도자기에 담아 올리기도 했다. 또한 뽕나무와 누에로 점을 치기도 했다. 이는 잎의 귀천貴賤과 관련 있었다.

　　『왕정농서』에 따르면, 잠신은 하늘에 있는 네 마리의 말이다. 누에는 말과 같은 기운을 가진 동기同氣, 즉 말과 형제다. 누에를 치는 농민들이 잠신에게 제사지낼 때는 다음과 같은 내용으로 빈다.

　　"누에의 정령이시여! 하늘의 네 마리 말에는 별이 있고, 누에의 신이시여! 옛날부터 이름이 뛰어났을 뿐 아니라 기운이 이곳에 모였고, 알을 품고 낳으니 벌써 뽕잎이 자라고 잠에서 깨어났나이다. 신께서 우리에게 복을 주시어 잠박이 가득하고, 늘 은혜 있길 바라옵고, 그 신령스러움을 드러내길 원합니다. 향을 피우고 음식을 장만하여 신께 바치오니 신께서는 널리 덕을 베푸소서."

이외에도 누에가 싫어하는 바람과 우박을 막는 의식, 누에와
고치의 성숙을 비는 의식도 있었다.

3
고문헌으로 바느질하는 잠상의 계보학

중국 최초의 사전
『이아』에 등장한 뽕나무

뽕나무는 대략 3천 년 전부터 중국인의 삶을 지배하면서 중국 고문헌 속에도 깊이 뿌리를 내렸다. 산발적으로 흩어져있는 그 기록들을 통해 우리는 중국인들이 뽕나무를 어떻게 생각했고 어떤 방식으로 뽕나무와 함께 생활해왔는 지를 짐작할 수 있다.

중국 최초의 사전은 『이아爾雅』다. 『시경詩經』과 『서경書經』에 나오는 문자를 추려 19편으로 나누고, 전국戰國 · 진한대秦漢代의 용어로 그 뜻을 해설한 세 권의 책이다. 뽕나무와 관련해 정확한 말을 하려면 먼저 『이아』를 언급해야 한다. 역사 이래로 뛰어난 학자들이 필수적으로 참고한, 사전 중에서도 고전이기 때문이다.

뽕나무는 『이아』 「석목釋木」 편에 등장한다. 「석목」은 나무를 풀이한 항목이다. 뽕나무에 오디가 반 정도 달려 있으면 치梔라 불렀다. 일반적으로 치는 치자를 말하지만 뽕나무 중에서도 한 그루에 반정도 오디가 달려 있으면 치라 불렀다. 『이아』에는 여상女桑이 등장한다. 여상은 뽕나무의 일종인 이상桋桑이다. 이 뽕나무는 키가 작으면서 가지가 긴 게 특징이다. 여상수女桑樹라 부르기도 한다. 『시경』「빈풍」7월조에 나오는 "저 뽕나무 잎을 딴다"에

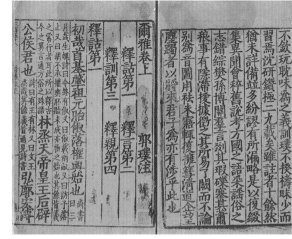

나오는 뽕나무가 곧 여상이다. 『이아』에는 집뽕나무 외에 산뽕나무도 등장한다. 산뽕나무는 산상山桑 혹은 염상檿桑이다. 주로 산뽕나무는 활의 대와 수레 끌채인 거원車轅을 만드는 데 사용했다. 그러나 이런 물건을 만드는 데 산상보다 뛰어난 것은 산뽕나무의 일종이자 이른바 꾸지뽕나무로 풀이하는 자柘였다.

『이아爾雅』
중국 최초의 사전이다. 아주 오랜 옛날부터 공부하는 이들이 반드시 책상맡에 두고 사물과 이름의 유래를 알아보았다.

『시경』과 『초사』에 등장하는 뽕나무

『시경詩經』은 세계 최고最古의 식물 백과사전이다. 『시경』은 흔히 '시삼백詩三百'이라 부르지만 실제는 305편이 실려 있다. 이 가운데 식물이 수록된 편은 135편이다. 거의 절반 가까이 식물에 대해 언급하고 있는 셈이다. 식물 분류 체계가 제대로 없었던 시대의

기록들이라 지금은 제대로 알 수 없는 식물들이 아주 많다.

『시경』의 중요성은 『논어』의 「계씨季氏」 중 "시를 모르면 말할 수 없다不學詩無以言"는 말에서 분명하게 드러나 있다. 이 말은 시를 배우면 사리에 통달하고 심기가 평화로워 말을 잘할 수 있다는 뜻이다. 사실 『시경』에 등장하는 식물만 정확하게 알아도 대단한 수준이다. 일상에서 식물 20종만 제대로 알아도 아주 많이 아는 사람처럼 행세할 수 있다. 이는 그만큼 인간이 식물에 대해 잘 모른다는 얘기다. 『시경』에 등장하는 식물을 대략 분류하면, 목본류가 61종이다. 그중 키큰나무가 26종, 키작은나무가 29종, 덩굴성이 6종이다. 초본류는 71종이다. 그중 쌍떡잎다년초육생이 18종, 다년생 수초가 4종, 1년 혹은 2년생 초본육생이 17종, 1년생 수초가 3종, 덩굴성 초본이 7종이다. 또한 홑잎다년초가 12종, 홑잎 1년초가 7종, 수생식물이 3종이다.

『시경』은 중국 북쪽 황하를 배경으로 해서 태어났다. 반면 중국 남쪽 양자강을 배경으로 성립한 중국 최고의 문학작품은 『초사楚辭』다. 두 책에 등장하는 식물은 고대 중국의 식물 생태를 보여주는 아주 귀한 자료다. 『초사』에는 32종 정도의 식물이 인용되고 있다.

시에는 서른한 번
산문에는 세 번

『시경』에 나오는 나무 가운데 등장 횟수가 가장 많은 것은 뽕나무다. 총 20수에서 31회 나온다. 이처럼 뽕나무가 많이 기록된 것은 이 나무가 북쪽에서 흔했다는 사실을 의미하기도 하고, 흔한 만큼 일상에서 아주 중요했음을 뜻하기도 한다. 그에 반해 『초사』에 뽕나무가 등장하는 횟수는 『시경』에 비해 아주 적다. 딱 세 번 나올 뿐이다. 이 사실을 어떻게 해석할까? 뽕나무 등장 횟수가 재배 상황을 의미하는 것은 아니다. 『시경』과 『초사』의 뽕나무 등장은 황하와 양자강 모두 주나라에서 춘추전국시대까지 이 나무를 재배했다는 것을 의미한다. 노상魯桑과 형상荊桑에서 알 수 있듯이 어느 쪽이든 나름대로 의미 있는 뽕나무가 있었다. 더욱이 둘은 문학작품이기 때문에 필자의 기호에 따라 식물 선택 빈도도 다를 수 있고, 『시경』은 시인 반면, 『초사』는 산문이라는 점도 고려할 필요가 있다. 아무래도 시에서 식물이 많이 등장할 가능성이 높기 때문이다.

　『시경』과 『초사』에서는 상과 더불어 꾸지뽕나무를 의미하는 '자柘'라는 단어도 나온다. 산뽕나무는 집뽕나무와 같은 뽕나뭇과 이지만 열매 모양이 다르고 큰 가시가 있는 게 특징이다. 『고공기 考工記』에서는 꾸지뽕나무로 만든 활을 최고품으로 꼽는다. 이 나무로 만든 활을 이른바 '오호지궁鳥號之弓'이라 부른다. 이것이 고대 중국 전설상의 제왕 황제黃帝가 가졌다는 활이다. 황제와 이 나무의 심재心材에는 공통점이 있다. 황제도 누런색이고, 이 나무의 속도 누런색이다. 누런 것은 바로 황하와 닮았다. 이 나무의 심재가 황색이었기 때문에 이를 염료로 사용했다. 그 때문에 자황柘黃이라는 이름이 붙었다. 상桑을 백상白桑이라 부르는 것도 같은 이

치다. 꾸지뽕나무 역시 집뽕나무와 더불어 누에의 먹이다. 이 나무 잎을 먹은 누에가 만들어낸 실을 극충棘茧이라 부른다. 이 실로 거문고의 현을 만들었다. 뽕나무에는 산뽕나무로 불리는 염檿도 있다, 염은 산상山桑 혹은 몽상蒙桑이라 부른다. 이 나무도『고공기』에 꾸지뽕나무 다음으로 활 만드는 데 좋은 재료로 소개되고 있다.

『초사』의 자柘는『시경』에 나오는 것과 뜻이 다르다. 여기서는 감자甘蔗, 즉 사탕수수다. 사탕수수는 열대작물이라『시경』에서는 당연히 보이지 않는다. 따라서『초사』「초혼招魂」은 중국에서 사탕수수에 관한 최초의 기록이라 할 수 있다. 여기서 중국의 북쪽과 남쪽에서 같은 글자라도 전혀 다른 의미로 사용했다는 것을 확인할 수 있다. 자柘와 자蔗가 같은 음이라는 점도 흥미롭다.

『시경』과『초사』는 뽕나무를 어떻게 묘사하고 있을까?『시경』에서는 뽕나무가 다양한 모습으로 등장한다. 즉『용풍鄘風』「상중桑中」·『위풍衛風』「맹氓」·『정풍鄭風』「장중자將仲子」·『위풍魏風』「분저여汾沮洳」·『위풍魏風』「십무지간十畝之間」·『소아小雅』「습상隰桑」·『소아』「백화白華」·『당풍唐風』「보우鴇羽」에서는 연애와 사모 관련 대상으로,『용풍』「정방지중定方之中」에서는 점치는 대상으로,『진풍秦風』「거린車鄰」·『진풍』「황조黃鳥」·『조풍曹風』「시구鳲鳩」·『빈풍豳風』「치효鴟鴞」·『소아』「남산유대南山有臺」·『노송魯頌』「반수泮水」에서는 찬미의 대상으로,『빈풍』「칠월七月」에서는 생활풍속의 대상으로,『빈풍』「동산東山」·『소아』「황조黃鳥」에서는 고향 생각의 대상으로,『소아』「소변小弁」·『대아大雅』

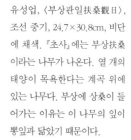

「상유桑柔」에서는 풍자의 대상으로 삼았다. 한편 『초사』에서는
「원세怨世」「천문天問」 등에서 연애 관련 대상으로 삼았다.

　　『초사』에는 『시경』에 거의 등장하지 않는 부상扶桑이 등장한
다. 부상에 뽕나무 상이 들어 있기 때문에 혹 뽕나무로 오해하는
경우가 종종 있다. 『산해경山海經』에 따르면 부상은 양곡湯谷 위에
있는 나무다. 양곡은 열 개의 태양이 목욕하는 곳이다. 양곡은 흑

치의 북쪽에 있다. 물 가운데는 큰 나무가 있고, 아홉 개의 태양이 아랫가지에 있고, 한 개의 태양이 윗가지에 있다. 『십주기十州記』에 따르면 부상에 뽕나무를 의미하는 글자가 있는 것은 이 나무의 잎이 뽕나무 잎과 닮았기 때문이다. 부상은 부목扶木 혹은 약목若木이라 부른다. 그러니 부상은 뽕나무가 아니지만, 그렇다고 단순히 상상의 나무는 아니다. 중국의 각종 식물도감에는 부상이 등장하기 때문이다. 중국 남방 사람들은 이 나무를 불상佛桑, 복상福桑, 상근桑槿이라 부른다. 부상은 전체적으로 무궁화와 많이 닮은 나무다.

왜 뽕밭에서
사랑을 나눌까?

뽕나무와 남녀의 사랑은 어떤 관계일까. 영화 〈뽕〉(1985)에서도 남녀의 사랑은 뽕밭에서 이루어졌다. 중국에서 가장 오래된 시가집인 『시경』에서 그 이유를 찾아보자. 여러 나라의 민요를 담은 『국풍國風』, 공식 연회에서 사용한 의식가儀式歌인 『아雅』, 종묘 제사에 사용한 『송頌』 중에서도 국풍은 사랑 이야기를 확인하기에 적합하다. 이 가운데 「용풍 · 상중桑中」은 『시경』에서 처음 만날 수 있는 뽕나무에 얽힌 사랑 이야기다.

새삼을 캐러 매고을로 갔었네   爰采唐矣 沫之鄉矣

누구를 생각하고 갔던고?	云誰之思
어여쁜 강씨네 맏딸이지	美孟姜矣
상중에서 날 기다리다가	期我乎桑中
상궁으로 날 맞아들이더니	要我乎上宮
기수 강변까지 바래다주더군	送我乎淇之上矣
보리를 베려 매고을 북쪽엘 갔었네	爰采麥矣 沫之北矣
누구를 생각하고 갔던고?	云誰之思
어여쁜 익씨네 맏딸이지	美孟弋矣
상중에서 날 기다리다가	期我乎桑中
상궁으로 날 맞아들이더니	要我乎上宮
기수 강변까지 바래다주더군	送我乎淇之上矣
순무를 뽑으러 매고을 동쪽에 갔었네	爰采唐矣 沫之東矣
누구를 생각하고 갔던고?	云誰之思
어여쁜 용씨네 맏딸이지	美孟庸矣
상중에서 날 기다리다가	期我乎桑中
상궁으로 날 맞아들이더니	要我乎上宮
기수 강변까지 바래다주더군	送我乎淇之上矣

가사 중 문제의 구절은 '상중桑中'이다. 상중은 지금의 하남성河南省 기현淇縣 남쪽에 위치한 곳이다. 주나라 선혜宣惠시대, 위衛나라 공실公室이 음란해서 세족世族은 물론 일반 관리들에 이르기까지 처첩妻妾을 서로 훔쳐 상중에서 밀회했다. 이 시는 어지러워진 풍속을 풍자한 것이다. 그리하여 상중은 정든 남녀의 밀회를

의미한다. 때론 뽕밭에서 나눈 즐거움을 의미하는 상중지희桑中之喜, 뽕밭에서 이루어진 사랑의 약속을 의미하는 상중지약桑中之約으로도 불린다.

상중은 지명이지만 뽕나무 때문에 붙여진 이름이다. 사랑을 나누는 장소와 관련해 뽕나무가 들어간 또다른 말은 상간복상桑間濮上이다. 이 말은 음란한 음악, 혹은 나라를 망하게 하는 음악이란 뜻으로 사용한다. 은나라 마지막 왕 주왕紂王이 사연師延에게 곱고 아름다운 음악을 만들게 했다. 이에 사연이 복수에서 음악을 듣고 만들어 진晉나라 평공平公을 위해 연주했다. 이에 이 음악을 '상간복상'이라 불렀다. 이는 상복桑濮, 상복지음桑濮之音이라고도 한다. 음악을 의미하는 상간은 복수에 자라고 있는 뽕나무 숲을 이르기도 한다. 특히 이곳은 밀회하기에 적합해서 남녀가 자주 모이는 곳이었다.

춘추시대 중국에서 남녀 간의 사랑과 음악은 뽕나무를 매개로 이뤄지고 있다. 중국 북송北宋의 곽무천郭茂倩, 생몰 미상이 편찬한 중국 최대의 악부樂府 모음집 『악부시집樂府詩集』 「상화가사삼相和歌辭三」에 나오는 「맥상상陌上桑」에서도 뽕나무를 매개로 사랑이 맺어진다. 이 노래의 주인공은 진나부秦羅敷다. 그녀는 전국시대 조나라 수도 한단邯鄲 출신이고, 남편은 한단읍의 천승千乘을 가진 왕인王仁이었다. 천승에서 '승'은 싸움하는 수레, 즉 병거兵車를 말한다. 천승은 천의 병거를 가진 사람이다. 이런 사람은 어느 정도의 위치에 있었던 걸까.

수레는 춘추전국시대, 특히 춘추시대까지 주요 무기였다. 이 당시 싸움의 승패는 수레의 수로 결정된다 해도 지나치지 않았다. 수레 하나에는 갑사甲士 3명, 보병 72명, 거사車士 25명이 딸리니, 1승에는 총 100명이 필요하다. 그러니 천승을 가진 자는 10만 명의 병사를 가진 자이다. 이들을 '제후諸侯'라 부른다. 주나라 천자는 만승萬乘을 가졌으니 100만 명의 병사를 가진 셈이다. 따라서 뒷날 조나라의 영슈이 된 진나부의 남편 왕인은 막강한 힘을 가진 사람이었다.

'염가행艶歌行' '나부행羅敷行'이라고도 불리는 이 노래는 세 가지가 전해지고 있다. 내용을 조금씩 달리하고 있지만 셋을 모두 합하면 구체적인 내용을 맛볼 수 있다.

"해가 동남 모퉁이에 나오자, 진씨秦氏 누이를 비추었다. 진씨는 아름다운 여자를 소유하고 있었다. 스스로 이름을 나부羅敷라 했다. 나부는 잠상蠶桑을 좋아해서 성 남쪽 모퉁이에서 뽕잎을 땄다. 청사靑絲로 바구니를 만들고, 계수나무 가지로 갈구리를 만든다. 머리에는 상투를 틀고 귀에는 명월주明月珠를 달았다. 담황색 비단으로 만든 아래 치마와 자색 비단으로 만든 위 치마를 입었다. 가는 자들이 나부를 보면 수염을 쓰다듬고, 어린아이들이 나부를 보면 두건을 벗는다. 밭 가는 자는 쟁기질을 잊고, 김 매는 자는 김 매길 잊는다. 왕래하면서 서로 노하고 원망하면서도 나부를 앉아서 바라본다."

"군君이 남쪽으로 오니 다섯 마리 말이 연이어 일어난다. 군이 관리를 보내서 누구 집의 누이인가를 묻는다. 진씨는 아름다운 여자를 소유하고 있는데 스스로 이름을 나부라 한다. 나부의 나이는 몇 살인가 물으니, 아직 스무 살이 안 된 십오 세 남짓이라고 한다. 군이 나부에게 인사하고 '차라리 함께 수레를 타는 게 어떨까요?' 하니, 나부가 그의 앞에서 인사하고 '당신은 어찌 그리 어리석은가! 당신은 아내가 있고, 나도 남편이 있거늘' 이라고 대답한다."

"동방의 천여 마리, 남편이 선두에 거처한다. 어찌 남편을 알아서 백마白馬가 검은 말을 따르겠는가. 푸른 실로 말의 꼬리를 묶고 황금으로 말의 머리를 두른다. 허리에 차고 있는 녹노검鹿盧劍의 길이는 천만 정도다. 십오부十五府의 소사小史(벼슬 이름)이며, 이십조정二十朝의 대부다. 30번 시중랑侍中郞을 지냈으며, 40년간 성에서 살았다. 사람됨은 깨끗하고 명석하며 더부룩한 머리에 수염이 있다. 예쁜 모습으로 공부公府에 거닐고, 아름다운 자태로 부府에 달린다. 앉아 있는 수천 명의 사람이 모두 남편의 뛰어남을 말한다."

조나라 왕과 진씨의 아내 나부 사이에 얽힌 내용은 조금씩 다르다. 그러나 세 노래를 종합하면 조왕도 훌륭한 조건을 갖춘 남자이고, 나부도 뭇 남성들이 탐낼 정도로 아름다운 여자라는 내용이다. 특히 열다섯 정도의 나이에, 상투머리에 귀걸이, 비단옷을 입고 뽕잎을 따러 사뿐사뿐 걸어가는 나부의 요염한 자태를 한번 상상해보라. 일하던 농부도, 어린아이도 모두 일손을 놓고 넋을

잃고 그녀를 쳐다보는 광경이 눈에 선하다. 농부를 비롯한 일반인들은 감히 그녀에게 접근할 수 없었다. 하지만 조왕만은 뛰어난 외모와 지위를 이용해서 나부에게 접근할 수 있었다. 그의 접근에 나부는 유부남과 유부녀라는 이유로 거절한다.

조나라 왕과 나부 사이에 얽힌 사랑 이야기는 춘추시대 남녀 간의 사랑 혹은 권력자의 도덕성 등을 읽을 수 있는 대목이기도 하지만, 두 사람 간에 얽힌 이야기를 끌고 가는 계기는 뽕나무다. 왜 두 사람 관계에서 뽕나무가 등장하는가.

뽕나무는 왜
사랑의 매파가 되었는가

나부가 성 모퉁이에 뽕잎을 따러 가는 장면에서 알 수 있듯이, 뽕잎을 따는 일은 여자의 몫이었다. 이른바 남자는 밭 갈고 여자는 베 짠다는 남경여직男耕女織은 남자와 여자의 역할을 상징하는 말이다. 그중에서도 고대사회에서 뽕으로 누에를 치는 일은 옷감 마련에 중요한 부분이었다. 더욱이 나부가 집 안이 아닌 성 모퉁이에 뽕잎을 따러 가는 데서 알 수 있듯이, 뽕잎을 따는 일은 여자가 집 밖으로 나갈 수 있는 시간이었다. 즉 뽕밭은 남자가 여자를 만날 수 있는 장소였던 것이다. 울창한 잎으로 가득 찬 뽕밭은 다른 사람들의 눈을 피할 수 있는 아주 훌륭한 만남의 장소였다.

이런 현실적인 이유 말고도 신화적인 이유가 있다. 사마천의 옛사람들에게 뽕밭은 사랑을 속삭이는 곳이기도 했다. 중국의 가장 오래된 시가집 『시경』에도 뽕밭의 밀회를 표현한 노래가 나올 정도다. 뽕밭은 그야말로 은밀한 에로스의 장소였던 것이다. 누구는 즐거운 사랑을 나누었을 것이고, 누구는 안타까운 사랑을 속삭였을 것이다.

『사기』「공자세가」를 보면 공자의 아버지가 나이 일흔에 아들이 없자 산천에 기도를 드렸는데, 젊은 부인 '안씨녀'와 산천 기도를 드린 후에 공자를 얻었으므로 이름을 구丘(언덕)라 했고, 자字를 중니仲尼라 했다는 기록이 있다. 여기서 안씨녀는 무당으로 보이는데 당시 산제山祭는 기도만으로 끝나는 것이 아니고 야합野合(남녀가 들에서 합궁하는 것)이 뒤따르는 것이 공식 의례처럼 되어 있

었다. 사마천도 공자의 아버지가 기도 후에 야합을 해서 공자를 낳았다고 기록하고 있다.

그 외에 『초사』의 「천문天門」 편에서도 하나라의 우왕이 도산에서 야합했다는 기록이 나오고, 한나라 때의 화상석에는 잎이 큰 나무 밑에서 웅장한 '남성'을 드러낸 채 여인과 이제 막 관계하려는 남자가 묘사되어 있다. 그들의 뒤에는 잎이 크고 열매를 무성하게 단 뽕나무가 서 있는데, 뽕밭에서의 성행위가 다산신앙과 밀접한 관련을 맺고 있다는 것을 나타내는 증거다.

은나라 때는 신목神木으로 뽕나무를 썼다. 토지신을 모신 사직단은 뽕나무를 심어서 숲을 이루었다. 하신은 봄 축제 때 뽕나무 숲은 남녀 간에 야합이 허용되는 신성한 장소라고 하였다. 또 앙리 마스페로의 『고대 중국』을 보면 봄 농사를 시작하기 전에 마을 사람들이 사직단에 모여서 풍년을 기원하는 제사를 올리고는 마을의 처녀, 총각이 뽕나무 밭에서 성행위를 했다는 기록도 나온다.

뽕나무 밭은 성역이고 성스러운 결합의 장소였다. 아마 농경 사회에서 그해의 풍년을 기원하는 하나의 의례로 정착된 것이 아닐까 한다.

뽕나무는 동양만이 아니라 서양에서도 사랑과 관련이 깊은 나무다. 피라모스와 티스베, 필레몬과 바우키스에 얽힌 비극적인 사랑 이야기가 로마의 시인 오비디우스Ovidius, 기원전 43~기원후 17의 『변신 이야기Metamorphoses』에 실려 전해진다.

뽕나무 신화에 대한
동서양 이미지의 차이

BC 10세기경 바빌로니아에 살고 있는 두 연인은 부모의 반대로 몰래 사랑을 나눈다. 서로 옆집에 살고 있었지만 두 사람의 만남은 금지되었다. 어느날 그들은 샘 옆에 있는 뽕나무 밑에서 만나자고 약속한다. 뽕나무에는 눈처럼 흰 열매가 주렁주렁 달려 있기 때문에 남들의 시선을 피할 수 있었다.

어느 날 약속한 장소에 먼저 도착한 티스베는 물을 마시러 그곳에 온 암사자를 발견하고 공포에 질려 자신의 베일을 떨어뜨린 채 도망쳤다. 사자는 그녀가 떨어뜨린 베일을 발견했다. 먹이를 잡아먹은 지 얼마 안 된 암사자는 피로 범벅된 입으로 티스베의 베일을 갈기갈기 찢는다. 한편 뒤늦게 도착한 피라모스는 사자가 남겨놓은 피 묻은 티스베의 베일을 보고 그녀가 죽었다고 생각했다. 그는 사랑하는 연인이 다시 살아날 수 없다는 사실에 비통해 하면서 칼로 자신의 심장을 찌른다. 그러자 피가 솟구쳐 올라 뽕나무 열매에 붉은 자국을 남겼다.

이윽고 그 장소에 다시 온 티스베는 바닥에 길게 누워 있는 시체를 발견했다. 티스베는 그것이 바로 자신의 연인이라는 것을 깨닫고 뽕나무에게 다음과 같이 말했다. "나무여, 지금 그대의 가지로는 단 하나의 몸밖에 숨길 수 없지만 머지않아 두 개의 몸을 숨겨주소서. 우리 죽음의 표지를 거두어주시고, 영원히 죽음을 상징하는 슬픈 열매를 맺으소서. 이는 두 연인이 피로 그대를 적시는 것을 증명하는 것이리라."

그녀는 이렇게 말하고 피라모스의 더운 피가 아직 식지 않은 칼 위로 몸을 던진다. 그녀의 기도는 신들을 감동시켰다. 그후 뽕나무에는 검은색 열매가 열렸으며, 사람들은 연인의 시신을 화장한 다음 그 재를 한 항아리에 넣어주었다. 뽕나무 열매인 오디가 처음 흰색에서 붉은색으로, 나중에 다시 검은색으로 익어가는 과정이 신화의 이야기로 변한 것이다.

동서양 모두 뽕나무는 사랑과 관계가 깊지만 그 내연은 차이가 있다. 중국에서 뽕나무는 밭에서 기르는 작물이었다. 집과 가까운 곳에 심어두고 애지중지 길렀고, 처녀와 총각이 뽕밭에서 사랑을 나눴을 지라도 인적이 드문 곳은 아니었다. 그래서 뽕잎이 가려주는 그 좁은 공간이 더욱 긴박한 연애감정을 불러일으킨 것인지도 모를 일이다. 반면 오비디우스가 전하는 피라모스와 티스베의 이야기에서 두 사람이 만난 곳은 음침하고 외딴 곳이었다. 집을 빠져나와 들판을 지나 마을 경계선에 위치한 '니모스의 무덤'이라고 부르는 곳이었다. 흰 뽕나무 한 그루가 있는 그곳엔 비극적 사랑의 배경이 되어줄만한 고독하고 영적인 분위기, 나무 옆의 샘물에

티스베

피라모스와 티스베의 신화는 비극적 사랑의 이야기로 서양회화사에서 끊임없이 변주되어온 주제다. 그림은 아름다운 티스베가 집안에 갇혀 연인을 그리워하는 모습을 표현한 〈티스베〉(1909).

서 솟는 생명과 순환의 이미지가 있다. 다만 '생활의 흔적'은 없다. 피라모스와 티스베의 뽕나무가 사랑의 영매가 된 이유는 우연의 일치이거나, 붉은 열매로부터 촉발된 신화적 상상력의 소산이다. 그렇다고 동양의 뽕나무가 시골 젊은이들이 사랑을 숨겨놓은 소박한 은닉처에 불과한 것은 아니다. 뽕나무 그늘에서의 야합은 나중에 비단이라는 화려한 문명의 자식을 잉태하기 때문이다.

『맹자』에 나오는 뽕나무

『맹자』「양혜왕梁惠王」편을 보면 맹자가 양혜왕을 만나 '왕도 王道정치'를 설파하는 과정에서 뽕나무가 나온다. 맹자가 생각하는 왕도정치는 중국 전국시대 패도覇道정치에 대한 새로운 정책

아성전亞聖殿
맹자의 위패를 모셔놓은 곳이다. '아성'은 공자에 버금가는 사람이라는 뜻이다.

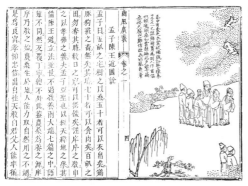

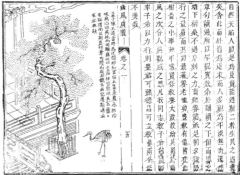

대안이다. 그는 평생 동안 왕도정치를 실천하는 방법을
외치다 죽었다. 『맹자』에 등장하는 뽕나무도 왕도정치
를 실현시킬 수 있는 매개체다.

"5무畝˚의 집 가장자리에 뽕나무를 심으면 50세 먹
은 사람이 비단옷을 입을 수 있다[五畝之宅, 樹之以桑, 五十
者可以衣帛矣]."

맹자의 말은 의미심장하다. 이 말이 얼마나 중요한지
는 그가 같은 말을 글자 하나 바꾸지 않고 마지막에서 반
복하고 있는 것만 봐도 알 수 있다. 이런 반복된 서술은
『맹자』 전체에서 이 구절이 유일하다.

남송대의 『주자어류대전朱子語類大全』에 따르면 이 구절은 이
렇다. 한 지아비가 받은 5무 중 2무 반은 전田에 있고, 2무 반은 읍
邑에 있다. 그러나 전에는 뽕나무를 심을 수 없다. 왜냐하면 오곡
을 방해하기 때문이다. 따라서 뽕나무를 심을 수 있는 곳은 읍에
있는 2무 반뿐이다. 맹자는 이 2무 반만이라도 뽕나무를 심으면
오십 먹은 사람이 비단옷을 입을 수 있다고 주장한다. 비단옷을

청대에 나온 섬서 지역 잠상 관
련 서적인 『빈풍광의』 권1, 5~6
쪽에는 왕도를 말하는 맹자의
모습이 그려져 있다. 『맹자』에
는 "5무의 집 가장자리에 뽕나
무를 심으면 50세 먹은 사람이
비단옷을 입을 수 있다"는 문장
이 한 글자도 틀리지 않고 두 번
에 걸쳐 나온다.

입으려면 2무 반에 심은 뽕나무로 누에를 키운다는 전제가 있어야 한다. 맹자가 50세를 구체적으로 언급한 이유는 이 나이에 비로소 한 인간이 물리적으로 늙어서 추위를 견디기 어렵기 때문이다. 그렇기에 비단옷을 입지 않으면 겨울을 나기 어렵다는 뜻이다. 한 무는 오늘날로 따지면 660평방미터 정도다.

맹자가 같은 내용을 두 번씩이나 반복한 것은 최소한 오무지택五畝之宅을 소유해야 가정을 꾸릴 수 있고, 가정을 유지할 수 있도록 하는 게 왕도의 근본이라 여겼기 때문이다. 만약 오무지택에서 뽕나무를 재배하지 않으면 나이든 사람들은 살아남기 어렵다. 그러니 2무 반에 뽕나무를 심는 것은 바로 왕도의 근본을 세우는 것과 같다. 맹자가 말한 왕도정치는 인仁과 의義로 하는 정치를 말한다. 반면 패도정치는 힘으로 하는 것이다. 맹자가 살았던 전국시대는 힘으로 정치하는 시대였다. 그는 이러한 정치 행태를 강하게 비난했다. 인과 의로 정치하고자 하는 사람들은 최소한 2무 반의 땅에 뽕나무를 심을 수 있는 터전을 마련해줘야만 한다.

공자와 맹자의 고향, 산동의 잠상농업

공자와 맹자의 고향 산동에서는 일찍부터 뽕나무를 재배했다. 산동에는 뽕나무와 관련한 지명으로 산동성 혜민현惠民縣에 상락서桑落墅가 있다. 상락서가 속한 혜민현의 이름도 백성을 은혜롭게 한다는 뜻이다. 상락서는 진시황제가 동쪽을 순시하다가 이곳에서 주둔하던 중 뽕나무의 가지가 떨어져서 붙인 이름이다. 이는 일찍부터 이곳에 뽕나무가 많았다는 것을 시사한다.

사마천의 『사기』에 "제나라와 노나라의 천무의 땅에 뽕나무와 마가 있다[齊魯千畝桑麻]"고 할 만큼 산동은 일찍부터 뽕나무 재배가 왕성했다. 그 이후로 산동은 뽕나무 산지로 유명했다. 적어도 산동의 잠상농업은 명초까지 중국에서 아주 중요한 비중을 차지하고 있었다. 그러나 명 중기 이후에는 점차 쇠퇴하기 시작했다. 쇠퇴의 이유 중 하나는 기후 변화다. 14세기 화북평원에 기후 변화가 생겨 온도가 낮아졌다. 온도가 낮으면 잠상 생산에 불리할 수밖에 없다. 뽕나무는 잎이 떨어지는 키 큰 나무이기 때문이다. 또다른 이유는 잠상농업의 가치 하락이다. 그리고 이 시기 사람들은 잠상 대신 재배하기 쉽고 많은 이익을 가져다주는 면화에 관심을 가지기 시작했다. 사람들이 면제품을 선호하면서 뽕나무 재배 지역도 자연스럽게 줄어들었다.

산동의 잠상농업은 면화에 밀려났지만, 비단 생산 자체가 완전히 사라진 것은 아니었다. 비단을 좋아하는 사람들은 줄지 않기 때문이다. 그러니 비단의 가치 자체가 사라지지 않는 한 어느 정도의 부침은 있을지언정 완전히 자취를 감출 수는 없다. 14세기 이후 산동의 잠상농업이 쇠퇴하자 대신 산잠山蠶이 각광받기 시작했다. 산잠은 『후한서後漢書』에서 얘기하는 야잠野蠶이고, 『우공禹貢』에서 언급하고 있는 염사檿絲다. 이는 집뽕나무로 누에를 키우는 것이 아니라 산뽕나무로 누에를 키우는 것이다. 명말청초에는

산잠이 주로 야생에서 인공 재배로 바뀌었다.

　　산뽕나무는 옛날부터 산동에서 많이 자랐다. 이전에는 가잠家
蠶을 중심으로 이루어진 탓에 관심 밖으로 밀려나 있었다. 산동에
서 산뽕나무가 어느 정도 살고 있는지를 상징적으로 보여주는 지
명이 있다. 바로 상도桑島로 뽕나무 섬이라는 뜻이다. 『가경중수
일통지嘉慶重修一統志』에 따르면 이 지명은 글자대로 이곳에 산뽕
나무가 많아 붙인 것이다. 산동의 산잠은 청대에 들어와 한층 성
행했다. 청 강희제 때 손정전孫廷銓의 『산잠설山蠶說』은 산잠이 본

격적으로 이뤄졌다는 것을 알려주는 농서다.

천하제일 비단의 고장,
유비와 등소평의 고향 사천

사천은 섬서와 더불어 뽕나무의 주요 고장이다. 우리에게도 사천은 중국의 다른 지역보다 익숙하다. 중국 음식을 좋아하는 사람은 사천요리를, 삼국지를 좋아하는 사람은 촉나라를 떠올릴 것이다. 사천의 옛 이름은 파촉巴蜀이다. 파촉은 지금의 중경重慶을 중심으로 한 파국巴國과 성도成都를 중심으로 한 촉국蜀國을 합한 지명이다. 현재 사천성 전역에 해당한다. 이곳 서북부에는 곤륜산맥이 가로놓여 있고, 동북부에는 대파산맥이 솟아 있다. 서쪽으로 가면 5000미터가 넘는 대설산을 만날 수 있고, 그 산을 넘으면 티베트고원이다. 남쪽의 봉산산맥은 운남성과 귀주성의 경계를 이룬다. 이처럼 사천은 사면이 험준한 산맥으로 둘러싸인 중원의 서남단에 위치한 변경지역이지만, 사방 2000리에 이를 만큼 넓은 땅을 가진 곳이다.

옛날엔 섬서 중원에서 사천으로 들어가려면 두 가지 길밖에 없었다. 그중 하나는 장강을 거슬러 올라가 험지인 삼협三峽을 건너는 것이었고, 다른 하나는 촉의 잔도棧道를 통해 들어가는 것이었다. 따라서 사천으로 가는 길은 엄청나게 어려웠다. 이 길이 얼마나 험난했는지를 중국을 대표하는 시인인 이태백의 육성으로 들어보자.

「촉도난蜀道難」

아이쿠, 아찔하게 높고도 험하구나!	噫吁戲 危乎高哉
촉으로 가는 길 어렵고	蜀道之難
푸른 하늘 오르기보다 더 어렵구나	難於上青天
잠총과 어부가	蠶叢及魚鳧
촉나라를 개국한 지 그 얼마나 아득한가	開國何茫然
그로부터 사만팔천 년 동안	爾來四萬八千歲
관중 땅 진과 내왕길이 없었네	不與秦塞通人煙

서쪽 태백산 날개길 따라   西當太白有鳥道

사천성으로 가는 길
옛날 사천성으로 가는 길은 매우 험난했다. 그 길은 두 가지였다. 하나는 장강을 거슬러 삼협을 건너는 것이었고, 다른 하나는 촉의 잔도를 따라 들어가는 것이었다.

겨우 아미산에 올랐네   可以橫絶蛾眉巓

산이 무너져 장사들이 죽고   地崩山摧壯士死

그후로 하늘 사다리와 돌길이   然後天梯石棧

비로소 연결되었네   方鉤連

위로는 육룡이 끌던 해 수레도 돌아섰던 높은 산

            上有六龍回日之高標

아래는 암석 절벽 치는 물결과 엇꺾여 흐르는 억센 물결

            下有衝波逆折之回川

신선 탔던 황학도 날아 넘지 못했고   黃鶴之飛尙不得過

원숭이 넘으려 해도 붙잡을 데 없네   猨猱欲度愁攀援

청미령 까마득히 높이 서리고   青泥何盤盤

백 걸음 아홉 번 꺾어 돌바위 봉우리 돌아야 하네   百步九折縈巖巒

하늘의 삼성별 어루만지고 정성별 지나니 숨이 막혀   參歷井仰脅息

손으로 앞가슴 쓸며 주저앉아 장탄식 몰아 내뿜네   以手撫膺坐長歎

그대 서촉 언제 떠나려나?   問君西遊何時還

무서운 길 가파른 바위 오를 수 없네   畏途巉巖不可攀

오직 고목에서 슬피 우는 새들   但見悲鳥號古木

암놈들 수놈 따라   雄飛雌從

나무 사이에 날아도는 것만 볼 수 있네   繞林間

또한 두견새 밤하늘 달을 보며 우는 소리 들으니   又聞子規啼夜月

빈산에 슬프네   愁空山

촉으로 가는 길 가기 어려워   蜀道之難

푸른 하늘 오르기보다 어려워	難於上靑天
그곳 말만 들어도 홍안소년 질리게 하네	使人聽此凋朱顔
이어진 봉우리 하늘과 한 자도 못 되고	連峰去天不盈尺
메마른 소나무 절벽에 거꾸로 매달렸네	枯松倒掛倚絶壁
내닫는 여울과 튀는 폭포수 서로 다투어 소란하고	飛湍瀑流爭喧豗
벼랑을 치고 돌을 굴려온 골짜기 우렛소리 들리네	崖轉石萬壑雷
이렇듯 험하거늘	其險也如此
아! 먼 길 따라온 손이여 어이하여 왔는가?	嗟爾遠道之人胡爲乎來哉
검각은 가파르고 높이 솟아	劍閣崢嶸而崔嵬
한 사람이 관문 막으면	一夫當關
만 사람이라도 관문을 뚫지 못하네	萬夫莫開
지키는 이 친족 아니면	所守或匪親
언제 이리 승냥이 될지 몰라	化爲狼與豺
아침에 모진 호랑이 피하고	朝避猛虎
저녁에 긴 뱀을 피하네	夕避長蛇
이를 갈고 피를 빨아 사람 죽이길 마 베듯 하네	磨牙吮血殺人如麻
금관성이 비록 좋다고 하나	錦城雖云樂
집으로 일찍 돌아감만 못하네	不如早還家
촉으로 가기 어려워	蜀道之難
푸른 하늘 오르기보다 어려워라	難於上靑天
몸 추켜세우고 서쪽 바라보며	側身西望
길게 탄식하네	常咨嗟

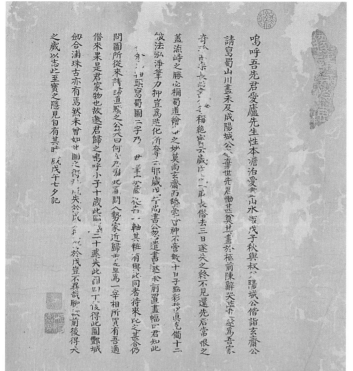

심사정, 〈촉잔도권蜀棧圖卷〉 부분, 全818.0×58.0cm, 종이에 담채, 간송미술관 소장(아래). 오른쪽은 〈촉잔도권〉에 심영래가 쓴 발문이다.

嗚呼吾先君愛廬先生性本澹泊曼與山水寄戊子秋與叔父陽城公偕詣玄齋公
請寫蜀山川畵未及成陽城公…華世先尼悯世與其畵於極前陳解…弟…爲吾家
奇…宗…稱絶寶云歲…耴長僧去三日遂失之終不見還先君常恨之
蓋流峙之勝必稱蜀道繪世之妙莫尙玄齋而慾習神不音數十日子點彩…眞乞僧十二
…寫蜀圖二字乃…一軸其粧有與此同者待來比之甚合仍
問圖所從來諸道駅之公…曰何…于此聞人勢家近歸…來前置畵幅已君知此
僧來果是君家物也故邀君歸之嗚呼小子十歲此…二十歲失此聞口丁後得此圖郡城
鈊合浦珠古亦有爲然…如此圖之得…失於戊…於前後得六
之歲以志此至寶之隱見自有其…戊戌十七夕記

이당李唐, 〈강산소경도江山小
景圖〉부분, 남송, 비단에 채색,
대북고궁박물원 소장.

그렇다. 이곳은 해발 수천 미터의 산들이 즐비하다. 날아가는 새도 넘지 못할 만큼 높고 험준하다. 암벽에 나무를 대어 만든 잔도는 아찔하기 그지없다. 이태백은 직접 이 길을 가보지 않았지만 시인답게 실감나게 묘사했다. 이태백만이 아니라 조선의 현재玄齋 심사정沈師正, 1707~1769도 가보지 않고 위대한 〈촉잔도권〉을 그렸다.

심사정의 이 그림은 조선시대 작품 중 가장 긴 것으로 유명할 뿐 아니라 그의 마지막 작품이라는 점에서 관심을 끈다. 산수화법이 총망라됐다는 이 작품은 간송미술관에 소장되어 있다. 심사정이 예순둘이었던 1768년에 중국 송나라 이당李唐의 필법을 따라 그린 것이다. 이 작품을 이태백의 시와 함께 보면 촉나라로 가는 길이 얼마나 험한지를 실감할 수 있을 것이다.

이태백의 시에는 사천이 뽕나무와 비단의 고장임을 알려주는 단어, 즉 잠총蠶叢과 금성錦城이 등장한다. 잠총은 전설상 존재한 국왕의 이름이지만, 백성들에게 잠상을 가르쳤기 때문에 붙여졌다. 금성은 금관성錦官城이라 부른다. 사천을 금성이라 부르는 이유는 이곳이 금, 즉 비단으로 유명하기 때문이고, 금관성으로 부르는 것은 비단을 관장하는 관청을 두었기 때문이다. 『유촉기遊蜀記』에 따르면, 성도 구벽촌九璧村에서 아름다운 비단을 생산하여 조공품으로 제공했다. 송나라 때는 이곳의 금백錦帛을 바치도록 했으며, 전운사에서 그 비용을 맡도록 했다. 원풍 6년(1083)에는 여급공呂汲公이 금원錦院의 설치를 건의했다. 아울러 베를 짜는 군장軍匠 500명을 모집했을 뿐 아니라 관리자인 금관錦官을 두었다. 당시 베 짜는 기계가 54대, 일용 일꾼 164명, 베틀 담당자 54명, 염색 담당자 11명, 실 뽑는 자 110명 등이 이곳 비단 생산을 담당했다. 금성관에서 생산한 비단은 690필이었다. 『촉금보蜀錦譜』는 이러한 정보를 담고 있는 귀중한 사료지만, 분량은 3쪽 남짓이다.

제갈량이 남긴 재산,
뽕나무 800그루

제갈량은 나관중이 지은 『삼국지연의』의 중심인물이다. 제갈량이 죽음을 앞두고 유비의 아들 후주後主 유선에게 올린 글에서 그의 재산관財産觀을 엿볼 수 있다. 흥미로운 것은 제갈량의 재산과 관련한 글에 뽕나무가 등장한다는 점이다. 그가 가족에게 남긴 재산은 "성도에 뽕나무 8백 그루, 메마른 땅 열다섯 이랑"이었다. 그는 이 재산만으로도 가족의 생계는 충분하다고 말하고 있다.

조선시대 정약용이 유배지에서 아들에게 보낸 편지에 따르면 뽕나무 365그루를 심으면 해마다 365꿰미의 동전을 얻고, 하루에 한 꿰미로 식량을 마련하면 죽을 때까지 궁색하지 않을 것이라 한 점을 감안하면, 지역과 시대가 다르더라도 제갈량이 남긴 뽕나무의 가치를 충분히 짐작할 수 있다.

제갈량이 유산을 언급하면서 다른 것도 아닌 뽕나무를 언급한 것을 보면 그가 살았던 지역과 시대의 재산 기준이 뽕나무였을 것으로 짐작된다. 그렇지 않고서는 임금에게 올린 글에서 뽕나무를 강조할 필요가 없을 테니 말이다. 제갈량이 살았던 사천지역이 뽕나무 중심 재배 지역이었다는 점을 감안하면 결코 이상할 것도 없다. 뽕나무를 재산의 기준으로 삼았던 예는 제갈량뿐만이 아니다. 당나라 때 유숙劉肅이 엮은 『대당신어大唐新語』 중 이습예가 자식에게 남긴 글에서도 하남河南의 뽕나무 1000그루를 언급하고 있다. 이처럼 옛사람들이 뽕나무를 재산의 기준으로 삼은 것은 정약용의 표현대로 선비의 체통을 잃지 않으면서도 재산을 마련할 수 있는 방법이었기 때문이다. 그러니 뽕나무는 선비들의 요긴한 벗이었다. 제갈량이 어려운 여건에서도 위나라와 대결할 수 있었던 것은 재산에 대한 수준 높은

철학 때문이었는지도 모른다. 만약 고위직 관료가 가족 부양 이상의 재산을 탐한다면 결코 올바른 정책을 펼칠 수 없을 것이다.

여기, 〈상과산조도桑果山鳥圖〉, 중국 명나라, 25.2×26.4cm, 비단에 채색, 대북고궁박물관 소장.

북위시대의 결작,
『낙양가람기』와 뽕나무

　북위는 중국 북쪽의 분열을 통일한 국가다. 통일 국가 북위가 남긴 업적 가운데 운강석굴이 있다. 산서성山西省 대동大同 서쪽 15킬로미터, 무주강武州江 북안에 있는 사암砂岩의 낭떠러지에 만든 중국에서 가장 큰 석굴사원이다. 이러한 석굴의 존재 자체가

왕조의 위엄을 나타낸다. 특히 이 석굴은 북위의 문화사적 유산일 뿐만 아니라, 중국을 중심으로 한 서북 인도·중앙아시아와의 문화적 교류 및 한국과 일본의 고대 문화를 만들어낸, 아시아 문화 생성의 자취를 입증해 주는 중요한 곳이다. 북위는 용문석굴도 만들었다. 이 석굴은 2000년에 유네스코 세계 문화유산에 등록되었다. 북위 때 만들기 시작해 수·당으로 이어지고 송나라에서 끝났

운강석굴 제20동의 노좌대불露座大佛, 높이 14m

으나, 주요 부분은 5세기 말에서 7세기 후반에 이르는 불교미술 전성기 때 제작되었다. 용문석굴의 중심도 결국 북위다. 북위가 천도한 후 만든 것이 대부분을 차지하기 때문이다.

중국의 고도古都 낙양은 낙수의 북쪽에 위치하기 때문에 붙여진 이름이다. 이 지역은 기원전 11세기에 주周나라 성왕成王이 동방 경영의 기지로 축성하면서 주목받기 시작했다. 당시에는 낙읍洛邑이었다. 그 뒤 기원전 770년에 주 왕조가 현재의 섬서성 호경鎬京에서 낙읍으로 천도한 뒤 동주東周의 국도로 번영했고, 후한後漢, 삼국三國의 위魏·서진西晉도 이곳에 도읍했다. 이 때문에 낙양을 고도라 부른다.

옛날부터 낙양을 주제로 한 글들이 많이 전해진다. 그중 『낙양가람기洛陽伽藍記』는 북위시대에 나온 걸작 중 하나다. 이 작품은 낙양의 가람伽藍, 즉 사찰에 관한 전설·고적古蹟을 담고 있다. 지은이는 당시 기성태수期城太守였던 양현지楊衒之다. 547년의 작품

이니 지금부터 무려 1460년 전의 기록이다. 여기서도 예외 없이 뽕나무에 대한 기록이 나온다.

"경락사景樂寺는 태부 청한 문헌왕 역懌이 세웠다. 이 절은 청합문의 남쪽, 어도의 동쪽에 있었다. 경락사는 서쪽으로 영녕사와 마주하고 있었다. 절의 서쪽에는 사도부가, 동쪽에는 대장군 고조의 집이, 북쪽에는 의정리가 접해 있었다. 의정리 북문에 가지가 무성한 뽕나무가 몇 그루 있었다. 이 뽕나무 아래에 감정甘井 즉, 단우물이 있었고 우물에는 돌 물통과 쇠 두레박이 놓여 있었다. 이에 그늘 아래서 물을 마시며 쉬어가는 사람이 많았다."

뽕나무와 우물의 관계가 무척 흥미롭다. 나무뿌리에서 나오는 물은 분명 상쾌한 맛이리라. 특히 중국인들이 아주 좋아하는 뽕나무이니, 이곳은 이웃과 이웃이 만나고, 나그네와 나그네가 만나는 성스러운 장소였을 테다. 이곳에 모인 사람들 중 어떤 사람은 사랑을 얘기하고, 어떤 사람은 죽은 부모를 얘기했을 것이다. 즉, 뽕나무가 자라는 단우물은 인생의 희로애락을 퍼 올리는 곳이다.

"내시들이 세운 낙양의 소의니사昭儀尼寺에는 연못이 하나 있다. 연못 서남쪽의 원회사願會寺는 중서시랑中書侍郞 왕익王翊이 기증·건립한 건물이다. 불당 앞에 뽕나무 한 그루가 있었다. 이 나무는 위로 곧게 5척이나 뻗었다. 가지는 옆으로 둥그렇게 들려 있었고, 잎은 옆으로 퍼져 있어 마치 새 깃털로 장식한 마차 덮개 같

고문헌으로 바느질하는 잠상의 계보학

았다. 5척의 높이 역시 그러했다. 다섯 층을 이룬 뽕나무는 매 층의 잎과 오디가 각각 달랐다. 낙양의 모든 사람이 그것을 신령스런 뽕나무, 즉 '신상神桑'이라 불렀다. 그것을 보려고 모인 사람들이 문전성시를 이루었고, 뽕나무에 보시하는 사람들도 아주 많았다. 한편 한 무제는 그것을 듣고 백성들을 현혹시킨다고 여겨 좋아하지 않았다. 결국 한 무제는 급사중황문시랑給事中黃門侍郎 원기元紀에게 뽕나무를 베라고 명령했다. 뽕나무를 베던 날 구름과 안개가 낙양을 뒤덮어 암흑 같았고, 도끼를 내리친 곳에서는 피가 땅으로 흘러나왔다. 그 광경을 보고 슬피 울지 않는 사람이 없었다."

뽕나무와 정치관계를 잘 드러내는 장면이다. 신령스러운 뽕나무를 베면 어떤 일이 벌어지는지를 잘 보여준다. 이곳의 뽕나무는 곧 민심이고, 한 무제가 신하에게 뽕나무를 베라고 한 것은 곧 민심을 무력으로 짓밟은 행위다. 뽕나무에서 흘러나온 피는 민심의 원망이다. 민심을 거스르는 자는 곧 망하는 법이다. 어둠은 결국 한 무제 정권의 종말을 의미한다. 다음의 이야기를 보자.

서역인이 세운 보리사菩提寺는 모의리에 있었다. 사문沙門 달다達多가 무덤을 파고 벽돌을 캘 때 살아있는 사람을 발견해 조정에 바쳤다. 당시 태후는 명제明帝와 화림원華林園의 도당都堂에 있었다. 태후는 아주 괴상하게 여겨 황문시랑 서흘徐紇에게 물었다.
"예로부터 이런 일이 꽤 있었는가?"
"옛날 위나라 때 무덤을 팠더니 한나라 곽광의 사위 범명우의 가

노家奴가 살아나왔습니다. 그가 한나라의 흥망에 대한 이야기를 했는데 역사책과 부합했다고 합니다. 이것은 괴이한 일이 아닙니다."

태후가 서흘에게 그의 성명과 죽은 지 몇 년 지났는지, 또 무엇을 먹었는지를 물어보게 했다. 그 죽은 자가 대답했다.

"제 성은 최이고, 이름은 함, 자는 자홍이며, 박릉현 안평 사람입니다. 아버지의 이름은 창, 어머니의 성은 위이고, 집은 성의 서쪽 부재리에 있습니다. 죽을 때의 나이가 열다섯이었고, 지금은 만 스물일곱이니 무덤에서 열두 해를 보냈습니다. 항상 취해 누워 있는 듯하여 먹은 게 없습니다. 때때로 돌아다니다 혹 음식을 만나도 꿈속에 있는 듯 확실히 알 수가 없었습니다."

태후는 곧 문하록사門下錄事 장준張雋을 보내 부재리에 가서 함의 부모를 찾아보게 했더니 과연 최창과 부인 위씨가 있었다. 준이 창에게 물었다.

"당신의 아이가 죽었는가?"

"아들 함이 열다섯 살에 죽었습니다."

"어떤 사람이 묘를 팠는데 오늘 당신 아들이 소생하여 화림원에 있다. 이에 태후가 일부러 나를 보내서 조사해 보고토록 했다."

그것을 듣고 창이 놀라 두려워했다.

"실은 나에게는 그런 아이가 없습니다. 먼저 말씀드린 것은 거짓말입니다."

장준이 돌아와 태후에게 들은 것을 상세하게 보고했다. 태후가 준을 보내 함을 집으로 돌려보냈다. 창은 함이 왔다는 말을 듣고 문

앞에 불을 지르고 손에는 칼을 쥐고, 위씨는 복숭아나무 가지를 쥐고 말했다.

"너는 올 필요가 없다. 너는 내 아들이 아니다. 빨리 떠나서 재앙을 면할 수 있게 하라."

결국 함은 집을 떠나 낙양거리를 배회하다가 절 문 아래에서 매일 밤을 보냈다. 여남왕이 황의黃衣 한 벌을 내렸다. 함은 해를 두려워해서 감히 올려다보지 못했다. 또 물과 불, 병장기의 칼날 같은 것들을 두려워했다. 항상 도로를 달리다가 피곤하면 멈추었으나 천천히 걸을 수 없었다. 당시 사람들은 그가 귀신이라 말했다. 낙양의 큰 시장 북쪽에 봉종리가 있었다. 그곳 사람들은 대부분 장례 도구나 관곽을 팔았다. 함이 말했다.

"측백나무로 관을 만들되 뽕나무로 그 안을 덧대지 말라."

사람들이 까닭을 물으니, 함이 대답했다.

"내가 땅속에 있으면서 병사로 징발되는 귀신을 보았소. 어떤 귀신이 자신의 관이 측백나무 관이라며 면제해줄 것을 호소했소. 그러나 병무 담당 관리가 '너는 측백나무 관이지만 뽕나무로 안을 덧대었으니 면제해줄 수 없다'라고 했소."

이것을 듣고 낙양의 측백나무 값이 몹시 올랐다. 사람들은 관을 파는 자들이 함을 매수해 이런 말을 했다고 의심했다.

이 이야기는 여러 가지 해석이 가능하지만, 중국 고대사회에서 뽕나무가 얼마나 큰 비중을 차지하고 있는지를 잘 보여주고 있다. 일반적으로 뽕나무를 관으로 사용하는 예는 아주 드물다. 뽕나무를 관에 사용하지 않는 것은 이 나무가 관에 적합하지 않기 때문이 아니다. 어떤 나무든 관에 사용할 수 있다. 그런데도 사람도 아닌 귀신조차 뽕나무를 관에 사용했다는 이유로 죄를 면하지 못하는 것은 뽕나무가 지닌 특별한 위치 때문이다. 이 당시 중국인에게 뽕나무는 나무가 아니라 목숨을 유지케 하는 '생명수'였다. 만약 뽕나무를 너나없이 관을 비롯한 다른 용도로 사용할 경우 이 나무의 보존은 쉽지 않다. 뽕나무가 다른 용도로 하나 둘씩 잘려나갈 경우 비단 생산 자체에 차질이 생긴다. 만약 이런 현상이 발생할 경우, 중앙 혹은 지방 정부의 재정 혹은 옷 생산에 막대한 지장을 초래할 수 있다.

뽕나무와 누에가
낳은 문자

나무와 관련한 문자는 셀 수 없을 만큼 많지만, 그중 뽕나무와 관련한 문자가 가장 많다. 이것은 뽕나무가 다른 나무에 비해 인간의 삶에 깊이 자리잡고 있다는 것을 의미한다. 그렇기에 뽕나무가 낳은 문자 중에는 우리가 일상에서 사용하는 단어가 많다. 뽕잎을 먹고 자라는 누에도 적지 않은 문자를 낳았다.

아! 세월이 너무 빠르게 변하는구나 상전벽해桑田碧海

이 말은 세상이 아주 빨리 변할 때 사용하는 말이다. 상전벽해

한강의 모래가 오랫동안 쌓여 생긴 뽕나무 밭은 원래 한강 북쪽(현재의 광진구 자양동)에 붙어 있었다. 잠실의 주소가 바뀐 것은 500년에 걸친 자연과 사람의 힘 때문이라고 한다. 멀쩡히 있던 땅이 뚝 떨어져 나가 섬이 됐다가 나중에 아예 한강 남쪽 육지로 붙어버렸으니 잠실이야말로 문자 그대로 상전벽해이다. 정선, 〈송파진〉, 1741, 비단에 채색, 20.1×31.5cm, 간송미술관 소장.

는 줄여 상해桑海라고도 부른다. 또한 '상전변성해桑田變成海 · 상전벽해수유개桑田碧海須臾改'라고도 한다. 그런데 왜 뽕나무가 세상의 빠른 변화를 의미하는 주인공으로 등장할까. 이 말은 뽕나무의 잎이 빠른 시일 내에 무성하게 자란다는 데서 유래한 것이다. 중국 진晉나라 강소성江蘇省 구용현句容縣 출신인 갈홍葛洪이 편찬한 『신선전神仙傳』「마고麻姑」권7에는 다음과 같은 얘기가 전한다.

"마고가 스스로 말하길, 접시接侍 이래 동해가 세 번 뽕밭으로 변한 것을 보았다. 지난날 봉래蓬萊에 이르니 물이 또한 얕아 건너는 시간이 지난날보다 대략 반 정도였다. 어찌 다시 언덕으로 되돌리겠는가."

뿌린 대로 거두리라 상하아인桑下餓人

이 말은 예상아인翳桑餓人이라고도 한다. 중국 사마씨司馬氏가 세운 진晉나라의 조순趙盾이 수산首山의 뽕나무 아래에서 굶고 있는 사람을 보았다. 그는 그 사람에게 먹을 것을 주었다. 뒷날 뽕나무 아래에서 굶고 있던 그는 진나라의 재상이 되었다. 조순은 진나라 영공靈公 때 난을 당했다. 하지만 재상의 도움을 받아 목숨을 구할 수 있었다. 조순이 자신을 도와준 이유를 물으니 뽕나무 아래에서 굶던 사람이라고 말했다. 조순이 이름을 물었으나 그는 대답하지 않았다. 이 얘기는 『춘추좌씨전春秋左氏傳』 「선이宣二」와 『사기史記』 「진세가晉世家」에 나온다.

젊은이여! 야망을 가져라 상호봉시桑弧蓬矢

이 말은 뽕나무와 쑥으로 만든 활과 화살을 의미하고, 옛날 중국에서 남자가 태어나면 이것을 사용해서 천지사방에 여섯 발을 쏘았던 풍속에서 유래한다. 이는 아이가 장차 자라 천지사방으로 날개를 펴라는 의미를 담고 있다. 그런 이유로 상봉지지桑蓬之志라고도 부른다. 이 얘기는 『예기禮記』 「내칙內則」에 나온다. 그런데 남자가 태어나면 왜 하필 뽕나무와 쑥으로 만든 활과 화살로 탄생을 축하했을까. 그 이유는 뽕나무와 쑥은 바탕을 이루는 물物이기 때문이었다. 즉 쑥은 어지럽게 나는 풀을 막아주고, 뽕나무는 모든 나무의 근본이다. 뽕나무는 활 이외에도 수레를 만드는 데 사용했다. 뽕나무를 휘어서 만든 수레를 상륜桑輪이라 한다. 또한 은나라 탕왕의 악기 상림桑林도 뽕나무와 관련이 있다.

고향을 공경한다면 뽕나무를 심어라 상재桑梓

상재桑梓는 뽕나무와 가래나무를 일컫는 말이다. 갈잎큰키나무인 가래나무는 가래나뭇과에 속한다. 가래나무를 모르는 사람은 호두나무를 연상하면 대략 짐작할 수 있다. 뽕나무와 가래나무를 의미하는 상재는 공경과 고향을 의미한다. 이 나무들이 이런 뜻을 가진 것은, 담 아래에 심어 자손들이 누에치기와 가구 만들기를 할 수 있도록 준비해주었기 때문이다. 자손들이 이 나무를 보면서 부모의 유물로 생각해 노인을 공경하는 경로敬老로 사용하고 있는 것이다. 『시경』「소아小雅 · 소변小弁」에 나온다. "뽕나무

가래나무

가래나무는 한자로 재梓이다. 나무 목자 변에 재宰를 합친 문자다. 재는 우두머리를 뜻한다. 그러니까 가래나무는 나무들 중에 가장 높은 벼슬자리에 있는 것이다. 재질이 단단하고 뒤틀리지 않아 중국에서는 이 나무로 천자의 관을 짰으며, 가구나 조각용 재료로도 널리 쓰인다. 키는 20미터까지 자라며 나무껍질은 암회색이며 세로로 길게 갈라진다.

와 가래나무도 반드시 공경하나니, 눈에 뜨이니 아버님이요 마음에 그리느니 어머님이라[維桑與梓 必恭敬止 靡瞻匪父 靡依匪母]." 이 단어는 후한後漢 이후 향리, 즉 고향을 의미했다.

가래나무가 뽕나무와 함께 거론되고 있는 점도 눈여겨볼 만하다. 가래나무를 뽕나무와 함께 담장 아래 심었다는 것은 그만큼 이 나무가 생활에 요긴하게 쓰였다는 것을 뜻한다. 가래나무가 낳은 문자 중 대표적인 것으로는 재궁梓宮을 들 수 있다. 재궁은 천자天子의 관棺을 의미한다. 그 이유는 『한서漢書』 「곽광전霍光傳」에 나오는 것처럼, 천자의 관을 가래나무로 만들었기 때문이다.

가난한 집-상호桑戶

이 말은 뽕나무로 만든 문(외 짝 문은 호戶, 두 짝 문은 문門이다) 혹은 집을 말한다. 그런데 상호는 왜 가난한 집을 의미할까? 아마 뽕나무가 다른 나무에 비해 목재에 적합하지 않았기 때문인 듯하다. 가난한 사람은 질 좋은 가래나무는 사용하지 못하고 집 담 옆에 자라고 있는 뽕나무 가지로 문을 만들었을 것이다. 아울러 이런 집에서는 은자隱者가 살아서인지 상호는 은자, 즉 자상호子桑戶를 의미하기도 한다. 『장자莊子』 「대종사大宗師」에 다음과 같은 내용이 있다.

자상호 · 맹자반孟子反 · 자금장子琴張이 서로 이야기했다.

"누가 서로 친하지 않으면서 서로 친하고, 서로 위하지 않으면서 서로 위할 수 있을까? 누가 하늘에 올라 안개 위에서 노닐며, 무극

에 뛰놀아 서로 삶도 잊은 채 죽지 않는 경지에 들어갈 수 있을까?'

세 사람은 서로 마주 보고 웃으며 마음에 걸림이 없는지라 이내 벗이 되었다. 그 뒤 한동안 아무 일 없이 지내다가 자상호가 죽었다. 아직 장례를 치르기도 전에 공자孔子가 제자 자공子貢에게 가서 일을 보살펴주도록 했다. 자공이 가보니, 맹자반과 자금장은 악곡을 엮고 거문고를 타며 서로 노래를 주고받고 있었다.

"아아, 상호여. 그대는 참으로 돌아갔건만 우리는 아직도 사람으로 있구나, 아!"

자공이 앞으로 나아가 물었다.

"죄송하옵니다만 주검 앞에서 노래하는 것이 예의입니까?"

두 사람은 서로 보고 웃으며 말했다.

"이 친구가 예의 본뜻을 어찌 알겠는가?"

자공이 돌아와 공자에게 아뢰고 이내 물었다.

"그들은 어떤 사람입니까? 아무런 수행도 없이 예의를 잊은 채 주검 앞에서 노래하면서도 얼굴빛이 변하지 않으니, 도대체 무어라 이름 붙여야 합니까? 대체 그들은 어떤 사람입니까?"

공자가 대답했다.

"그들은 세상 밖에서 노는 사람들이요, 나는 세상 안에서 노는 사람이다. 밖과 안이 서로 닿지 않거늘 내가 자네를 시켜 위문하게 했으니 나야말로 생각이 모자랐구나. 그들은 조물주와 벗이 되어 천지의 한 기운 속에서 노닐고 있다. 그들은 삶을 마치 붙어 있는 사마귀나 달려 있는 혹으로 생각하고, 죽음은 마치 따버린 부스럼이나 터져버린 종기로 생각한다. 이런 그들인지라, 죽음과 삶 가운데 어느 것이 먼저요 나중인가를 아랑곳할 리 있겠는가? 그들은 사람이란 원래 여러 가지 물질을 빌려 모두 같은 사람의 모양을 뒤집어쓴 것이라 생각한다. 그렇기에 그들은 안으로는 간이나 쓸개도 잊어버리고, 밖으로는 귀나 눈도 잊어버린다. 가고 오고, 혹은 죽음과 삶을 알려고도 하지 않고, 그저 멍하니 속세 밖에서 방황하며 무위자연에 노니는 것이다. 그러니 어찌 수선스럽게 세상의 예의를 닦아 뭇사람의 이목에 뜨이려 하겠는가?'

사십팔 세-상년桑年

사람의 나이를 나타내는 한자는 많다. 그중 많이 사용하는 것으로 초서의 모양에서 본뜬, 77세를 의미하는 희수喜壽, 88세를 의미하는 미수米壽를 들 수 있다. 48세를 의미하는 상년도 뽕나무 상자가 10이 네 개, 8이 하나인 데서 유래했다. 이 말은 『촉지蜀志』「양홍전주楊洪傳注」에 나온다.

뽕나무로 만든 종이-상피지桑皮紙

종이는 청동기시대 만들어진 문자를 기록하는 중요한 재료였다. 중국의 경우 후한 중기 환관宦官 채륜蔡倫, ?~121?이 톱밥과 헝겊 등으로 종이를 만들었다. 이전에는 대나무를 비롯한 각종 나무

채륜
호남湖南 출신으로 종이 만드는 기술을 발달시켰다. 그는 당시 궁중에서 집기 등을 제조·관리하는 직책을 맡고 있었다. 『후한서』에는 "채륜이 나무껍질, 삼 거웃, 어망, 헝겊으로 종이를 만들어 원흥 원년에 황제에게 바쳤다"고 적혀 있다.

를 종이 대신 사용했다. 뽕나무 껍질로 만든 종이를 상피지라 한다. 일본에서는 소나무 껍질로 종이를 만들었으나 뽕나무 껍질로 만든 예는 중국뿐이다.

유비무환·상두주무桑土綢繆

상두주무는 뽕나무 뿌리로 창과 문을 얽어매는 것을 의미한다. 이 말은 미리 근심을 방지한다는 뜻이다. 『시경』「빈풍」에 다음과 같은 시가 있다.

(…)
하늘에서 비 내리기 전 뽕나무 뿌리 가져다 迨天之未陰雨 徹皮桑土
창과 문을 얽는다면 綢繆牖戶
지금 어찌 이 아래 있는 사람이 감히 업신여기겠는가 或敢侮予
(…)

새가 비오기 전 뽕나무 뿌리로 둥지를 만들었다는 것은 튼튼하다는 말이다. 공자는 이 시를 읽고서 "이 시를 지은 자는 도道를 알 것이다. 자기 국가를 다스린다면 누가 감히 업신여기겠는가?"라고 말했다. 공자가 『시경』을 읽고 느낀 이 이야기는 『맹자』「공손추 상」에 나온다. 물론 공자가 도를 안다고 한 사람은 주공周公이지만, 다가올 근심을 미리 알고 대비하는 사람을 도를 아는 사람에 비유한 것은 새길 만한 대목이다. 상두주무桑土綢繆의 상두는 일반적으로 읽을 경우 '상토'이지만, 한나라 때의 『시경』 해설서

『모전毛傳』「전소傳疏」에서는 토를 두杜의 가차假借로 보고 있다. 그렇기에 이 경우는 상토가 아닌 상두로 읽어야 한다.

말을 함부로 하지 말라-신상구愼桑龜

'신상구'는 말의 중요성을 일깨워주고 있다. 손권이 다스리던 오吳나라 영강永江의 어느 산골에 효심 깊은 청년이 살고 있었다. 이 청년은 아버지의 병을 고쳐드리기 위해 간신히 거북을 잡아 집으로 가다가 잠시 뽕나무 밑에서 쉬었다. 이때 거북은 "청년, 자네는 헛수고를 하고 있다네. 나는 백 년을 장작불로 끓여도 죽지 않는 신기한 힘을 가졌다네"라며 자신을 뽐냈다. 그러자 이번에는 뽕나무가 "여보게 거북, 큰소리치지 말게나. 나를 베어서 장작으로 불을 지펴도 자네가 안 죽을 텐가"라고 말했다.

이 대화를 듣고 난 후 청년은 집으로 돌아와 백 일 동안이나 거북을 삶았지만 거북은 그냥 웃고만 있었다. 청년은 문득 뽕나무가 말한 얘기가 생각나 뽕나무로 불을 지폈더니 마침내 거북이 죽었다. 『이원異苑』에 나오는 말이다. 청년은 거북을 삶아 끓인 물로 아버지 병을 고쳤다. 결국 거북과 뽕나무는 쓸데없는 입을 놀려 자신을 과시하다 모두 죽고 말았다. 이 고사는 죽음과 삶이 사소한 것에서 시작함을 시사한다.

야금야금 먹어치워라-잠식蠶食

이는 누에가 뽕잎을 먹는 장면을 두고 붙인 단어다. 누에는 뽕잎을 먹을 때 야금야금 먹는다. 누에의 이러한 장면은 차차 다른

조문숙趙文俶, 〈춘잠식엽春蠶
食葉〉, 중국 명나라, 78.5×
32.7cm, 종이에 채색, 대만 국립
고궁박물원 소장.

나라를 침략하는 것을 비유할 때 사용한다. 때로는 이 말이 세금 같은 것을 가혹하게 부과해서 민력民力을 소모하는 것을 뜻하기도 한다. 이 말은 『전국책戰國策』「진책秦策」에 나온다.

"진나라의 소왕昭王은 범저范雎를 얻어 양후穰侯를 폐하고, 화양을 물리쳤으며, 공실公室을 강화하고, 사문私門을 막았으며, 제후를 잠식했다."

양잠하는 달·잠월蠶月

모든 일에는 때가 중요하지만, 농사만큼 때를 중시하는 것도 드물다. 양잠도 마찬가지다. 양잠하는 때는 농번기가 아닌 농한기다. 중국이나 한국에서도 양잠을 권장할 때 이 점을 강조했다. 그런데 양잠하는 달에 대해서는 두 가지 설이 있다. 하나는 음력 4월이고, 다른 하나는 음력 3월이다. 일반적으로 양잠 달을 음력 4월로 본다. 그렇기에 잠월은 음력 4월의 별칭이다.

반면 『시경』에서는 늦봄을 일컫고 있다.

촉나라의 다른 이름-잠총蠶叢

지금의 사천은 중국 잠상의 명산지다. 잠총은 촉나라 선조의 이름이다. 촉 왕의 선조는 백성들에게 잠상을 가르쳤다. 따라서 이 말은 촉나라 땅을 의미한다. 당시 촉나라 사람들은 문자와 예의도 몰랐는데 잠총이 이들을 가르쳤다. 사천성의 수도 성도현成都縣에는 서남에 잠총씨를 모시는 사당이 있다.

누에의 머리와 쥐꼬리를 닮은 글씨-잠두서미蠶頭鼠尾

한국과 중국에는 글씨로 유명한 사람들이 많다. 중국에는 동진東晉의 왕희지王羲之를 비롯해서 각 시대마다 유명한 사람들이 즐비하다. 당나라 안진경顏眞卿, 709~785 역시 자신의 서체를 창안한 사람이다. 그의 글씨체를 흔히 잠두서미 혹은 잠두연미蠶頭燕尾라 한다. 그의 글씨는 획이 살져 보이면서도 투박하지 않고, 덤덤하면서도 어색하지 않은 게 특징이다. 안진경은 왕희지처럼 해서 · 행서 · 초서에 모두 뛰어났다. 특히 그의 글씨는 남조南朝 이래 유행한 왕희지의 전아한 서체에 대한 반동이라고도 할 수 있을 만큼 남성적인 박력과 균제미를 지니고 있다. 이에 따라 그의 서체는 당나라 이후 중국 서도書道를 지배했다. 안진경의 가문에서 만든 『안씨자양顏氏字樣』은 당나라 때부터 청나라에 이르기까지 1천여 년 동안 중국의 과거장에서 정체正體의 글씨로 쓰였으

안진경의 글씨
안진경의 글씨는 흔히 누에의 머리와 쥐꼬리 혹은 제비의 꼬리를 닮았다 하여 잠두서미 혹은 잠두연미로 불렸다. 그는 당나라 시대 사람으로 평원태수平原太守가 되었을 때 안녹산安祿山의 반란을 맞자, 의병을 거느리고 조정을 위해 싸우기도 했다.

며, 명나라의 만력연간萬曆年間,1573~1620에 간행한 서책의 대부분이 안진경체다. 그의 글씨는 후대 중국의 명필 유공권柳公權 · 소동파蘇東坡 · 채경蔡京 · 동기창董基昌 · 왕탁王鐸 등에게 커다란 영향을 주었으며, 우리나라에서도 한호韓濩 · 조광진曺匡振 · 김돈희金敦熙 등이 특히 안진경체에 뛰어났다.

뽕나무와 누에가 남긴 유언

· 뽕나무를 많이 심으면 흉년을 두려워할 필요가 없다.

多種桑 不怕荒.

· 1무의 땅에 뽕나무를 심으면 일가의 흉년을 면할 수 있고한 계절에 누에를 키우면 반년 간의 양식을 얻는다.

種得一畝桑 可免一家荒, 養得一季蠶 可抵半年粮.

· 뽕나무를 심고 누에를 기르면, 한 그루의 뽕잎이 곧 한 그루의 돈이다. 栽桑養蠶 一樹桑葉一樹錢.

· 대나무를 심고 고기를 길러 많은 이익을 얻더라도 40일 동안 뽕잎 따는 데는 미치지 못한다. 種竹養魚千倍利 不及采桑四十天.

· 농한기에 누에를 치면 굶주림과 추위를 면한다.

農閑放蠶 免受飢寒.

· 누에는 30일의 살찐 돼지와 맞먹는다. 蠶是三十天的肥猪.

· 누에를 키우면서 뽕나무를 심지 않으면 해마다 추위와 굶주

림에 떤다. 養蠶不栽桑 年年受飢荒.

· 누에를 키우려면 먼저 뽕나무를 심으라 .要養蠶 先栽桑.

· 추운 겨울에 뽕나무를 심어도 뽕나무는 추위를 모른다. 冬寒栽桑桑不知寒.

· 뽕나무를 심은 지 3년이면 30년 동안 뽕잎을 딴다. 種桑三年 采桑一世.

· 느릅나무 열매 벌어지면, 뽕나무 열매인 오디도 떨어진다. 榆莢脫 桑椹落.

· 대추는 곡식을 기만하지 않고, 뽕나무는 보리를 누르지 않는다. 棗不欺穀 桑不壓麥.

· 청명 날 개면 뽕나무 잎이 반드시 크게 남는다. 淸明晴桑葉必大剩.

· 곡우에 비가 그치지 않으면 뽕잎이 소 먹이기에 적합하다.

　穀雨雨不休 桑葉好飼牛.

· 3월 3일에 흐리면, 뽕나무 잎이 금처럼 귀하다,

　三月三日陰 桑葉貴似金.

· 청명에 누에를 두려워하고, 가을비에 면을 두려워한다.

　淸明怕蠶 秋雨怕綿.

· 곡우에 누에를 데우면, 소만에 돈을 얻는다. 穀雨焙蠶 小滿使錢.

· 소만에 누에와 보리가 익는다. 小滿蠶麥熟.

· 남자가 뽕잎을 따고 여자가 누에를 기르면, 45일 만에 돈을 만질 수 있다. 男采桑 女養蠶 四十五天就見錢.

　　　출처: 농업출판사편집국, 「중국농언中國農諺 · 상」, 농업출판사, 1986.

농가의 소득을 올려줄 순백의 누에들이 농부들이 정성껏 마련한 성찬식을 즐기고 있다.

4

고대 비단예술의 화려한 귀환

오초의 싸움을 제공한
뽕나무

　오吳나라와 초楚나라는 춘추시대에 모두 양자강 근처에 자리 잡고 있었다. 오나라는 우리에게도 아주 익숙하다. 『삼국지』 손권의 오나라를 생각하는 사람이 있을 테고, 중국 고사에 밝은 사람은 오월동주吳越同舟, 와신상담臥薪嘗膽 등을 기억할 것이다. 춘추시대란 말은 공자가 노나라의 연대기를 기술한 역사책인 『춘추春秋』에서 유래했다. 춘추시대는 대체로 주나라의 동천東遷에서 시작한다. 서주는 기원전 770년 수도를 서방의 호경에서 동쪽의 낙읍으로 옮겨 동주의 시대를 열었다. 정확히 말하면 서융의 일족인 견융에게 쫓겨난 것이다.

　춘추시대는 주나라 봉건사회의 틀이 무너지면서 생긴 새로운 세상이었다. 위로는 주나라 천자가 존재했지만 제 역할을 하지 못했다. 대신 천자 아래의 제후들이 각각 왕 노릇을 했다. 일반 백성의 삶은 고달팠다. 전쟁에 끌려가거나 필요한 물자를 보급하는 데 일생을 쏟아부어야 했기 때문이다. 제후국들은 전쟁을 통해 점차 영토를 확장해갔다. 그런 까닭에 이 시대를 소국의 읍제邑制국가에서 대국의 영토국가로의 전환기라고 한다. 춘추오패春秋五覇가 바로 이런 과정을 통해 성장한 국가들이다. 춘추오패에서 오패는 '다섯 나라의 우두머리'라는 뜻이다. 다섯 나라를 꼽는 데는 학자마다 의견이 조금씩 다르다. 예컨대 제齊나라 환공桓公, 진쯥나라 문공文公, 초楚나라 장왕莊王, 송宋나라 양공襄公, 진나라 목공穆公을 말하기도 하고, 송 양공과 진 목공 대신 오 합려閨閭와 월越 구천勾踐을 넣기도 한다. 오패의 이름에서 보듯이 제후에 불과한 '공'이 국가를 세우고 있는 것만 봐도 주나라 천자의 위치가 얼마나 초라한지 알 수 있다.

춘추시대의 오패는 중원을 대표하는 제·진과 강남의 강대국인 초로 양분되어 있었다. 오와 월을 넣게 되면 춘추오패는 강남이 더 많은 셈이다. 그런데 중원의 제와 진은 당시 정치 및 문화 1번지인 중원 국가라는 자부심을 갖고, 주나라 천자를 보호한다는 명분을 내세우면서 강남의 여러 국가를 멸시했다. 즉 강남의 여러 나라들을 오랑캐로 폄하하는 중화사상을 지니고 있었다.

강남의 초나라는 목왕穆王과 장왕 때 강성했다. 특히 장왕은 낙읍 근방까지 쳐들어가 주 왕실의 국보이자 왕권의 상징인 솥[鼎]의 크기를 물어 그것을 빼앗으려 했다. 이어 초나라는 중원의 여러 나라를 정벌해 중원의 패자로 군림했다. 장왕이 병합한 소국은

주나라 왕권의 상징인 정鼎

발이 3개 달린 솥으로 고대에는 왕권의 상징물이었다. 이에 대한 '문정경중問鼎輕重'이란 고사가 있다. 춘추시대 천자의 지위에 있었던 주나라는 전국 9주州의 구리를 모아 만든 9개의 솥[九鼎]을 갖고 있었다. 그러나 천하를 차지하려는 야망을 품고 있던 초 장왕이 오랑캐를 토벌한다는 구실로 주의 수도까지 진출했다. 주 정왕定王은 대부 왕손만王孫滿을 보내 장왕의 노고를 위로했지만, 장왕은 주 왕실에 있는 정의 크기와 무게를 물었다. 이 물음은 주나라가 정의 크기와 무게를 감당하지 못하니 자신이 차지하겠다는 뜻이었다. 이에 왕손만은 정의 크기와 무게는 중요치 않으며 덕의 유무가 중요하다고 대답했다. 그리고 비록 주의 덕이 쇠했지만, 아직은 천명이 바뀌지 않았으므로 정의 경중을 물을 때가 아니라고 덧붙였다. 장왕은 이 말을 듣고 철수했다. 사진은 부호묘에서 발굴된 청동제 정.

무려 26개국에 이르렀다. 병합당한 국國은 제후가 거처하던 곳이다. 소국이 병합당하면 국은 해체된다. 그 대신 정복자는 그곳에 군현을 설치한다. 국은 천자에게 분봉 받아 일정한 자율권을 행사할 수 있었지만, 군현은 국가가 직접 그 지역을 지배하는 행정 단위였다. 이 과정에서 중국의 군현이 생겨나기 시작했다. 군현의 등장은 춘추 중엽 이전의 회맹會盟 방법을 포기한 새로운 전략이다. 그러니 군현은 힘없는 지역의 설움으로 탄생한 행정 단위인 셈이다.

춘추 중엽 강남의 오나라는 중원의 강대국인 진나라가 초나라와 패권을 다투면서 연합한 덕분에 강해졌다. 특히 오왕 합려는 오자서伍子胥와 손무를 기용해 국력을 키운 후 기원전 506년에 초나라 수도인 영초까지 쳐들어갔다. 초나라는 오나라의 침략을 진秦나라의 도움으로 간신히 물리쳤지만 패자의 지위에서 밀려나는 수모를 당했다. 이런 초나라와 오나라 양국 간에 전쟁이 일어난 배경 중 하나에 뽕나무가 자리잡고 있다.

초와 오의 전쟁을 낳은 뽕나무를 '쟁상爭桑'이라 부른다. 양자강 중류에 위치한 초나라와 양자강 하류에 위치한 오나라에는 뽕나무가 많았다. 특히 오가 위치한 양자강 하류는 중국 남방의 뽕나무 주산지였다. 초나라의 변방 고을인 종리鍾離(지금의 안휘성 봉양현 동북쪽)와 오나라의 변방 고을인 비량卑梁(지금의 안휘성 전장현 서북쪽)은 서로 밭두둑이 맞닿아 있었다. 뽕잎 수확 철이 되자양쪽 "어린아이들이 뽕잎을 다투다가 서로 분노하여 상대를 공격한小童爭桑交怒相攻" 일이 벌어졌다. 이 소식을 들은 초는 오의 변읍을 공격해서 잿더미로 만들었다. 그러자 오도 초 땅을 정벌하여복수했다. 오초 양국의 전쟁 원인에 관한 이야기는 『사기』「오세가吳世家」에 나온다. 이는 양국 간의 적대관계가 낳은 슬픈 이야기다. 두 국가가 적대적이지 않았을 때는 사이좋게 뽕잎을 땄을 것이다. 하지만 국경을 마주하고 있는 읍은 언젠간 전쟁을 통해 큰화를 입는다. 평소에는 친한 이웃이지만 관계가 나빠지면 적으로바뀌기 때문이다.

비단의 생산에서도 두 나라는 경쟁자였다. 절강성 호주湖州 전산양錢山漾의 신석기 시대 유적지에서 탄화된 비단 조각이 출토되었는데, 이는 오나라와 월나라 선조들이 남긴 유물로 보인다. 또호남성 하류시霞流市의 춘추시대 유적지에서 발굴된 상잠 무늬가새겨진 청동 술잔[桑蠶紋銅尊] 1점도 이 시기 유물로 보인다.

고치를 켜고 비단을 짜는 데 있어서 초나라는 오·월보다 늦게 출발했지만 곧 그들을 추월했다. 『관자管子』「소광小匡」 편에 초나라가 "주나라 왕실에 사紗를 진공했다"는 기록이 나온다. 이는초나라에서 많은 생사가 생산되었고, 품질 또한 우수했음을 의미한다. 주나라에 진상할 정도였으니 말이다. 호북성 강릉 마산1호

고분에서 나온 비단 제품은 상해방직과학연구원 이화분석실에서 분석한 결과 현미경으로 본 종면縱面의 형태, 열 흡수 극대치, 아미노산 함량 등 여러 가지 특성이 모두 오늘날 호북성에서 생산되는 상잠사와 같거나 비슷하다는 결과가 나왔다. 즉 초나라가 생산한 상잠사로 짠 비단인 것이다.

전국 초기와 중기에 초나라는 강남과 강동의 땅을 차지하여 양잠의 규모와 방직·방적의 수준이 여러 나라 가운데 으뜸이었다. 그것은 선진 시대의 비단과 자수품 가운데 발견된 실물 대부분이 초나라의 것이라는 데서도 드러난다. 그러나 1978년 전까지만 해도 전국시대 초나라가 어느 정도로 강성한 국가였는지에 대해서 잘 몰랐다. 그저 양자강 지역의 강대국 정도로만 생각했을 뿐이다. 그러던 중 1978년 고고학 발굴로 초나라가 세상을 뒤흔들어버렸다. 발굴과정에서 고대 악기 가운데 세계에서 가장 위대한 작품이 나왔기 때문이다. 증후을묘曾侯乙墓에서 나온 '호북편종湖北編鐘'이란 악기인데 이 편종은 이 세상에 존재하는 모든 음악을 연주할 수 있다. 완벽한 상태로 발굴된 이 악기는 현재 호북성박물관에 보관되어 있다.

1982년 마산 벽돌공장에서 고대의 무덤이 발견되면서 초의 비단 중심국으로서의 면모도 드러난다. 장정명이 지은 『초문화사』를 보면 그 내용을 상세히 전한다. 그것은 전국 중기의 소형 초나라 고분이었다. 당시 형주 지방에서는 이미 같은 시기의 비슷한 초나라 고분이 수천 개나 발견되었기 때문에 발굴대원들은 큰 기대를 하지 않았다. 곽실을 덮은 6개의 덮개를 들추자 평범한 방형

方形 관이 하나 나타났다. 한 젊은 대원이 관의 덮개를 비틀어 덮개와 벽판 사이를 벌리고 몸을 굽혀 들여다보는 순간 눈이 환해졌다. 교룡[蛟螭]과 비룡飛龍의 무늬가 수놓인 황색의 곱고 아름다운 비단 이불과 말끔하고 우아한 소사면포가 펼쳐졌기 때문이다. 길이 2미터의 이 목관은 견직물의 보고임이 밝혀졌다.

마산 1호 고분의 묘주는 여성으로, 몸은 수의와 이불 등으로 겹겹이 싸여 있었고, 그 위로 비단 이불과 면포가 덮여 있었다. 수의와 이불 보따리는 관 내부의 공간을 가득 메우고 있었다. 수의와 이불 보따리는 13겹으로 싸여져 있었고, 비단 띠로 아홉 번 가로 묶여져 있었다. 뼈대만 남은 시신에는 두터운 비단 겹옷과 치마, 비단 속옷이 차례대로 입혀져 있었고 발에는 마麻와 비단을 섞어 만든 신발이 신겨져 있었다. 이 고분에서 나온 의류와 옷감 · 신발 등은 모두 35점이다. 4개의 대나무 상자에 담겨 있는 4백여 점의 비단 조각을 1점으로 계산했을 경우다. 비단으로 만든 고대의 견직물이 이처럼 종류가 다양하고 정교하며 완전하게 보존된 것은 처음이었다.

형주박물관에서 발굴결과를 정리해서 펴낸『강릉 마산 1호 초묘』를 보면 초나라의 비단 제조 기술과 자수 예술의 수준을 엿볼

호북편종
약 2400여 년 전에 만들어진 것으로 추정되는 호북편종. 증나라 제후의 묘에서 거의 완벽한 상태로 발굴됐다. 호북성박물관 소장.

수 있다.

　위에 열거한 여덟 가지 비단은 선진 시대 비단의 종류를 거의
망라한 것이다. 빠진 것도 있지만 일부에 지나지 않는다. 마산 1호
고분의 규모와 꾸밈으로 보아 묘주는 사士 계층의 여자임은 분명
했지만 귀족은 아니었다. 재산 규모로 보면 중상 계층이었을 것으
로 짐작된다. 도굴당하지 않은 초나라 귀족의 고분은 이미 찾아보
기 어렵고 도굴당하지 않은 초나라 임금의 고분을 찾는다는 것은
거의 불가능한 현실에서 이 무덤의 발견은 매우 소중한 것이었다.
마산 1호 고분은 봉토가 볼품없었기 때문에 진秦나라 사람들의 도
굴을 피할 수 있었을 것으로 보인다. 따라서 초의 비단 공예가 지
닌 최고 수준은 아마 이 무덤에서 나온 것 이상이었을 것으로 생
각된다. 다만 하층 귀족들도 꽤 고급스러운 비단을 소유할 수 있
었다는 것을 알 수 있다.

　용과 봉이 각 한 쌍씩 자수된 연노랑색의 비단 1점은 옅은 회
색의 속면에 주인朱印도 찍혀 있다. 글자는 알아볼 수 없지만 이것

은 견을 짠 여공인 것으로 추측된다. 관청이나 민간에서 운영하는 직조 공장에 소속된 여공이었을 것이다.

초나라의 조형 예술은 전국시대로 접어들면서 빠른 속도로 발전하기 시작해 전국 중기에 이르러서는 다양하고도 높은 수준에 도달했다.

사직과 자수 기술의 발전, 사직품과 자수품의 증가는 초의 일상생활을 아름답게 꾸며줌으로써 초나라 사람들은 전에 없던 강렬한 예술적 충동을 일으키게 되었다.

마음먹은 디자인을 실제로 나타내기에는 입체적 기물보다 비단의 평면이 훨씬 쉽다. 이 때문에 초문화의 전성기에 초나라 사람들의 예술적 정감은 주로 비단 제품에서 나타난다. 곱고 아름다운 날실과 씨실, 자수 등에 의지하여 초나라의 방직공과 자수공은 중국 민족의 예술 보고에 적지 않은 진품을 더하게 되었다. 마산 1호 고분에서 나온 자수품에서는 연한 검정색 또는 주홍색의 도안을 어렴풋이나마 알아볼 수 있다. 어떤 무늬들은 도안과는 조금 차이가 있는데, 이는 자수공 자신이 무늬를 더 복잡하고 아름답게 하고자 도안에 약간의 수정을 보탰다는 것을 보여준다.

초나라의 높은 예술 수준은 풍부한 자원과 안정된 농업경제에 기반을 둔 것이었다. 전국시대에 병력과 무력에서 가장 앞섰던 것은 진나라였지만, 국토의 크기나 재력은 초나라가 진을 앞질렀다. 위나라 회왕은 "황금·진주·상아가 모두 초나라에서 산출된다"라고 믿고 있을 정도였다. 광대한 국토, 비옥한 토지, 풍부한 자원, 꾸준히 발전되는 각종 기술, 점차 규모가 커진 관료 기구 등을 바탕으로 초나라의 도시가 발전하고 상거래가 빈번해지면서 해외무역도 번창했다. 환담桓譚의 『신론新論』을 보면 "초나라 영도郢都는 수레바퀴가 서로 부딪치고 사람들의 어깨가 서로 스치며, 저자거리에서는 서로 밀치고 부딪치고 하여 아침 나절에 입은 새 옷이 저녁 무렵이면 누더기가 되어 버린다"고 기록되어 있다. 영도는 초나라의 큰 도시 중에서도 명실상부한 수도로 서쪽으로는 무군과 파지로 통하고, 동쪽으로는 풍요한 운몽을 끼고 있는 도시였다. 인가가 조밀하고 거리가 번화한 큰 도회지 영도의 모습을 상상하는 것은 오늘날 발견된 초나라의 여러 예술작품과 옛터의 규모를 통해서 그리 어렵지 않게 짐작할 수 있다.

초나라의 시장에는 곡식과 소금 · 삼베 · 비단 · 솜 · 마직 · 관冠 · 신발 · 의복 · 죽기 · 목기 · 칠기 · 도기 · 동기 · 철기 · 가축 · 피혁 등이 거래되었고 진주 · 물소뿔 · 상아 · 단사 · 황금 등의 귀중품도 나왔다. 금속류와 화살대를 제외하고는 모두 해외무역의 대상이기도 한 제품들이다. 초나라의 각 하천과 도로에는 상인의 대열이 오가면서 갖가지 물자가 유통되었다. 이는 몇몇 거상의 출현을 가져왔고, 이들 가운데 일부는 "큰 배 250척과 작은 배 750척"을 거느릴 수 있는 자격이 부여될 정도였다. 1957년과 1960년에 발견된 악군계절鄂君啓節에서 드러난 사실이다. 초나라 회왕 때 만들어진 이것은 악 지역에 봉읍된 계라는 사람이 그 지역을 다스리는 방법과 무역의 주요 규제와 절차 등이 적혀 있다. 판매 가능한 물품과 금지 물품부터 면세되는 조건, 배에 실을 수 있는 물품의 한계 등을 자세히 기록하고 있어 초나라의 상법이 매우 체계화되어 있었고 엄격했음을 보여준다. 초나라는 주로 조개 껍질을 화폐로 사용했고 동으로 만든 화폐도 소량으로 유통시켰다. 초나라 장왕 때는 화폐개혁을 단행하기도 했으며 전국 중기에 오면 금화와 은화도 등장한다. 금은의 무게를 재기 위한 천칭추도 발견되었는데 전국 초기 초나라 고분에서 발견된 것이 지금까지 알려진 것 중에 가장 오래된 것이다.

1971년 전쟁과 위대한 탄생

초나라의 우수한 비단 제조법을 계승한 것은 한나라였다. 그 것은 1971년에 발견된 한나라 귀부인의 무덤에서 나온 화려한 비단 제품들을 통해 드러났다.

1971년 중국은 안으로 문화대혁명을 치르고 있었을 뿐 아니라 국경을 마주하고 있는 소련과 군사적 긴장관계에 놓여 있었다. 1964년 이후 소련은 중·소 변경에 군대를 대량으로 증파했다. 나아가 중국에 무력 도발과 유혈 사태를 일으켰다. 중국도 전쟁을 준비하기 시작했다. 지역마다 전투에 필요한 기지를 물색했다. 장사시 동쪽 교외 오리패五里牌도 그중 한 곳이었다. 그곳에는 그리 높지 않은 언덕이 몇 개 있었다. 그중에 말안장처럼 높고 큰 흙더미가 있었다. 사람들이 마왕퇴馬王堆라고 부르던 곳이었다.

이곳은 인가가 드물고 산과 강이 있어 경치가 좋았다. 이 때문에 중화인민공화국 설립 후 호남성위원회가 여기에 몇십 개의 방을 지어 중국 공산당 간부를 양성하는 당학교와 청년단학교를 열었다. 하지만 교통이 불편해 당학교와 청년단학교가 다른 곳으로 옮기는 바람에 호남성위원회 간부 요양소로 바뀌었다. 그러던 중 1969년 10월 18일 새벽 2시경, 소련의 공격으로 해방군 366병원의 근무원과 병원 설비, 생활용품이 이곳 요양원으로 옮겨졌다. 사람들은 소련의 원자폭탄 투하에 대비해 방공호를 파기 시작했다. 다행스럽게도 이런 와중에 양국 간의 긴장관계가 해소되어 원자폭탄은 투하되지 않았다. 그러나 각 지역에 분산돼 있던 부대들은 복귀 명령을 받지 못하고 있었다. 순식간에 겨울이 다가오자 중국 북방부대의 식량 보급, 운송, 훈련, 사상 교육 등에서 해결하기 어려운 문제가 발생했다. 더욱이 이곳 366병원 장병들은 임표의 명령에 따라 철수하지 않고 계속 전투 준비에 여념이 없었다.

1970년부터 366병원은 장병들을 동원해 병원 안팎에 많은 방공호를 팠다. 이 방공호들은 미궁처럼 지하로 파고 들어갔다. 그러던 중 1971년 9월 13일 모택동의 후계자이자 이곳 책임자였던 임표가 비행기 추락으로 사망했다. 그가 죽자 중국의 모든 부대가 다시 1급 전투 상태에 돌입했다. 바로 이때 366병원 당위원회가 요양원 안에 있는 둘레 수백 미터의 마왕퇴 밑에 대형 동굴을 파서 전시에 부상병을 돌보는 장소로 삼기를 결정했다. 열흘 뒤에 본격적인 작업이 시작됐다. 이때 동굴을 10미터 정도 파내려가자 땅속에서 붉은 흙 가운데 흰 점이 얼룩덜룩한 흙이 보였으며, 깊이 파들어 갈수록 딱딱한 것이 느껴졌다. 병사들이 매우 힘들어하면서도 그곳을 모두 파내자 백색 점토질이 한 덩이씩 나타났다. 이들은 동굴이 붕괴될 조짐이 아닐까 걱정하여 책임자에게 보고했다.

보고를 받은 책임자는 직접 가서 땅 파는 것을 중지시키고 드릴로 구멍을 뚫었다. 뚫을 때까지는 별 이상이 없었다. 그러나 드릴이 하얗고 기름진 진흙에서 빠져나오는 순간 구멍에서 '쉭' 하는 소리가 나더니 코를 찌르는 기체가 한 줄기 솟구쳐 올랐다. 바로 그 순간 책임자가 담뱃불을 붙였고, 순식간에 구멍에서 빠져나온 기체와 만나 '펑' 하는 폭발음과 함께 한 덩어리 불꽃으로 변했다. 모두 혼비백산하여 밖으로 나왔다. 위대한 역사는 이렇게 시작되었다.

마왕퇴에서 나온
진귀한 유물

장사시는 전국시대에 초나라 남쪽 끝의 도시였다. 진한秦漢 시대에는 장사국長沙國이 설치됐으며, 전국시대부터 한대漢代에 이르는 무덤이 발견됐다. 이중 장사시 중앙에서 동쪽 약 4킬로미터에 있는 마왕퇴한묘의 발굴 조사가 1972년에 1호분에서 시작됐다. 지하의 무덤구덩이 안에서 외外·중中·내內의 3중 목곽을 발견했다. 내곽內槨 안에도 외·중·내 3중의 목관木棺을 안치해놓았다. 목관 위에는 채색의 백화帛畵, 비단에 그린 그림이 있고, 목관 속에는 50세가량으로 추정되는 부인의 유해가 있었다. 부장품의 대부분은 목곽과 목관 사이에 들어 있었다. 나무로 만든 사람 형상의 목우木偶 · 악기 · 칠기 등과 죽제竹製의 큰 바구니 속에서 견직물 · 식량류 등이 다수 발견됐다. 그 밖에 당시의 풍속과 생활을 실감나게 보여주는 유물 등 주목할 만한 1000여 점의 부장품이 비교적 완전한 상태로 출토됐다. 1973~74년에는 2호분과 3호분이 조사됐다. 2호분에서는 '대후지인'의 동인銅印과 '이창利蒼'의 옥인玉印이 출토되었다. 3호분에서는 『역경易經』『노자老子』『전국책戰國策』의 백서帛書와 죽간竹簡이 출토됐다.

유물에서 나온 아름다운 비단들

중국의 비단이 5000년의 역사를 자랑하고 있었지만, 누에실은 동물성 단백질이기 때문에 쉽게 썩는다. 따라서 고대의 비단이 어느 정도 수준인지를 알 길이 거의 없었다. 그러던 중 마왕퇴 1호묘의 발굴로 수수께끼가 풀렸다. 이곳에서 발견된 견직물은 당시 알려진 고대 견직물 품종을 거의 망라하고 있었다. 예컨대 견絹(명주), 나사羅紗(매우 얇고 고우며 가벼운 비단), 금錦(여러 빛깔로 무늬를 넣어 짠 비단), 기綺(무늬를 넣은 비단) 등은 발굴 전까지는 보기 어려웠다. 아울러 견직물의 색깔도 다갈색, 진홍색, 회색, 붉은색, 황갈색, 갈색, 옅은 황색, 청색, 녹색, 백색 등 아주 다양했다. 무늬의

소사단의素紗襌衣

마왕퇴한묘에서 발굴된 유물. 소사단의는 복식류 중에서도 아주 귀하다. 길이가 128센티미터, 소매길이 190 센티미터, 무게는 48그램에 불과하다. 옛 사람들은 이 옷을 "얇기는 매미 날개 같고, 가볍기는 연기 같다"고 표현했다. 당대 중국인들의 비단 기술을 엿볼 수 있다.

인화부채황사면포印花敷彩黃紗綿袍

길이 132센티미터, 소매길이 228센티미터이다. 마왕퇴 1호묘에서 발굴됐다. 여기서 모두 세 점의 인화부채면 포가 나왔다. 포袍는 솜을 둔 겨울옷이다. 포의 겉에 황색 깁을 대고, 거기에 꽃·덩굴·나뭇잎 무늬들을 수 놓았다. 선명한 색채와 정교한 무늬가 매우 아름답다.

인화부채강홍사면포印花敷彩絳紅紗綿袍

길이 130센티미터, 소매길이 236센티미터이다. 마왕퇴 1호묘에서 출토된 세 점의 인화부채면포 중 하나이다.
전체적으로 진홍빛을 띠고 있으며 포의 겉에 깁을 덧대었다. 꽃봉오리 · 덩굴 · 이삭 · 나뭇잎 등의 무늬들을
복잡하고 정교하게 짜맞추었다.

사紗는 엷고 가는 견직물이다.
금박과 은박으로 아주 세밀하게
무늬를 짜넣은 것을 볼 수 있다.
마왕퇴에서 출토된 의복들의 직
조기술은 매우 정교하다.

제작 기법도 직직織 · 수수繡 · 회회繪 등 여러 가지가 있었다. 문양 역시 각색의 동물 문양, 구름 문양, 짚풀[捲草] 문양, 변형 구름 문양, 마름모꼴 기하학적 문양 등이 있었다.

복식류에는 강견군絳絹裙(진홍빛 명주치마), 소견군素絹裙(흰 명주치마), 소사단의素紗襌衣, 소견사면포素絹紗綿袍, 주라사면포朱羅紗綿袍, 수화사면포繡花絲綿袍. 황지소록수화포黃地素綠繡花袍, 니금은채회라사사면포泥金銀彩繪羅紗絲綿袍, 니은황지사포泥銀黃地紗袍, 채회주지사포彩繪朱地紗袍 등 10여 종이 있었다.

복식류 중에서도 소사단의는 아주 귀하다. 이 옷은 무게가 겨우 48그램에 불과하다. 이 같은 무게는 요즘 생산하는 고급 나일론실과 같다. 옛 사람들은 이런 옷을 "얇기는 매미 날개 같고, 가볍기는 연기 같다[薄如蟬翼, 輕若煙霧]"라고 했다. 중국인들은 이러한 수준 높은 비단 기술을 일찍부터 가지고 있었다. 한대의 단의는 『시경』 「정풍鄭風 · 풍豊」의 "비단 저고리에 홑저고리 걸치고, 비단 치마 위에 홑치마 걸치네"라는 구절에서도 확인할 수 있다. 이러한 아름다운 비단을 칭송한 구절은 당나라 시인 백거이白居易

의「요릉繚綾」에서도 볼 수 있다.

　　광주에 살고 있던 한 관리가 어느 날 아라비아 상인을 접견했다.
상인이 그의 가슴을 한참 쳐다보자 그는 무슨 까닭인지 물었다. 상
인이 '당신이 비록 두 벌의 비단옷을 입었지만, 나는 당신 가슴의
검은 사마귀를 볼 수 있습니다' 라고 말했다. 그는 상인의 말에 크
게 웃으면서 '내가 입은 것은 두 벌이 아니라 다섯 벌의 비단옷입
니다' 라고 말했다. 이 말에 상인은 더욱 놀라 눈을 동그랗게 뜨고
아무 말도 하지 못했다.

　　설령 백거이의 이야기에 과장이 있을지라도 중국인들의 비단
기술이 얼마나 정교한지를 드러내는 데 손색이 없는 대목이다. 마
왕퇴 1호묘의 의복과 장신구에서는 감이 두터운 융권금絨圈錦을
많이 사용한 것도 확인할 수 있다. 융권금은 두루마기의 목둘레,
소매, 허리띠 향주머니, 거울싸개 밑바탕에 사용했다. 이런 융권
금을 직조하는 기술은 수준이 아주 높으면서도 복잡하다. 날실은

🦋 **수침繡枕과 청사리靑絲履**

모두 마왕퇴 1호묘에서는 의복 말고도 많은 유물이 발견됐다. 베개와 신발에도 견직물을 사용한 것을 볼 수 있다. 수침(위)의 길이는 45센티미터, 높이는 12센티미터이다. 청사리의 길이는 26센티미터이다.

🦋 **1호묘 T형 백화帛畵**

마왕퇴 1호묘에서는 관을 덮은 길이 205센티미터 위쪽 넓이 92센티미터의 백화도 출토되었다. 그림 위쪽 오른편에는 붉은 해가, 왼편에는 초승달이 있다. 붉은 해 안에는 까마귀가 그려져 있고, 그 아래로 뽕나무 가지가 있다.

2색 혹은 3색으로 쓰고, 씨실은 단색을 사용했다.

　이 시대의 직조과정은 동한東漢 시기 왕일王逸의 「기부부機婦賦」에 자세하게 나와 있다. 그러나 이러한 직조는 정교한 기술 없이는 불가능하다. 유흠劉歆의 『서경잡기西京雜記』에 따르면, 이런 기술은 한나라 소제昭帝 때 하북성河北省 거록巨鹿에 사는 방직기술자 진보광陳寶光의 아내가 만든 직기 때문에 가능했다.

　마왕퇴 무덤은 중국 고대 비단 기술의 정수를 보여주고 있다. 유물마다 비단과 얽히지 않은 것이 없다. 심지어 목침과 신발도 비단으로 꾸몄다. 이 같은 비단 관련 유물에 비단의 원료인 뽕나무가 빠질 리 없다. 관을 덮은 길이 205센티미터의 「백화帛畵」에는 뽕나무가 그려져 있다.

　그림 위쪽 오른편에는 붉은 태양이, 왼편에는 초승달이 있다. 붉은 태양에는 세 발 달린 까마귀, 이른바 삼족오가 그 위용을 뽐내고 있고, 태양 아래에는 뽕나무 가지가 섬세하게 그려져 있다. 그 가지 사이로 8개의 작은 태양이 있다. 이는 『산해경』『회남자』『장자』『초사』에 10개의 태양이 번갈아 대지를 비추었다는 내용과 일치한다. 태양빛은 뽕나무를 통해서 사람들에게 전해진다. 강렬한 자연의 에너지는 인간이 받아들여 사용하기에 적합한 부드러운 빛으로 순화된다. 한나라 때까지 뽕나무는 중국인을 지키는 수호신이었다. 뽕나무는 중국인들에게 태양과 같다. 그래서 태양은 뽕나무와 함께한다.

실용과 예술의 위대한 통합
비단, '중국 속의 중국'

비단은 이중으로 중국인들을 감쌌다. 의복으로서 그들을 감싸서 추위로부터 막아주었고, 예절을 알게 했다. 또한 병풍처럼 중국인들의 삶을 둘러싸서 문화를 발전시켰다. 의식주와 예술작품은 전혀 다른 기능을 한다. 하나는 삶에 없어서는 안되는 필수품이고, 다른 하나는 꼭 필요하지는 않지만 인간의 정신생활을 위해 쉴새없이 고안된다. 이 둘은 서로 부딪치기도 한다. 먹고 사는 것을 이념으로 내세운 시대에 예술이 탄압받듯이 말이다.

비단이라는 매개체는 생활과 예술의 경계선을 흐리게 만들었다. 비단은 생활필수품이면서 동시에 고양된 정신이 춤추는 무대였다. 과연 당시 사람들이 하나의 물질이 서로 다른 기능을 통합한 이 위대한 중의성을 알고 있었는지는 의문이지만, 그들이 비단이 없어서는 안되는 소중한 것임을 깨닫는 데 영향을 미쳤을 것은 분명해보인다. 마치 그림 속의 그림을 보는 것처럼 비단을 보면 그것이 꼭 중국 속의 중국인 것처럼 느껴지는 이유다.

5

농서를 통해 보는 잠상의 사회사

인류 최초의 농서,
『범승지서』와 뽕나무

인류가 농업을 본격적으로 시작한 것은 신석기시대이다. 신석기는 지역마다 다르지만 대략 1만 년 전쯤으로 보고 있다. 1만 년 전부터 농경을 시작했지만, 문자가 등장한 청동기시대부터 농업 기술을 체계적으로 기록하지는 않았다. 체계적인 농업 정보를 담은 농서는 기원후로 넘어가기 직전 중국에서 처음 등장했다. 바로 한나라 때 나온 인류 최초의 농사 관련 문헌인 『범승지서氾勝之書』다. 『범승지서』는 범승지가 만든 책이라는 뜻이다. 그가 당시 농업 상황을 정리한 것으로 요즘으로 말하면 편저에 해당한다. 반고班固가 저술한 『한서漢書』「예문지藝文志」에 따르면 범승지가 책을 저술한 시기는 한나라 성제成帝, 재위 기원전 33~7때라고 한다. 그러니 『범승지서』는 지금부터 대략 2000년 전의 농서다.

범승지가 누구인지에 대해서는 『한서』에 간단한 정보만 전한다. 그는 성제 때 의랑議郎 벼슬을 지냈으며 당나라의 학자 안사고顔師古에 따르면 농업성農業省 지도자도 역임했다. 한나라 수도 장안 부근의 삼보三輔에서 사람들에게 농사법을 가르쳤으며 농업에 흥미를 가진 사람들은 그를 사장師匠으로 존경했다. 이 공로 때문인지 그는 어사御史까지 승진한 것으로 기록되어 있다.

「예문지」에 따르면 범승지는 방대한 저술활동을 했다. 그러나 아쉽게도 고대 농업의 현황을 파악할 수 있는 중요한 정보가 담겨 있을 법한 그의 책은 13세기 중반 이전에 모두 유실되었고 현재 남아 있는 것은 북위시대 가사협賈思勰, ?~?이 쓴 『제민요술齊民要術』에 인용되고 있는 극히 일부다. 이것만으로 볼 때 인류 최초의 농서인 『범승지서』는 아주 간단해서 농서 중에서는 초보적인 수준에 불과하다. 하지만 그 당시로서는 무제 때의 조과趙過가 고안한 대전법代田法 이후 발전된 최신식 농법이 소개되어 있다고 할 수 있다.

총 18편으로 이루어진 이 농서는 황하 상·중류의 건조지역에 관한 농업 지침서이다. 특히 산서성 황토고원지대에서 필요한 농업 기술이다. 이곳은 연간 강우량이 고작 350~700밀리미터 남짓할 뿐 아니라 비도 여름에 집중해서 내린다. 따라서 농기계나 가축의 도움 없이도 얕은 골을 내거나 구덩이를 파고 집약적으로 파종·수확하는 집약 재배법을 발전시켰다. 이곳 사람들은 굴집을 파서 더운 여름과 추운 겨울을 보냈다.

『범승지서』의 특징은 아주 세밀하게 경작하는 정경세작精耕細

作을 통한, 단위 면적당 생산량을 높이는 방법을 제시하고 있다는 점이다. 특히 여기서 제시하는 다수확 농법인 구전법은 청대까지 영향을 준 획기적인 것이었다.

구전법은 파종하는 곳만을 경작하고 그곳에 물과 비료를 주는 농법이므로 소가 반드시 필요하지 않았다. 따라서 구전법은 반드시 소 두세 마리가 필요했던 조과의 대전법에 비해 소를 소유하지 못한 농민들에게 적합한 농법이었다. 그렇지만 노동력 소모에 비해 생산성은 크게 높지 않아 널리 보급되지 못했고, 결과적으로 화북의 농경법을 변모시킬 수는 없었다. 단지 구전법은 농업 생산량을 높이는 데 크게 기여했다.

18편의 내용을 보면 경전耕田 · 수종收種 · 구전법區田法을 포함해 조[禾] · 기장[黍] · 보리류[麥類] · 쌀[稻] · 콩[大豆] · 팥[小豆] · 삼[麻, 大麻] · 모시[枲, 苧麻] · 박[瓠] · 토란[芋] · 피[稗] · 뽕나무[桑] · 오이류[瓜類] · 들깨[荏] · 참깨[胡麻] 등 약 15종의 품종에 대한 재배기술을 다루고 있다.

이들 품종 중 나무는 뽕나무뿐이다. 이 당시 농업작물로 뽕나무를 언급한 것은 그만큼 이 나무가 사회에서 차지하는 비중이 높았기 때문이다.

『범승지서』는 뽕나무 관련 농업기술의 원형을 담고 있다. 특별한 기술 변화가 없는 한, 이후에 등장하는 농업 관련 뽕나무 정보는 『범승지서』를 인용할 수밖에 없다. 『범승지서』에 나오는 뽕나무는 집뽕나무, 즉 상桑이다. 첫 장면은 뽕나무 기르는 법을 서술하고 있다. 식물은 대개 열매로 번식하는데 뽕나무도 예외는 아니다. 그 열매를 오디라 부르고 한자로는 심椹/葚이라고 쓴다.『범승지서』에 따르면 방법은 다음과 같다.

"음력 5월에 잘 익은 오디를 따서 물에 담그고 손으로 문지른다. 씨알을 말끔하게 씻어 종자를 걸어 올려 그늘에 말린다. 10무의 기름진 밭을 갈아 두둑을 만들고 골라서 마련한다. 오랫동안 묵혀 두었던 밭이 가장 좋다. 이러한 밭을 쟁기로 갈아엎고 써레질을 잘한다. 1무당 기장과 오디를 3되씩 섞어서 한꺼번에 뿌린다. 뿅과 기장은 같은 때 싹이 돋는다. 호미로 밭을 매고 솎아주되 뿅의 어린 싹이 알맞게 자라도록 적당한 간격으로 한다. 또한 기장이 함께 자라 이삭이 여물면 거둬들인다. 뿅나무도 기장과 비슷하게 자라면 낫을 땅에 붙여 함께 땅에 깔아둔다. 두 식물을 한꺼번에 햇볕에 말려야 한다. 말린 후 바람이 일면 불을 놓아 태운다. 이듬해 봄에 뿅나무 눈이 싹터 나오면 무당 세 상자의 누에를 칠 만큼 뿅잎을 거둘 수 있다."

위의 기사에서 특이한 것은 기장과 함께 오디를 심는 점과 조금 자라면 다시 벤다는 점이다. 올라온 뿅나무 잎을 잘라버리는 것은 처음 올라온 싹으로 누에의 먹이를 삼기엔 뭔가 부족하기 때문이다. 식물은 가지를 자르면 살아남기 위해 한층 힘차게 올라오는 법이다.

『범승지서』에 따르면, 누에는 종자 처리과정에서 중요한 역할을 했다. 왜냐하면 누에똥이 쉽게 수분을 흡수했기 때문이다. 종자를 누에똥에 처리하면, 특히 조와 같은 곡류의 작은 종자의 경우 토양 속에 있는 수증기의 응집으로 물기를 빨아들여 좋은 발아 조건을 만들 수 있다. 더욱이 누에똥은 사용하기 쉽고 많은 양의 칼슘, 철, 인산염을 지니고 있을 뿐 아니라 오디에서 나오는 옥산이나 비타민도 지니고 있다.

인류 최초의 종합 농서 『제민요술』에 수록되다

『범승지서』가 나온 지 500년이 지난 6세기 중엽에 이르러서야 인류 최초의 종합 농서가 등장했다. 『제민요술齊民要術』이다. 『제민요술』의 '제민'은 일반 백성을, '요술'은 백성들의 생산과 생활에 꼭 필요한 기술과 지식을 말한다. 이 위대한 작품을 만든 사람은 가사협이다. 그러나 그가 어떤 사람인지 구체적으로 알려주는 정보는 거의 없다. 다만 그에 대한 정보는 산동성에 속한 고양군高陽郡 태수였다는 정도에 불과하다.

10권으로 구성된 이 농서에는 오곡 · 야채 · 과수 · 향목香木 · 상마桑麻의 종식법種植法, 가축의 사육법, 술 · 간장의 양조법, 그리고 가공 · 판매 · 조리의 과정을 상세히 기술하고 있다. 조와 수수를 주로 심는 중국 화북華北의 건조 농법을 전하는 중요한 자료다. 『제민요술』은 12세기 이후 화중華中의 벼농사에 관한 책이 나오기까지는 중국의 대표적인 농업기술서였다. 지난 2006년 국내에도 번역서로 출간됐으니 『제민요술』이 세상에 나온 지 1470여 년 뒤의 일이다. 이 책은 일본의 경우 9세기경의 책 목록에 보인다. 반면 우리나라에는 언제 들어왔는지 정확히 알 수 없다.

『제민요술』은 이전 시기 화북지역 농업 기술의 결정판으로 화북의 농업기술 전모를 상세하게 알 수 있다. 이 책은 단순히 중국의 문화유산만이 아니라 인류 전체의 문화유산이다. 한국 사람들도 이 책 속에 담긴 기술을 통해 간장기술을 재현하고 있다. 인류가 이러한 작품을 가지고 있다는 것만으로도 대단하다.

『제민요술』에 실린 풍부한 뽕나무 정보

『제민요술』은 4~5권에 대추나무를 비롯해 28종의 나무 관련 정보를 담고 있다. 5권에 나오는 뽕나무 관련 내용도 무시할 수 없는 분량이다. 여기서도 가장 먼저 『이아』에 수록한 뽕나무 관련 내용을 적고 있으며, 아래와 같이 뽕나무 재배법을 아주 구체적으로 언급하고 있다.

"뽕나무 오디가 무르익을 때를 기다려 흑노상黑魯桑의 검은 오디를 거두어들인다. 황노상黃魯桑은 오래 견딜 수 없다. 속설에 '노상 • 100그루가 있으면 솜과 비단이 오래도록 풍요롭다'고 한다. 이는 뽕나무가 좋아 기르는 수고는 적게 들어도 쓸모는 많다는 뜻

• 노상魯桑은 원산지가 중국 산동山東인 뽕나무의 한 종류다. 노魯는 산동의 옛 이름이다. 봄누에와 가을누에의 먹이로 적합하다. 당상唐桑으로도 불린다. 황노상의 오디는 발아하는 데 적합하지 않아 파종하지 않는다.

이다. 수확한 당일에 물로 씻어 종자를 건지고, 햇볕에 널어 말리며, 밭두둑에 파종한다. 이랑을 세워 물을 주며, 심는 법은 아욱과 같다. 항상 김매기를 부지런히 해서 밭을 깨끗하게 유지한다.

파종한 후 다음해 정월에 옮겨 심는다. 중간 혹은 늦봄에 옮겨 심어도 무방하다. 5자에 1그루씩 심는다. 이때는 쟁기질이 필요하지 않기 때문이다. 만약 뽕나무를 옮겨 심어 실패할 경우에만 쟁기로 뽕나무 뿌리를 뽑아낸다. 그래서 뽕나무를 빽빽하게 심어야 하고 드물게 심는 것을 삼가야 한다. 드물게 심으면 갈이 쟁기가 나무 사이를 지나는 동안 다쳐 말라 죽기 때문이다. 빽빽하게 심으면 성장도 빠르다. 아울러 오디에서 올라온 묘목은 휘묻이하여 얻은 묘목보다 생장이 더디다. 옮겨 심을 묘목이 없는 경우만 손 놓지 말고 오디로 묘를 얻어 키운다. 그 아래쪽에는 반드시 구덩이를 괭이로 찍어 파서 녹두나 팥을 심어야 한다. 이들 두 콩 종류는 특히 잘 자라고 땅을 기름지게 하여 뽕나무에 도움을 준다.

옮겨 심은 지 2년 후에는 뽕잎을 따거나 가지를 쳐내지 않도록 유의해야 한다. 어릴 때 잎을 따내면 생장이 훨씬 더디기 때문이다. 팔목 정도 자란 것은 정월에 옮겨 심는다. 역시 가지치기는 하지 않아야 한다. 보통 10걸음에 한 그루씩 심는다. 나무 그늘이 계속되면 사이짓기하는 곡식이나 콩류의 생장을 방해한다. 옮겨 심을 때 각 행은 약간 엇갈리게 하는 게 좋다. 왜냐하면 정연하게 심으면 쟁기 사용이 불편하기 때문이다.

뽕나무 가지 치는 시기는 12월이 가장 좋고, 그다음은 정월이며, 2월은 가장 나쁜 시기다. 이처럼 시기가 중요한 것은 흰 즙이 흘러

나오면 뽕잎에 해롭기 때문이다. 대개 뽕나무가 많은 농가에서는 가지를 많이 쳐내고, 뽕나무가 적은 농가에서는 적게 쳐낸다. 가을철 가지치기는 많아야 하지만, 한낮에는 피하는 게 좋다. 봄에 가지가 무성할 경우 열기가 닿으면 말라 버리므로 가지치기를 해야만 봄에 가지가 무성하기 때문이다. 그러나 봄과 겨울에는 가지치기를 줄이되 하루 종일 해도 괜찮다.

봄에 뽕잎을 딸 경우에는 긴 사다리와 높은 탁자를 사용하여 나무마다 여러 사람이, 가능하면 줄기에서 돌아가며 잎을 따고 모두 깨끗하게 따도록 한다. 또 아침저녁으로 따고 더울 때는 피해야 한다. 사다리가 높지 않으면 높은 곳의 가지가 꺾이며, 사람이 많지 않으면 오르내리기가 힘들다. 줄기를 돌아가며 따지 않으면 가지가 계속 구부러지며, 잎을 깨끗하게 따지 않으면 비둘기 다리처럼 갈라지기 쉬우며, 아침저녁으로 잎을 따면 잎이 부드럽다. 더위를 피하지 못하면 가지와 잎이 쉽게 마른다. 가을에는 잎 따기를 가급적 줄여야 하며, 잘못 난 가지는 잘라야 한다. 가을에 잎을 많이 따면 가지에 손상을 주기 때문이다."

여기서도 '노상 100그루가 있으면 솜과 비단이 오래도록 풍요롭다'는 말을 통해 뽕나무 농사의 규모와 기준을 제시하고 있다. 아마 100그루 이상이면 부농이었을 것으로 생각된다. 또한 뽕나무를 듬성듬성 심는 게 아니라 빽빽하게 심어야 한다는 점도 주목을 끈다. 좁은 땅에 많은 뽕나무를 심을 수 있기 때문에 잠상을 통한 비단의 대량생산이 가능했던 것이다. 보다시피 뽕나무는 손이 많이 가고 가지치기나 잎을 거두는 시가를 매우 엄격히 규정하고 있어 매우 까다로운 작물이었음을 말해주고 있다. 『제민요술』에는 오디를 구황救荒식품으로 사용한 내용도 담고 있다.

"오디가 익으면 모조리 거두어 햇살에 말린다. 흉년이 들어 양식이 부족할 때 먹기에 적당하다. 『위략魏略』에 다음과 같은 내용이 전한다. 신정新鄭의 수장 양패楊沛는 흥평興平 말년에 굶주리는 사람이 많아 패沛의 백성들로 하여금 말린 오디를 저장케 하고, 들콩을 채취하여 넉넉한 사람 것을 부족한 사람에게 나누어주게 했다. 이때 모인 것이 천여 섬에 달했다. 가끔 태조가 서쪽으로 천자를 만나러 갈 때 그가 인솔하는 장병 천여 명에게 식량이 없었다. 양패가 그를 알현해서 마른 오디를 바치자 태조가 매우 만족했다. 태조는 정치를 보살피면서도 업령鄴令을 좇아 노비 10명과 비단 100필을 하사했다. 이를 격려하고 특히 마른 오디에 보답했다고 한다. 오늘날 하북의 대부분 농가에서는 백 섬의 마른 오디를 채취하며, 적게 채취하는 집에서도 수십 섬에 이른다. 그러므로 두갈杜葛의 난 이후 기근이 닥쳤을 때에도 모름지기 마른 오디에 의존해서 신명身命을 보존했고, 여러 주의 백성이 죽음을 면할 수 있었던 것도 전적으로 마른 오디의 공이다."

뽕나무가 누에의 먹이로만 그친 게 아니라 춘궁기 백성들이나 전쟁에 나간 군사들이 말려서 가지고 다니다가 요기할 수 있는 중요한 식량을 제공했음을 알 수 있다. 특히 교통이 발달하지 않고,

전쟁이 수시로 발생해서 오랜 기간 집밖에서 생활해야 하는 군인들에게는 영양을 보충해줄 수 있는 휴대 가능한 식량이 필수적이었다. 말린 고기와 곡식이 감당할 수 없는 부분을 뽕나무 열매 오디가 감당했다는 것을 알 수 있다. 오디는 당과 비타민이 풍부하고 그에 따라 맛도 시큼하면서 달콤해 말려서 씹으면 건포도와 비슷한 맛이 난다. 위나라 시절 대부분의 가정에서 매년 백 섬의 마른 오디를 채취했다고 하니 이것을 활용한 요리도 많았으리라고 생각된다. 오디주를 담그는 것은 물론이고 곡식 가루와 섞어서 떡이나 부침개를 만들어 먹었으리라 생각된다. 뽕나무는 고대 중국의 식량 체제를 뒷받침하는 일종의 보완재였음을 위의 기록을 통해 알 수 있다.

그 밖에 『제민요술』에는 꾸지뽕의 재배법과 활용에 대한 정보도 아주 자세하다.

"땅을 갈아 부드럽게 하여 쟁기로 이랑을 만들고, 꾸지뽕나무 씨가 익기를 기다려 양껏 거두어서 물에 깨끗이 씻고 햇볕에 말린다. 흩뿌려 파종한 다음 써레로 흙을 고르게 덮어준다. 풀이 나오면 뽑아준다.

3년이 지나면 베어서 솎아낸 것은 노인의 지팡이로 만들어도 충분할 만큼 굵게 자란다. 뿌리 하나에서 3문文*의 가치가 나온다. 10년이 지나면 4개로 쪼개어 지팡이로 만들 수 있다. 뿌리 하나의 가치는 20문이다. 또 말채찍이나 책걸상을 만들 수도 있다. 말채찍 하나에 10문의 가치, 책걸상 1벌에 100문의 가치가 나온다. 15

•
문文: 화폐단위. 엽전을 의미함.

년이 지나면 활 재료로 쓸 수 있다. 1장張에 300문의 가치가 있다. 또 꾸지뽕나무로 나무 신발을 만들 수 있다. 1벌에 50문의 가치가 있다. 잘라 쓰고 남은 나무토막은 추나 작은 칼 손잡이로 활용할 수 있다. 1개가 3문의 가치가 있다. 20년이면 송아지 수레를 만들 수 있다. 1대의 가치는 일만 전*이다.

안장을 만들려면 가지의 길이가 3자 정도 자라면 새끼줄로 곁가지와 묶고 나무말뚝으로 땅 속에 정釘을 박아서 다리 모양으로 휘어지게 유인한다. 이렇게 10년을 지낸 뒤에는 이 자체가 그대로 꾸지뽕나무 다리가 된다. 1벌의 가치는 비단 10필**과 맞먹는다.

시원스럽게 잘 맞고 빠르게 쓰기에 편리한 쾌궁快弓의 재료를 얻고자 한다면 북사면北斜面의 돌산 돌 틈에 심는다. 높은 언덕이나 밭뙈기 중 토층이 깊으며 지하수가 낮은 곳에는 깊은 구덩이를 여러 곳에 파서 그 구덩이 안에 꾸지뽕나무를 심는다. 구덩이의 깊고 낮음에 따라 1길 혹은 1길 5자의 높이로 곧바로 뻗어 자라며, 구덩이에서 솟아오르며 자랄 때에 가지를 사방으로 분산시킨다. 이렇게 하면 나뭇가지는 다른 재료와 달리 곧바로 자라므로 10년이 지나면 어떤 기물器物도 만들 수 있다. 1그루의 가치는 비단 10필과 맞먹는다.

꾸지뽕잎으로 누에를 키우면 실이 탁월하여 거문고와 같은 현악기의 줄을 만들 수 있다. 그 소리가 맑고 깨끗하여 멀리까지 울려 퍼지기 때문에 어떤 실보다 우수하다.”

『제민요술』에서 언급하고 있는 것처럼 꾸지뽕나무는 잎보다 목재의 가치가 높다. 꾸지뽕나무의 목재 용도는 지팡이에서 말안장에 이르기까지 아주 다양하다. 특히 꾸지뽕나무로 만든 각 제품에 대한 값 책정은 아주 인상적이다. 농서의 저자인 가사협이 각 제품에 값을 매긴 것은 뽕나무 재배를 강조하기 위한 '고도의 전략'이겠지만, 농가 소득을 위한 세심한 배려이기도 하다.

『왕정농서』의 출간과 의미

원대에는 잠상업을 진작시키기 위해 새로운 방법을 강구하기 시작했다. 바로 잠상기술 보급의 확대였다. 생산량을 늘리는 방법 중 하나는 재배 면적을 확대하는 것이고, 다른 하나는 새로운 생산기술을 만드는 것이다. 재배 면적을 늘리는 것은 토지 면적과 다른 작물과의 관계 때문에 무작정 확대하기에는 한계가 있다. 이러한 문제점을 극복할 수 있는 방법이 생산기술이다. 새로운 기술을 전달하는 데는 정보 전달 매체가 중요하다. 전통시대의 정보 전달 방식은 대부분 인쇄 매체다. 농업기술과 관련한 인쇄 매체가 바로 농서다. 원 정부도 이러한 매체를 강구하기 시작했다.

1286년 원나라는 『농상집요農桑輯要』를 간행하여 농민들에게 배포했다. 농서 전체 분량의 3분의 1이 뽕나무와 누에에 관한 내용으로 구성되어 있다. 더욱이 제목만 봐도 잠상에 얼마나 비중을 두고 있는지 알 수 있다. 원은 잠상에 힘쓰는 자는 상을 주고, 그렇지 않은 자에게는 벌까지 주었다. 이러한 정책은 그만큼 비단 생산이 절박했기 때문이다. 1318년에는 묘호겸苗好謙이 『재상도설栽桑圖說』을 편찬했다. 『재상도설』은 뽕나무 심는 방법을 그림으로 보여주기 위해 펴낸 것이다. 이러한 작품을 간행한 이유는 일반인들에게 다른 어떤 방식보다 그림이 효과적이기 때문이다. 『재상도설』은 원 인종이 극찬함에 따라 전국에 간행·배포되었다.

유목 민족이 세운 북위 정권 말기에 『제민요술』이 나온 지 700여 년 뒤에 유목민이 세운 국가에서 또 하나의 위대한 종합 농서가 탄생했다. 이름하여 『왕정농서王禎農書』다. 산동 출신인 그의 삶에 대한 자료가 부족해서 왕정의 구체적인 활동은 알 수가 없다. 다만 그가 농사에 아주 밝아 주로 농민들에게 뽕나무와 면 심는 것을 가르쳤음을 알 수 있다. 그는 농민들의 고통을 목격하면서 농업 생산을 통해 이를 해결하고자 농서를 간행했다. 이 책은 심지어 언제 간행됐는지조차 파악되지 않는다. 다만 1300~1313년경이라고 추측하고 있을 따름이다.

왕정이 편찬한 농서가 중요한 것은 단순히 종합적이기 때문만은 아니다. 이 농서는 기존의 것들과는 아주 다른 점을 갖고 있다. 우선 언급한 내용과 범위가 전통 농업의 각 방면을 포함할 뿐 아니라 매우 체계적이다. 특히 산동 출신인 저자가 강남에서도 관직생활을 한 덕분에 남과 북의 농업 사정을 잘 알고 만들었다. 따라서 이 책은 중국 전역의 농업 상황을 이해할 수 있는 귀중한 자료다.

다음으로 이 농서가 갖고 있는 특징은 무엇보다도 다른 농서에서 거의 찾아볼 수 없는 이른바 각종 「도보圖譜」를 갖추고 있다는 점이다. 농업에 익숙하지 못한 사람들은 내용을 읽더라도 이해하기 어려운 부분이 적지 않다. 특히 농기구의 경우 설명만으로는 거의 이해하기 어렵다. 하지만 이 농서는 농기구는 물론 농업 생산과정을 이해할 수 있는 그림을 상세하게 담고 있다. 『왕정농서』에는 당시 일반적으로 사용한 농기구 외에도 사람들이 잘 알지 못하는 것까지 싣고 있을 뿐 아니라, 옛날에 사라진 것도 복원해내고 있다. 이 농서에 실린 「농기도보」는 이후 명대의 『농정전서』와 청대의 『수시통고』 등에 큰 영향을 주었다.

비단 직조기술은 기계의 발달과 밀접한 관계를 맺고 있다. 중국의 직기는 전국시대의 종섭직기綜繊織機, 서한시대의 다종다섭직기多綜多繊織機, 동한시대의 화루제화기花樓提花機 등의 발달과정을 거쳤다. 이 중 화루제화기의 등장은 중국 직기발달사에서 매우 중요한 의미를 갖는다. 우선 이 기계를 통해 아름다운 문양을 새긴 비단을 생산할 수 있었다. 이 기계의 사용이 갖는 한층 중요한 의미는 기계를 한 사람이 조작할 수 있었다는 점이다. 이는 직조 속도는 물론 생산 효율도 아주 높일 수 있었음을 의미한다.

마지막으로 『왕정농서』는 새로운 농업기술을 선보이고 있다. 「농기도보」에는 누에와 뽕나무에 관한 「잠상문蠶桑門」을 싣고 있다. 여기에는 뽕나무 재배에서 실을 뽑는 과정은 물론 도구까지 상세히 나와 있다. 인간이 명주옷을 입기 위해서는 거쳐야 하는 절차가 아주 복잡하다. 더욱이 옷은 공정마다 필요한 도구가 없으면 완성할 수 없다.

황제의 옷은
어떻게 만들까?

명나라 말기에는 뛰어난 농업기술 관련 작품이 많았다. 서광계徐光啓, 1562~1633의 『농정전서農政全書』와 송응성宋應星, 1587~1648?의『천공개물天工開物』도 매우 중요한 작품이다.『농정전서』의 저자인 서광계는 중국사에서 매우 중요하면서도 낯선 인물이다. 그는 가톨릭 신자로 본명은 포오로[保祿]였다. 상해 출신인 그는 당시 중국에 와서 포교에 종사하고 있던 예수회 선교사를 만나 설교를 들은 후 1603년 남경에서 입교했다. 특히 진사시험에 합격한 후에는 북경에 살면서 마테오리치에게 신앙 지도는 물론 천문 · 역산曆算 · 지리 · 수학 · 수리水利 · 무기武器 등의 서양 과학을 배웠다. 마테오리치와 공동으로 번역한『기하원본幾何原本』은 그의 대표작이다.

서광계는 자신의 고향 서가회徐家匯에 성당을 세울 만큼 독실한 가톨릭 신자였다. 그는 스승 마테오리치가 죽은 후 관직에서 물러나 천진天津에 살면서 농학農學 연구에 힘썼다.『농정전서』는 그의 일생에서 가장 뛰어난 작품이다. 그간의 중국 농서를 집대성한 이 책은 잠상에 관한 정보가 아주 풍부하다. 특히 그림이 함께 실려 있어 귀중한 자료다. 그렇다고 그림들이『왕정농서』와 큰 차이가 있는 것은 아니다.

『천공개물』을 지은 송응성은 강서 출신이다. 그는 형님과 함께 향시鄕試에 합격한 후 지방의 교육 행정에 종사했다. 『천공개물』은 대략 그의 나이 50세에 간행한 작품이다. 이 작품은 중국을 대표하는 과학기술서다. 특히 중국 재래산업 기술의 대부분을 수록했을 뿐 아니라 삽화까지 곁들인 독특한 작품이다. 『천공개물』 중 「의복」에서 잠상 정보를 얻을 수 있다. 몇 가지 소개하면 다음과 같다.

누에씨: 번데기는 누에나방으로 변한다. 번데기에서 열흘 후 고치를 깨고 밖으로 나온다. 암컷과 수컷은 그 수가 같으며, 암컷은 엎드린 채 움직이지 않으나 수컷은 두 날개를 퍼덕거리다가 암컷을 만나면 곧 교미한다. 6시간이나 12시간이 지나 교미한 후 떨어지면 수컷은 정력이 다해 죽고, 암컷은 곧 알을 낳는다. 이 알을 종이나 베에 받는다. 어느 것을 쓸지는 지역에 따라 다르다. 절강성의 가흥이나 오흥현에서는 뽕나무 껍질로 만든 두꺼운 종이를 사용하며, 다음해에 다시 사용할 수 있다. 한 마리의 나방은 200여 개의 알을 낳으며, 이 알들은 스스로 종이 위에 붙어 골고루 깔려서 그대로 두어도 결코 쌓이지 않는다. 양잠가養蠶家는 이것을 거뒀다가 다음해를 기다린다.

미역감기: 누에알은 미역을 감긴다. 여기서는 절강성 가흥과 오흥의 경우를 설명하겠다. 오흥현에서는 천로욕天露浴과 석회욕石灰浴을 많이 쓰고, 오흥에서는 간수욕을 많이 쓴다. 잠종지蠶種紙 한 장마다 염창鹽倉에서 흘러나온 간수, 즉 소금이 습기를 만나 저

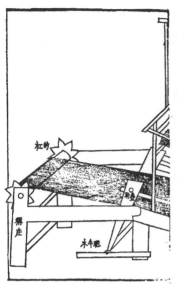

절로 녹아 흐르는 물 두 되에다 물을 더해 아가리가 넓은 그릇에 담고 잠종지를 물에 띄운다. 음력 12월 12일에서 24일까지 12일 동안 담가 두었다가 꺼내 약한 불에 쬐어 말린다. 다음에는 상자 속에 조심스럽게 간직해 조금이라도 바람에 습기를 쬐지 않도록 한다. 청명을 기다렸다가 날씨가 따뜻해지면 부화시킨다. 천로욕도 마찬가지다. 미역감기는 병약한 누에씨가 이 욕법으로 자연스럽게 죽어 애누에가 되지 않도록 하기 위함이다. 이렇게 하면 뽕잎의 낭비도 막을 수 있고, 살아남은 알에서 많은 실을 얻을 수 있다. 반면 만종晚種은 미역을 감기지 않는다.

누에 방제법: 누에를 해치는 것으로는 참새, 쥐, 모기 세 종류가 있다. 참새는 고치를 해치지 않고, 모기는 이른 누에를 해치지 않으나 쥐는 모두 해를 끼친다. 이를 방지하는 방법은 오로지 사람의 힘에 달렸다. 참새의 똥이 묻은 잎을 누에에게 먹이면 그 자리에서 죽어 썩는다.

화기는 비단에 무늬를 내게 하는 직기이다. 중국에서는 60~70년 전까지 쓰였다. 가장 높은 곳에 있는 것이 화루이며, 그 아래 중간 높이에 날실을 조정하여 입을 벌리게 하는 부품이 구반, 그 아래로 날실을 원래 위치로 되돌리는 구각이 달려 있다. 화기의 앞부분은 수평으로 되어 있고 화루에서 직공織工을 향해 1척 정도로 낮게 경사져 있다.

날실의 수: 비단 짤 때 얇은 비단의 바디는 800치齒를, 두꺼운 비단은 1200치를 표준으로 삼는다. 바디의 이빨 사이로 풀 먹인 날실이 지나간다. 네 가닥의 실이 따로 합쳐져 두 가닥의 실이 된다. 얇은 비단의 날실은 3200가닥이고, 두꺼운 비단의 날실은 모두 5000이나 6000가닥이다. 고서古書에는 80가닥을 한 승升이라 적고 있다. 이에 따르면 요즘 두꺼운 비단은 60승포升布이다. 무늬를 내려면 반드시 가흥이나 오흥현의 출구건出口乾 · 출수건出水乾의 실을 써야지 뜻대로 오르내릴 수 있고, 실이 잘 끊어지지 않는다. 다른 지방의 실로는 애써서 무늬를 짜더라도 대단히 조잡할 뿐이다.

증가하는 잠상 농서와 고전의 『잠상집요』

어떤 분야든 기술서는 생산을 증가시키는 데 중요한 역할을 한다. 농민의 경험도 중요하지만 새로운 기술을 익히지 않으면 결코 나은 성과를 얻을 수 없다. 따라서 농업기술을 담고 있는 농서의 간행과 보급도 생산을 높이는 데 큰 역할을 한다. 최근의 통계에 따르면 명대의 잠상 농서는 374종, 청대의 잠상 농서는 1014종이다. 그러나 실제 자료를 하나하나 확인하면 이보다 많다. 그런데 청대의 잠상 농서 중 강남을 대상으로 한 게 절대다수를 차지한다. 이는 그 만큼 이 지역에서 잠상 농업이 크게 발달했다는

강남의 잠상 농서와 편찬 시기

종류	편찬자	출신지	농서명	시대
잠상류	주빈朱斌	상숙(소주)	잠상지요蠶桑指要	1725
	엽세탁葉世倬	상원(강녕)	잠상수지蠶桑須知	1809
	적계선狄繼善	율양(진강)	잠상문답蠶桑問答	도광시대
	육헌陸獻	단도(진강)	산좌잠상고山左蠶桑考	1827
	육헌陸獻	단도(진강)	과상사의課桑事宜	1827
	심련沈練	율양(진강)	잠상설蠶桑說	도광말
	하석안何石安 등	단도(진강)	잠상합편蠶桑合編	1843
	추조당鄒祖堂	의흥(상주)	잠상사의蠶桑事宜	1849
	하석안何石安	단도(진강)	잠상회편蠶桑匯編	1869
	오훤吳烜	강음(상주)	잠상첩효蠶桑捷效	1870
	오훤	강음(상주)	종상설種桑說	1870
	임난생任蘭生	오현(소주)	잠상적요蠶桑摘要	1875
	성선회盛宣懷	무진(상주)	잠상비요蠶桑備要	1876
	강육창江毓昌	상원(강령)	잠상설蠶桑說	1883
	장부蔣斧	오현(소주)	월동사팔잠법粤東伺八蠶法	1897
	범촌농范村農	소주(소주)	농상간요신편農桑簡要新編	1901
	조주曹倜	강음(상주)	잠상속효편蠶桑速效編	1901
	진조선陳祖善	소문(소주)	중서잠상약술中西蠶桑略述	1905
	장문예張文藝	무석(상주)	양잠비결養蠶秘訣	광서말
	왕충청王忠淸	인화(항주)	동남잠사론東南蠶事論	1735
	심병진沈炳震	귀안(호주)	잠상악부蠶桑樂府	?
	진빈陳斌	덕청(호주)	농상잡기農桑雜記	가경연간
	고전高銓	귀안(호주)	잠상집요蠶桑輯要	가경연간
	고전高銓	귀안(호주)	오흥잠서吳興蠶書	가경연간
	주개周凱	부양(항주)	권양양사민종상시설勸襄陽土民種桑詩說	1825
	주춘용周春溶	제기(소흥)	잠상보요蠶桑寶要	1820년대
	비성보費星甫	호주	서오잠략西吳蠶略	1845
	종성번宗星藩	전당(항주)	잠상설략蠶桑說略	1868
	동개영董開榮	오정(호주)	육잠요지育蠶要旨	1871
	심병성沈秉成	귀안(호주)	잠상집요蠶桑輯要	1871
	유용俞墉	호주	잠상술요蠶桑述要	1873
	왕일정汪日楨	오정(호주)	호잠술湖蠶述	1874
	황세본黃世本	전당(항주)	잠상간명집설蠶桑簡明輯說	?
	장행부張行孚	안길(호주)	잠사요략蠶事要略	광서초기전
	석계분石桂芬	신창(소흥)	권종상설勸種桑說	1894전후
	여광문呂廣文	신창(소흥)	잠상요언蠶桑要言	1896
	왕경송王景松	회계(소흥)	잠상추언蠶桑芻言	1904

출처: 화덕공華德公 편저, 『중국잠상서록中國蠶桑書錄』(북경:농업출판사, 1990)에서 정리.

증거다. 대표적인 농서를 정리하면 다음의 표와 같다.

청대의 잠상 농서 중 강남이 차지하는 비중은 아주 높다. 강남 중에서도 절강성 호주부 출신이 가장 많은 농서를 편찬했다. 이는 이 지역이 명대부터 잠상업이 가장 발달했기 때문이다. 잠상 농서의 편찬시기도 눈여겨볼 대목이다. 강소성 소속의 강남 출신이 편찬한 잠상 농서는 주로 도광 이후에 편찬된 반면, 절강성 소속의 강남 출신이 편찬한 농서는 청초부터 청말까지 고른 편이다. 이러한 편찬시기의 차이는 절강성과 강소성의 잠상 발달과 밀접한 관련이 있다. 같은 강남이면서도 절강성이 강소성보다 잠상이 일찍부터 발달했다.

청대의 잠상 농서 중『잠상집요蠶桑輯要』는 누에치기와 뽕나무 관련 내용을 모은 책이다. 이 책을 집필한 사람은 고전高銓이다. 그는 절강성 호주부湖州府 귀안歸安 출신이다. 그는 가경嘉慶시기 (1796~1820) 공생貢生에 합격하여 훈도訓導 벼슬을 맡았으나 오래지 않아 관직에서 물러나 고향으로 돌아왔다. 그가 사람들이 모두 바라마지 않던 벼슬자리를 그만두고 다시 고향에 돌아간 이유는 무엇일까? 그는 인품이 고결하여 영리榮利에 큰 관심을 두지 않았다는 평가를 받았다. 대신 그는 서화書畵를 많이 수집하여 초계苕溪에서 으뜸이었을 뿐 아니라 해서楷書와 묵죽墨竹에도 뛰어났다. 그가 살았던 초계는 은행나무의 원산지이기도 한 천목산天目山에서 내려오는 물이, 효풍현孝豐縣과 안길현安吉縣을 지나 호주부 중심에 모여 태호太湖로 들어가는 하천이다.

그가 살았던 초계는 연화장蓮花莊 동쪽이었다. 그는 이곳에

"오무지택五畝之宅, 소지분향掃地焚香, 소영자득嘯咏自得"이라는 방榜을 붙여두고 살았다. 방의 뜻은 오무의 땅에 집을 짓고 빗질하고 향을 피우고 피리소리 불면서 행복하게 살겠다는 것이다. 이러한 방을 보면 아주 멋있는 장면을 연상하겠지만, 과연 밥은 어떻게 구하는지 궁금하다. 고전은 이곳에서 농서를 저술했다. 그의 작품에 심리적으로 영향을 준 것은 연화장이었다. 연화장은 월하月河 동남에 있었다. 월하는 지류가 달 모양을 닮아 붙인 이름이다. 연화장은 사면이 물이며 연꽃이 만발할 때는 비단구름처럼 아름다운 곳이었다. 연화장은 호주부 출신인 원대元代 서예 대가였던 조맹부趙孟頫의 별장이었다. 현재 호주시 남심진南潯鎭에는 조맹부의 별장인 연화장을 모방해 만든 소연장小蓮莊이 남아 있다. 소연장은 청나라 광록대부光祿大夫 유용劉鏞의 별장이었다. 소연장도 연화장처럼 연蓮으로 가득하다. 그런데 현재 소연장에도 100년 넘은 산뽕나무 한 그루가 살고 있다.

소연장은 조맹부의 연화장을 모방해 만든 것이다. 호주시 남심진 소재.

　　고전이 잠상집요를 저술한 표면적 동기는 이곳 사람들에게 잠상기술을 전달하기 위해서였다. 그가 이곳 사람들이 요구한 것도 아닌데 스스로 잠상 관련 저술을 생각한 것은 사대부가 지녀야 할 일종의 측은지심의 발로 때문일지도 모른다. 그가 이곳 사람들에게 잠상에 큰 관심을 가지도록 한 것은 목면木棉의 도입과 성행 때문이었다. 농사도 생각 밖으로 유행에 민감할 때가 있다. 송대 이후 중국 남쪽에서는 목면 재배가 유행했다. 어느 한 품종이 유행하면 다른 품종은 쇠퇴하기 마련이다. 특히 목면 재배가 잠상업을 밀어낸 것은 목면 재배법이 잠상보다 쉬웠기 때문이다. 그러니 너나없이 업종을 바꾸자 잠상업은 점차 인기를 잃어갔다. 이 때문에 '총상토叢桑土', 즉 '뽕나무가 빽빽한 땅'이라 불렀던 호주의 영광은 사라졌다.

농사의 유행도 토양과 기술을 갖춰야 성공할 수 있다. 그러나 호주부의 경우 높은 지대는 아주 건조하고, 낮은 지대는 아주 습하기 때문에 면에 적합하지 않았다. 이 시기에 상해가 위치한 송강부에서 목면 재배가 성행했던 것도 토양이 적합했기 때문이다. 고전은 농민들에게 이러한 사실을 소상하게 알리고 싶었던 것이다. 고전의 노력 덕분인지 가경시대에 이르면 호주부에서도 잠상업이 면업과 경쟁하는 단계에 이르렀다. 고전 이전에 호주부를 대상으로 한 잠상 농서는 없었다.

일반 농민들에게 자신의 농업지식과 기술을 전달하기 위해서는 엄청난 노력이 필요했다. 고전은 저술을 위해 먼저 잠상 관련 자료를 모으기 시작했다. 그가 인용한 자료에는 당연히 세계에서 가장 오래된『범승지서』도 있다. 그 외에『제민요술』『잠경蠶經』『잠서蠶書』『농상집요農桑輯要』등도 보인다.

소연장에는 수령이 100년 넘은 산뽕나무가 자라고 있다.

그러나 그가 인용한 작품은 일반적인 잠상 관련 내용을 파악하는 데 도움을 줄 뿐 지역민들에게 구체적인 정보를 제공할 만한 가치를 가지고 있지 않았다. 그가 참고한 작품은 강남이 아닌 서북西北을 대상으로 한 농서였기 때문이다. 아울러 청대에 『경직전도耕織全圖』『수시통고授時通考』가 있었고, 호주 사람들이 호주부의 일을 논할 때마다 언급하고 있는 화림모씨華林茅氏의 『농상보農桑譜』나 심계장씨潯溪張氏의 『잠무성규蠶務成規』가 있었지만, 지역민들에게 큰 도움이 될 만한 책이 아니었다.

고전은 지역민들에게 효과적인 잠상 지침서를 제공하기 위해서는 무엇보다도 잠상 경험이 절실하다는 것을, 농민들이 성공 사례를 직접 보지 않고서는 마음을 움직이지 않는다는 것도 잘 알고 있었다. 그리하여 그는 농서를 편찬하기 전에 뽕나무 700~800주를 직접 심어 잠상 공부를 시작했다. 그러나 낯선 분야의 공부는 결코 쉽지 않다. 아무리 머리가 좋아도 하루아침에 성공할 수 없는 게 농사인 것이다. 700~800주를 심는 것도 보통일이 아니지만, 심는다고 모두 잘 자라는 것도 아니다. 뽕나무를 심는 데도 구덩이 깊이를 비롯해서 거름주기까지 많은 경험이 필요하기 때문이다. 더욱이 기존의 잠상 관련 책을 보고 심을 수는 있겠지만, 책의 내용과 실제 심는 것은 차원이 다르다. 고전도 처음엔 자신의 타고난 능력을 믿고 혼자서 시도했지만 자주 실패했다. 다행히 고전의 곁에 노모가 살아 계셨다. 그는 노모에게 궁금한 것을 물으면서 집필했다. 그러나 직접 뽕나무를 키울 때는 노모의 도움만으로는 불가능했다. 그래서 그는 어쩔 수 없이 인근 사람들의 도움을 받았다. 특히 그는 이웃 지역의 방언까지 공부해서 잠상 관련 정보를 얻었다. 고전의 노력은 1806년에 결실을 맺었다.

또 하나의 대작
심병성의 『잠상집요』

심병성沈秉成은 잠상 전통이 강한 귀안 출신으로 일찍부터 잠상 생산과 잠상 수출에 대해서도 잘 알고 있었다. 그러나 심병성은 고전과 다른 성향을 가진 사람이었다. 그가 고전과 같은 이름의 잠상서를 편찬한 것은 관직에 있을 때였기 때문이다. 더욱이 그는 고향에서 잠상 농사의 중요성을 강조한 게 아니라 인근 지역에서 홍보했다. 그가 다른 지역에서 잠상 농사를 적극 홍보한 것은 특별히 도량이 커서가 아니라 공무원은 자신의 고향에 임명되지 않는다는 원칙 때문이었다.

심병성은 1869년 절강성과 인접한 강소성 진강부의 관리로 임명되어 잠상의 중요성을 제창하고 1871년에 『잠상집요』를 간행했다. 고전이 『잠상집요』를 편찬한 지 63년 뒤의 일이다. 심병성이 잠상 농서를 편찬한 것은 그의 고향이 잠상이 발달한 귀안이라는 점 이외에 선조의 영향도 적지 않았다. 그가 편찬한 『잠상집요』 뒤에 수록한 『잠상악부蠶桑樂府』는 그의 고조인 심병진沈炳震의 작품이다. 심병진은 악부 형식으로 잠상을 표현할 만큼 시에 아주 뛰어났다. 아울러 심병진의 동생인 심병겸沈秉謙 역시 형과 마찬가지로 시에 뛰어났다. 심병진의 또다른 동생인 심병손沈秉巽은 명대 황성증黃省曾의 『수경주水經注』에 의거해서 또다른 『수경주』를 간행할 만큼 뛰어난 고증학자였다. 이처럼 심병성은 좋은 집안에서 태어난 학자였다. 그가 고조의 작품을 자신의 작품에 실은 것은 선조의 수택본手澤本(직접 본 책)을 세상에 알릴 목적도 있었지만, 악부가 간결하고도 분명하여 사람들에게 쉽게 전달할 수 있다고 판단했기 때문이다.

심병성은 강소성 진강부 교외에 뽕나무 재배를 관장할 과상국課桑局을 설치하고 지역에서 공정한 자를 선발해서 그 일을 맡겼다. 그리고 고향인 귀안현에서 뽕 묘목 20만여 주株를 사서 각 고을에 종자로 사용하도록 나누어주었다. 아울러 그는 재배 규정을 만들어 구체적인 방법을 가르쳤다. 이처럼 심병성은 일에 아주 철저한 사람이었다. 그의 정성 때문에 묘목을 심은 지 1년여가 지난 후 10주 중 8~9주가 살아남았다. 그의 노력은 여기에 그치지 않았다. 심병성은 뽕 심는 방법을 가르친 후 누에 기르는 법을 보급했다. 그의 이러한 노력은 중국 잠상기술사에서 매우 중요한 위치를 차지한다. 왜냐하면 심병성의 잠상기술은 그의 고향인 절강성의 잠상기술이 이웃 강소성은 물론 중국 전역으로 퍼져나갈 수 있는 단초를 제공했기 때문이다.

중국사회는 개항 이후 여러 측면에서 새로운 상황에 직면했다. 1842년 제1차 중영전쟁의 결과로 맺은 남경조약은 중국 남쪽 사람들에게 변화를 강요했다. 개항 1번지 광주廣州도 그전과 다른 상황을 맞았다. 개항장의 변화는 가장 먼저 경제 분야에서 발생했다. 개항지의 경제 변화에서 가장 주목할 부분은 대내의 경제 요소와 더불어 대외 요소이다. 더욱이 개항지의 경제 변화는 단순히 개항지의 문제가 아니라 중국 전체의 경제에도 적지 않은 영향을 주었다. 광주가 속한 광동은 중국에서 가장 먼저 개항한 곳일 뿐 아니라 등소평이 개방정책의 일환으로 실시한 특구인 심천琛川이 속한 곳이기도 하다. 이처럼 광동은 개항 이후부터 지금까지 중국 경제에서 아주 중요한 곳이다.

개항 이후 광동의 수도 광주는 이윤 창출을 둘러싼 중국과 서양 상인 간의 치열한 경쟁 장소였다. 개항지는 철저하게 자본의 논리가 지배하고 있었다. 이러한 자본의 논리는 광주의 농가에서도 피할 수 없었다. 이곳의 농가는 그 어떤 지역보다 개방에 노출되어 높은 파고를 넘을 수 있는 대책을 마련하지 않을 수 없었다. 수입 개방으로 농가의 경쟁력을 갖추는 게 급선무였던 것이다. 그러나 갑작스런 수입 개방은 준비가 전혀 없던 농민들에겐 엄청난 충격이었다. 자본 사정이 열악한 농민이 스스로 수입 개방에 대응할 방법을 찾는다는 게 말처럼 쉬운 게 아니다. 대부분의 농가는 속수무책이었다. 광주에서도 살아남을 수 있는 방법 중 하나는 비단 생산이었다. 그러나 잠상업도 결코 만만한 게 아니다. 기술과 자본 없이는 성공할 수 없었다. 특히 잠상업의 경우 다른 작물에 비해 수익은 높지만 경험은 물론 판매시장을 갖춰야 성공할 수 있었다. 청말 광주 출신의 노섭신盧燮宸은 고향을 살리기 위해 발 벗고 나섰다.

노섭신은 광주에서 오랫동안 농사에 종사한 사람이었다. 특히 그는 고향에서 뽕을 재배하고 누에를 치는 기술을 몸소 체득한 사람이었다. 그래서 그는 자신의 경험과 잠상 농가의 자문을 받아 광서 19년(1893)에 『월중잠상추언粤中蠶桑芻言』을 편찬했다. 그가 잠상 농서를 편찬할 수 있었던 것은 성장한 곳이 주강珠江 삼각주가 위치한 곳이었기 때문이다. 이곳은 광동에서도 잠상업이 아주 발달한 지역이었다.

경험이 풍부했던 노섭신은 행정력도 두루 갖춘 사람이었다. 그는 잠상업을 발달시키기 위해서는 제도적 장치가 무엇보다도 중요하다는 것까지 알고 있었다. 그리하여 그는 잠상국蠶桑局을 설립할 목적으로 구체적인 방법 일곱 가지를 제시했다. 잠상국은 일종의 조합이다. 조섭신은 잠상을 권유할 경우 아주 주도면밀하고 구체적인 계획이 있어야 한다는 것을 강조했다. 당시 농가들의 잠상 경험이 일천했기 때문이다. 그래서 농민들은 잠상으로 어떤 이익을 얻을 수 있는지에 대해 의심하는 경우가 적지 않았다. 그는 해당 지역의 유지인 관신官紳들에게 잠상이 투자는 적고 이익이 많으며, 적은 노력으로 평생 편하게 보낼 수 있다는 점을 농민들에게 잘 일러줄 것을 강조했다.

노섭신은 잠상국 설치에 필요한 경비도 강조했다. 그는 1국을 설치하기 위해 필요한 생산 단위를 여러 향鄕 혹은 수십 향의 연합으로 보았다. 이럴 경우 전체 면적은 4~5경頃, 필요 경비는 800여 냥으로 파악했다. 그에 따르면 만약 각 농가에서 뽕나무를 심고 누에를 기르려면 먼저 재배 면적에 필요한 자본을 투자해야 한다. 자본이 없는 사람들은 부자들에게 빌려서 투자할 것을 권했다. 그는 잠상국 근무자로 일 처리가 능숙한 사람을 추천했다. 잠상국에서 일할 사람은 많으면 2~3인, 적으면 한 사람 정도였다. 그는 이들에게 돈을 넉넉하게 지불해야 한다는 것도 잊지 않았고 성과가 좋으면 보너스까지 지불할 것을 주장했다. 잠상국 직원에게는 매월 10금金, 누에치기 선생에 해당하는 잠사蠶師에게는 매월 60금을 제시했다. 넉넉한 보수를 준 것은 그만큼 잠상국 직원의 능력과 지도 여부가 농가의 잠상 이익에 큰 영향을 줄 수 있다고 믿었기 때문이었다.

잠상을 비롯한 농업 분야는 그 어떤 분야보다 경험을 토대로 이루어진다. 농가에서 경험하지 않은 일을 섣불리 시도했다가 실패할 경우 가족 전체의 미래가 아주 불투명할 수 있다. 노섭신은 한 농가에서 잠상 지도자에게 3~4년 정도 교육받을 것을 주장했다. 그런데 잠상 지도자 한 사람이 지도할 수 있는 면적은 60무 정도였다. 잠상 지도자에게 지불한 경비는 우선 잠상국에서 농가에 4~5분分을 보조한 후, 농가에서 잠상으로 수익을 올리면 그때 1~2분을 갚도록 했다.

그는 잠상을 나누어 재배할 것도 강조했다. 누에와 뽕나무는 불가분의 관계다. 물론 경우에 따라서는 잠과 상을 분리해서 한 분야에 전업하는 경우도 없지 않았다. 이러한 예는 명대부터 발생했지만 일반 농가에서는 대부분 잠과 상을 함께 할 수밖에 없었다. 왜냐하면 그만한 자본을 가지고 있지 않았기 때문이었다. 또 다른 이유는 처음 시작할 경우 뽕나무 시장인 잠시蠶市가 열리지 않기 때문이었다. 누에가 많으면 뽕나무가 없는 것을 걱정해야 하고, 그 반대도 마찬가지였다. 이 때문에 노섭신은 잠상 지도자가 수시로 농가에 재배 상황을 알려줄 것을 권했다. 그는 잠상국의 세금 감면을 주장했다. 이처럼 노섭신의 잠상국 설립에 대한 큰 관심은 양무운동에서 추진한 활발한 민간기업의 설립과 무관하지 않았다.

양어장과 뽕나무

노섭신이 편찬한 잠상 농서는 다른 농서에서 찾아볼 수 없는 특징이 있다. 그것은 양어養魚 관련 항목이다. 농서에서 양어 관련 내용을 함께 수록한 것은 매우 드물다. 왜 노섭신은 잠상 농서를 편찬하면서 이런 내용을 함께 실었을까? 그것은 광동의 특수한 사정에서 비롯한다. 즉 광동에서는 지리적 특성으로 일찍부터 양어장이 발달했다. 그러면 양어장과 잠상은 어떤 관계가 있는가?

양어와 잠상 간의 관계야말로 광동 잠상업의 특징이자 그가 편찬한 『월중잠상추언』의 특징이기도 하다.

광주의 잠상업은 기본적으로 주강 삼각주의 농법에 크게 힘입고 있었다. 그 농법은 다름 아닌 '상기어당桑基魚塘'이었다. 상기어당은 광동처럼 해안과 인접한 지역에서 흔히 볼 수 있는 농업 경영 방식이다. 광주에 인접한 주강 삼각주는 기후가 아열대에 속해 강우량이 풍부하고 작물 생장은 물론 농업 전반에도 아주 적합한 곳이다. 충적평야인 주강 삼각주는 대부분 지세地勢가 낮은 게 특징이다. 이러한 삼각주 지역의 특징이 종식種植과 양식養殖을 결합하는 다종多種 경영 방식을 낳았다. 이러한 경영 방식은 뽕나무와 양어를 결합한 '상기어당', 과수와 양어를 결합한 '과기어당果基魚塘', 사탕수수와 양어를 결합한 '자기어당蔗基魚塘' 등 다양했다. 당나라 때 나타난 양어장은 사전沙田의 발전과 밀접하게 관련되어 있다. 삼각주 지역의 이러한 경영 방식은 어당의 확대로 점차 하나의 정형으로 정착했다. 이처럼 주강 삼각주 지역에서 어당을 점차 확대한 것은 기본적으로 지형상 수해에서 벗어나기 위한 것이었지만, 무엇보다도 어당으로 얻는 이익 때문이었다.

향전鄕田은 원래 당보다 두 배나 많았다. 이곳 사람들은 논밭에서 얻는 수익이 줄어들자 이를 버리고 당을 쌓았다. 이로 인해 당시 논밭의 규모는 백 경頃에도 미치지 못했다. 여기에는 벼만 심었다. 여름과 가을 두 번 수확할 경우 풍작이면 한 무에 쌀 700근, 평작이면 450~600근 정도이다. 그러나 수해가 빈번하기 때문에 70퍼센트 정도의 사람들이 1700여 장의 둑을 쌓아 구강의 토사를 막았다. 이곳 사람들이 당을 많이 만드는 또다른 이유는 땅 주인들이 전보다 당에 대한 세금을 적게 받을 뿐 아니라 경작자 역시 수익을 많이 얻을 수 있었기 때문이었다. 당에는 봄에 파종해서 여름에 수확하고, 가을에는 고기를 키우고, 당기塘基에는 뽕나무를 심고 그 아래에는 토란(芋)을 심었다. 명明 만력萬曆 9년(1581) 광주부의 어당 면적은 경지 면적의 약 20퍼센트에 지나지 않았다. 그러나 청나라 동치 시기同治時期 남해현南海縣 구강현九江鄉의 경우 어당이 80퍼센트를 차지했다. 광서시기 구강향의 이러한 상황은 아래의 노래에서도 확인할 수 있다.

8할은 뽕나무 2할은 곡물	八分桑柘二分禾
수많은 못에는 고기들이 가득하네	萬頃池塘錯犬牙
보통 사람 평생 동안 자급하고	白手生涯人自給
실을 뽑고 잎 따면서 고기와 새우를 잡네	繅絲採葉捕魚蝦

인구 증가도 어당의 확대에 상당한 영향을 주었다. 광동성의 인구도 청대의 인구 증가와 마찬가지로 크게 증가했다. 가경 25년(1820) 광주부의 인구는 579만9261명이었다. 이는 광동성 전체 인구의 26.9퍼센트에 해당했다. 한편 청초에서 가경연간嘉慶年間(1796~1820)동안 광주부의 경지 면적은 936만772무에서 1088만3793무로 증가했다. 이처럼 광동의 경지 면적은 중국의 다른 지역과 마찬가지로 거의 증가하지 않았다. 광동의 경지 면적은 옹정雍正 2년(1724)에서 광서光緖 13년(1887)까지 거의 변하지 않았다.

광주부의 인구가 광동성 전체에서 차지하는 비중이 높은 것은 광동성 사람들이 주로 광주부에 위치한 주강 삼각주 지역으로 이동했기 때문이었다. 이런 과정에서 사전沙田이 한층 발달했다. 강희 22년(1685)에서 동치同治 8년(1869)까지 184년 동안 사전이 무려 78만5824 무나 증가했다. 이러한 사전의 증가는 곧 어당의 증가로 이어졌고, 어당의 증가는 다시 뽕나무 재배 지역의 확대를 의미했다. 이처럼 사전의 증가는 건륭 이후 상업자본가들이 이곳에 자본을 적극 투자했기 때문이기도 하고, 각 지역의 종족들이 자신들의 이익을 위해 적극 개발했기 때문이었다.

광주의 경우 5무의 양어장만 있으면 2천 근 정도 고기를 생산할 수 있었다. 그런데 양어장 근처의 진흙땅은 뽕나무가 자라기에 아주 적합했다. 특히 이런 땅에 뽕나무를 심으면 잎에 윤기가 났다. 당연히 윤기 있는 잎은 누에가 아주 좋아한다. 아울러 좋은 잎을 먹은 누에고치도 두터울 뿐 아니라 실의 질도 좋았다. 그러나 모래와 진흙이 섞인 곳은 뽕나무가 싫어하기 때문에 뽕잎도 그다지 좋지 않았다. 이런 경우 비료를 통해 생산을 높일 수 있었다. 비료도 종류가 다양하다. 어떤 비료인가에 따라 작물의 성장이 다르다. 뽕나무의 거름으로 가장 좋은 것은 연못의 진흙이고, 초석硝石을 굽는 과정에서 나오는 노수老水이다. 그다음으로 좋은 비료는 생분生糞 즉 인분人糞, 혹은 잠뇨蠶尿 등이다. 이러한 비료는 뽕나무에 싹이 올라온 후에 준다. 1무에 비료를 줄 경우 뽕나무 잎 600근을 생산할 수 있었다. 만약 가족 노동 외에 임금노동자를 이용한다면 수십 근을 덤으로 생산할 수 있었다. 뽕나무를 심기 위해서는 오디가 필요하다. 농서에서도 오디 심는 방법을 구체적으로 언급하고 있다. 주로 오디를 의미하는 용어는 심葚이다. 그런데 『월중잠상추언』에서는 흔한 심 대신 상인桑仁이라는 용어를 쓰고 있다. 잠상 농서에서 오디를 상인으로 쓴 예는 아주 드물다. 그런데 열매 이름에 인仁을 사용한 것은 낯설지 않다. 살구씨를 행인杏仁으로 표기하는 것과 같이 인은 바로 열매를 의미한다.

어떤 작물이든 벌레 잡는 일은 매우 중요하다. 농서에도 이 점을 강조하고 있다. 뽕나무 벌레 중 가장 경계할 대상은 청충靑蟲이었다. 이 벌레는 기어가는 모습이 마치 재尺를 닮아 이곳 사람들이 '인사척印絲尺'이라 불렀다. 청충은 해 뜨기 전 서늘할 때 잡았다. 왜냐하면 벌레도 사람처럼 서늘하면 숨지 않기 때문이었다. 청충을 비롯한 벌레는 사람이 없는 조용한 밤에 나와 뽕나무 잎을 갉아먹는다. 만약 벌레를 3~5일 정도 잡지 않고 두면 반 정도의 뽕나무 잎을 포기해야 한다.

뽕잎은 따는 시기가 매우 중요하다. 뽕잎 따기에 적당한 시간은 해가 뜨고 안개와 이슬이 마른 후부터 일몰 직전 안개와 서리가 내리기 전까지이다. 만약 안개와 이슬이 묻은 뽕잎을 따서 누에에게 먹이면 죽기 때문이었다. 그래서 누에가 먹는 뽕잎 양을 미리 계산하여 준비하는 게 중요했다.

중영전쟁(아편전쟁)이 일어난 후 뽕나무는 중국 강남 특히 광주 사람들에게는 '희망의 나무'였다. 땅을 많이 가진 사람은 물론 가난한 사람들도 한층 나은 이익을 위해서건, 생계를 유지하기 위해서건 뽕나무 재배에 큰 관심을 가졌다. 특히 광주 사람들은 그

동안 곡물농사 외에 주로 어업에 종사했다. 그러나 노섭신 등의 노력으로 뽕나무로 돈을 벌 수 있다는 정보를 얻었다. 특히 양어장과 하면서 동시에 뽕나무를 재배할 수 있다는 점에서 매우 매력적이었다. 누에똥은 고기의 먹이로도 사용할 수 있었다. 광주 사람들에게 뽕나무는 임도 보고 뽕도 따는 일거양득의 작물이었다.

그림으로 보는 뽕과 누에의 비단 생산과정

비단을 만들기 위해서는 뽕나무와 누에가 있어야 한다. 흔히 비단을 만드는 뽕나무는 대부분 상桑이다. 상은 집에서 키워 가상家桑이라 부른다. 그러니 가상은 인공으로 개량한 뽕나무를 말한다. 일반적으로 뽕나무와 누에를 '상잠桑蠶' 혹은 '잠상蠶桑'이라 부르는 것도 가상에서 유래한다. 가상은 산에서 자라는 뽕나무, 즉 자柘와 달리 누에처럼 사람의 필요에 따라 개량한 것이다. 인간이 이렇게 뽕나무를 개량한 것은 결국 누에의 입맛에 맞추기 위해서였다. 그래야만 실을 많이 생산할 수 있기 때문이다.

비단을 만들기 위해서는 아주 복잡한 과정과 많은 장비가 필요하다. 결코 여자 혼자서 준비할 수 있는 게 아니다. 처음 배우는 사람은 그 과정을 이해하기조차 어렵다. 특히 국가 차원에서 권장할 경우에는 이 복잡한 과정을 설명하는 방법이 매우 중요했다. 그 과정을 이해시키는 가장 좋은 방법은 무엇일까? 중국에는 이와 관련한 그림이 남아 있다. 그 중에서도 청초의 『수시통고授時通考』에 그림으로 그 과정을 아주 자세하게 기록하고 있다.

비단을 만드는 과정은 크게 누에치기, 뽕나무기르기, 실뽑기 등으로 나눌 수 있다. 누에는 실내에 산다. 실내에서도 특히 따뜻한 기운을 만들어줘야 잘 산다. 이때 필요한 게 화창火窓이다. 화창에서 불을 지피려면 들고 다니는 화로, 즉 대로擡爐가 필요하다. 이는 온도 조절을 위해서 꼭 필요한 장비다. 만약 온도가 고르지 않으면 누에가 자거나 일어나는 게 일정치 않다.

누에가 만든 고치 속에는 번데기가 들어 있다. 번데기는 다시 나방으로 변한다. 고치를 뚫고 나온 누에나방은 한 시간 정도 지나면 날개를 편다. 그러나 누에나방은 날개를 편다 해도 나비처럼 크진 않다. 오히려 날개가 배보다 작다. 그래서 나비처럼 날지 못한다. 만약 누에나방이 나비처럼 날아간다면 더이상 잠상 농가들은 비단을 생산할 수 없을 것이다. 누에나방은 인간이 개량한 나방이다. 이들은 특별한 자극을 주지 않는 한 움직이지 않는다. 수컷 역시 거의 움직이지 않지만 가끔씩 움직임

화창(아래 왼쪽)은 잠실의 온도를 따뜻하게 만들기 위해 불을 지피는 곳이다. 불을 지피려면 들고 다니는 화로가 필요하다. 이를 대로(아래 오른쪽)라고 한다.

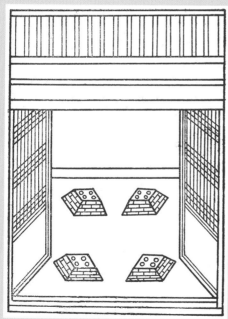

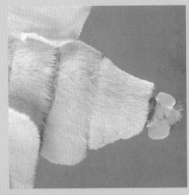

을 보인다. 수컷은 암컷에게 가서 구애해야 한다. 그런데 이 수컷들은 눈으로 암컷을 볼 수 없다. 그러면 어떻게 암컷을 찾아갈까? 암컷은 날 개돋이를 하자마자 노란 주머니를 배 끝에 내밀어 냄새를 뿌린다. 수컷을 유혹하기 위해 향기를 내뿜는 것이다. 암컷을 발견한 수컷은 바로 짝짓기에 돌입한다.

누에나방의 암컷은 날개돋이가 끝나면 노란주머니를 배 끝으로 내밀어서 냄새를 뿌린다(왼쪽). 수컷은 이 냄새를 맡고 암컷을 찾아내 짝짓기를 한다. 암컷은 거의 움직이지 않고 자기가 빠져나온 고치에 알을 낳거나 잠연지에 길게 풀어놓기도 한다(가운데). 8개의 난관에 길게 알이 줄지어 들어 있다(오른쪽).

짝짓기를 끝낸 암컷은 곧장 알을 낳기 시작한다. 한 마리가 낳는 알은 대개 500개 정도다. 처음엔 노란색이었던 알은 차츰 보라색으로 변한다. 암컷 나방은 고치에 알을 낳지만 종이를 사용하기도 한다. 나방이 알을 낳은 모습을 보면 마치 긴 선으로 연결한 듯하다. 그래서 이것을 '잠연蠶連'이라 부른다. 이때 사용하는 이른바 잠연지蠶連紙는 약간 회색을 띤 종이가 가장 좋다.

사잠 도구

누에 기르는 사잠飼蠶과정에서 필요한 도구도 적지 않다. 우선 누에의 발인 잠박을 매다는 기둥, 즉 잠추蠶槌가 필요하다. 이는 곡우 즈음에 세운다. 이외에도 누에광주리인 잠광蠶筐이 필요하다. 잠광은 대나무로 만든다. 누에 쟁반인 잠반蠶盤은 대나무 혹은 일반 나무로 만든다. 누에 시렁인 잠가蠶架는 대소大小가 있다. 대개 광주리를 사용할 경우에는 작은 것을, 쟁반을 사용할 경우에는 큰 것을 사용한다. 이 같은 도구는 주로 남쪽에서 사용한다. 누에 망인 잠망蠶網은 줄로 만든다. 만드는 방법은 어망 제작과 같다. 그런데 그물을 만든 후 찢어지는 것을 방지하기 위해 옻칠 혹은 기름칠을 한다. 누에를 고르게 펴는데 사용하는 잠표蠶杓, 누에고치 담는 바구니인 견농繭籠, 누에고치 담는 바구니를 시렁에 올리는데 사용하는 잠연蠶椽, 누에를 담는 조릿대인 단족團簇, 말의 눈처럼 짜서 만든 누에 담는 그릇인 마두족馬頭簇, 누에고치를 담는 옹기인

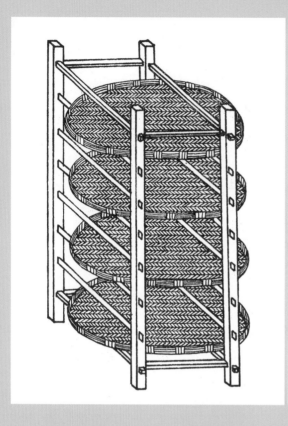
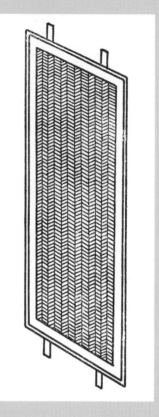

견옹繭甕 등이 있다.

    누에가 먹는 뽕잎을 준비하는 것도 중요한 작업이다. 요즘 우리나라
에서 재배하고 있는 뽕나무는 키가 작다. 그러나 옛날의 뽕나무는 상주
은척면의 뽕나무처럼 키가 크다. 키 큰 뽕나무의 잎을 따려면 다른 장비
가 필요하다. 특히 여자가 뽕잎을 따려면 안전한 장비가 필요했다. 상궤
桑几는 바로 뽕잎 따는 데 필요한 도구다. 그림에서 보듯이 어떤 여자가
안석에 바구니를 가져 올라가 뽕잎을 따고 있다. 그림으로 봐도 뽕나무
의 키가 크고 나이도 적지 않다는 것을 알 수 있다. 그 옆 그림을 보면

154

누에 시렁인 잠기蠶架, 누에 그물인 잠망蠶網, 누에를 담는 조릿대인 단족簞蔟, 누에 담는 그릇인 마두족馬頭蔟, 누에 채반인 잠박蠶箔, 누에를 고르게 펴는 데 쓰는 잠표蠶杓 (위편 왼쪽부터 시계 방향으로).

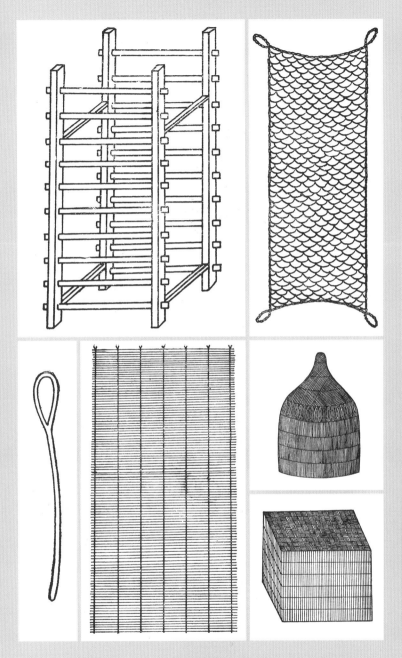

155

뽕나무가 아주 크다는 것을 금방 알 수 있다. 이럴 경우 안석으로는 불가능하고, 사다리가 반드시 필요하다.

　이 그림은 앞과 달리 여자가 아니라 남자의 모습이다. 사다리를 놓고

견농繭甕
견농은 누에고치를 담아 저장해 두는 옹기이다.

상궤와 상제

뽕잎을 따기 위해 쓰이는 상궤와 상제. 상궤는 여성도 쉽게 올라가 뽕잎을 딸 수 있도록 널빤지를 위에 올렸으며(왼쪽), 상제는 아주 큰 뽕나무의 잎을 따기 위해 만든 사다리다.

올라갈 정도라면 여자가 하기에는 벅차다. 남자도 한 사람이 아닌 세 사람이다. 한 명은 올라가 뽕나무 가지를 칼로 자르고, 두 명은 땅에 떨어진 뽕나무 가지를 바구니에 담고 있다. 뽕나무 가지를 자르는 데 필요한 또다른 장비는 도끼다. 자른 뽕나무 가지를 모으기 위해서는 갈고리도 필요하다. 가지를 가져온 후 작두에 해당하는 상협桑鋏으로 잘라서 뽕나무 다듬이桑碪로 가공한다.

실뽑기 작업

누에가 뽕잎을 먹고 고치를 만들면 실을 뽑는 작업, 즉 소사繅絲과정

157

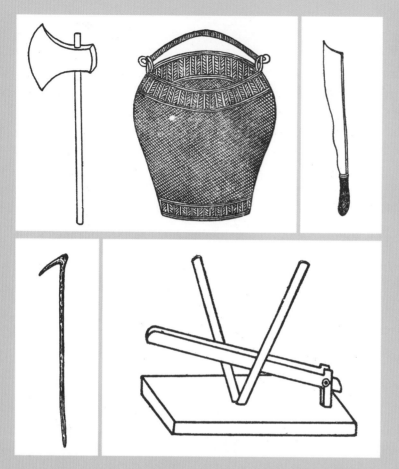

뽕잎을 따기 위해 쓰이는 도구들. 뽕나무 도끼인 상부桑斧, 뽕잎을 담는 상농桑籠, 가지를 자를 때 쓰는 참도劖刀, 뽕나무 가지를 썰기 위해 쓰는 작두인 상협桑夾, 가지를 모으는 갈고리 상구桑鉤(위편 왼쪽부터 시계방향으로).

이 남아 있다. 소사에도 적지 않은 단계가 있고, 그렇기에 장비도 여러 가지가 필요하다. 우선 고치를 켜기 위한 기계가 있어야 한다. 소사 기계 중 하나는 소거繅車다. 그림에는 부부가 작업을 함께 하고 있다. 결코 혼자서는 할 수 없는 일이기 때문이다. 같은 소거일지라도 남쪽과 북쪽 간에 차이가 있었다. 북소거가 남소거보다 약간 복잡하다.

실을 뽑기 위해서는 고치를 솥에 삶아야 한다. 그림에는 두 사람이

158

상침桑砧
따온 뽕잎은 다듬이로 두드려서 가
공한다.

이 일을 담당하고 있다. 이때 일정한 온도를 유지하는 것이 무엇보다 중요하다. 이 과정에서 온수 담을 동이도 필요하다. 동이 관련 그림에는 이름 모를 나무와 함께 파초가 있다. 그 다음에는 실을 뽑아야 한다. 사확과 낙거는 실 감는 기구다.

실을 감은 다음에는 다시 실을 당기는 작업이 필요하다. 이 작업에는 날줄인 세로줄을 만드는 기구인 경가經架와 씨줄인 가로줄을 만드는 기구인 위거緯車가 갖춰져 있어야만 한다. 위거 작업 장소에 보이는 버드나무는 멋스럽기도 하다. 이런 과정을 마치면 베 짜는 작업에 들어간다.

남소거南繅車

소거는 소사, 즉 고치를 켜는 데 쓰는 기계이다. 아래 그림은 남쪽 지방에 쓰는 소거.

160

북소거比繅車는 남소거보다 구조가
복잡하다(위). 소거를 거쳐 실을 뽑
으려면 고치를 삶아야하는데, 일정
한 온도를 유지하는 것이 중요하다.
이때 쓰이는 것이 열부熱釜(아래 왼
쪽)와 냉분冷盆이다.

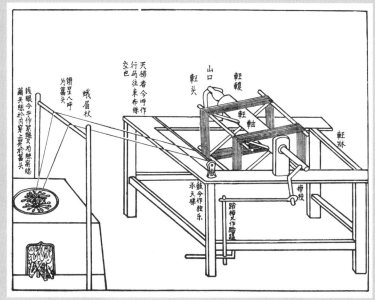

뽑은 실은 사확(왼쪽)과 낙거를 이
용해서 감는다.

직기 옆에 분재가 놓여 있는 것 역시 흥미롭다. 직기에는 북梭이 필요하
다. 북은 씨줄에 필요한 도구다. 실을 뽑은 뒤에는 다듬이로 두드려야
한다. 마지막으로 솜을 타야 한다. 솜 타는 기계는 서거絮車다. 다듬이질
은 여자가 맡고 있는 반면 솜 타는 일은 남자가 맡고 있다. 이 일은 힘을
써야 하기 때문이다. 여기서 말하는 솜 타는 일은 곧 비단을 만드는 과
정을 말한다. 흔히 아주 세밀한 것을 면綿, 거친 것을 서絮라 부른다.

상수리나무, 떡갈나무와 양잠
한 생명체의 식성食性은 늘 변한다. 어떤 생명체든 날 때부터 죽을

실을 감고 다시 실을 당기는 작업에
들어간다. 이 작업에는 경가經架(위
왼쪽)와 위가緯車(위 오른쪽)가 필
요하다. 이 과정을 마치면 직기를
이용해서 베를 짠다.(아래 오른쪽)
직기 안에는 베 짜는 작업에 들어간
다. 직기 옆에 분재가 놓여 있는 것
역시 흥미롭다. 아래 왼쪽 그림은
직기에 들어가는 부속품인 북梭이
다.

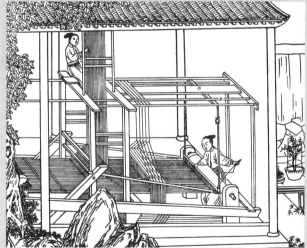

실을 뽑은 뒤에는 다듬이로 두드리
는 작업을 거친다. 이 작업은 대개
여성들의 몫이다.

마지막으로 솜을 타는 과정이다. 솜
타는 기계는 서거絮車라 부른다. 이
작업은 주로 남성들의 몫이다.

때까지 한 가지만 먹을 수는 없기 때문이다. 만약 살아 있는 동안 한 가지만 먹는다면 어떻게 될까? 언제까지나 먹을 대상이 있다면 괜찮겠지만, 그렇지 않을 경우에는 그 순간 죽을 각오를 해야만 한다. 이 세상에는 변하지 않는 게 없으니, 어떤 생명체든 스스로 변하는 능력을 갖추고 있다. 먹는 것도 마찬가지다. 항상 똑같은 것을 먹는 게 아니라 상황에 따라 먹는 대상도 달라진다.

누에가 뽕잎을 먹는 것은 그게 가장 자신에게 알맞기 때문이다. 하지만 모든 누에가 뽕잎을 먹을 수는 없다. 뽕나무가 없는 지역이거나 뽕잎이 있다가 없어지면 다른 것을 먹어야 한다. 특히 꼭 먹어야 할 시점에 먹을 대상이 없다면 죽거나 다른 방법을 찾아야만 한다. 생명체는 결코 죽음을 마냥 기다리지 않는다. 아주 특별한 경우를 제외하면 그 어떤 생명체도 그럴 만큼 어리석지 않다. 대부분의 생명체는 먹을 것이 없으면 다른 지역으로 옮긴다. 이것이 최근에 등장하는 벌레의 '습격 사건'이다.

때맞춰 먹을 것을 찾지 못한 생명체는 자신의 목숨을 유지하기 위해 다른 지역으로 옮겨 먹을 것을 찾을 수밖에 없다. 그러나 갑자기 이런 일을 당한 쪽에서는 습격이 아닐 수 없다. 이는 생태계의 반란이자 인류 위기의 신호탄이다. 최근의 기후 변화는 이런 현상을 부추기고 있다. 그런데 우리를 한층 더 갑갑하게 하는 일은 이런 현상이 결코 하루아침에 일어나지 않았고 마찬가지로 하루아침에 해결할 수 없다는 사실이다.

누에도 상황에 따라 먹는 대상이 다르다. 대부분의 누에는 집뽕나무 혹은 산뽕나무 잎을 먹는다. 하지만 뽕잎 외에 다른 종류의 나뭇잎을 먹는 누에도 있다. 과연 누에는 뽕잎 외에 다른 어떤 나무의 잎을 먹을까?

현재 누에가 뽕잎 외에 먹는 나뭇잎 중에 가장 잘 알려진 것은 참나뭇과이다. 참나뭇과에는 여러 종류의 나무가 있지만 흔히 사람들이 참나무로 부르는 나무는 대략 여섯 가지, 즉 상수리나무, 떡갈나무, 굴참나무, 신갈나무, 졸참나무, 갈참나무 등이다. 이중에서 누에가 즐겨 먹는 나무는 상수리나무와 떡갈나무다. 이러한 나무를 먹는 누에를 흔히 야잠野蠶 혹은 산잠山蠶이라 부른다. 야잠은 이름에서도 알 수 있듯이 집뽕나무 잎을 먹는 가잠家蠶의 상대어다. 야잠은 여섯 종류의 참나무 잎 외에도 참죽나무 잎과 가죽나무 잎을 먹는다.

야잠에 대한 기록, 「상견도설」

야잠을 언제부터 시작했는지는 알 수 없다. 중국에서는 자료상 한나라 이전에는 등장하지 않는다. 최초의 기록은 기원전 40년 한나라 원제元帝 때다. 중국에는 집뽕나무로 키우는 양잠 외에 야잠에 관한 기록도 풍부하다. 19세기 중엽에 나온 유조헌劉祖憲의 『상견도설橡繭圖說』(1827) 은 야잠 중 상수리나무와 관련한 자료다. 이 자료의 특징은 책명에서 알 수 있듯이 그림도 함께 들어 있다는 점이다. 상수리나무를 일컫는 한자는 역櫟·허栩·저杼·곡槲·청강青棡 등 다양하다. 이처럼 상수리나무를 의미하는 단어가 많은 것은 지역에 따라 달리 불렀기 때문이다.

이 같은 한자는 때로는 참나뭇과의 다른 나무를 의미할 때도 있다. 『상견도설』에 따르면, 중국 최초의 사전인 『이아』에서는 상橡을 역으로, 산동과 관중에서는 곡으로, 귀주에서는 청강으로 불렀다. 곡과 청강은 때론 작柞과 더불어 떡갈나무로 불리기도 한다. 아울러 『이아』에 따르면 역을 저와 허로 부르고 있다. 저는 모든 지역에서 불렀던 이름이고, 경락

京洛과 서주徐州에서는 저두杼斗라 불렀다. 이처럼 상수리나무와 관련한 단어가 복잡한 것은 지역에 따라 이 나무를 바라보는 관점이 달랐을 뿐 아니라 나무 분류에 대한 지식이 부족했기 때문이다.

상수리나무의 한자는 열매를 본뜬 글자다. 『이아』에서 역을 구梂라고 부른 것도 이 나무의 열매를 강조한 것이다. 상수리나무를 상橡으로 사용한 것은 고슴도치 털 같은 것이 열매를 감싸고 있기 때문이다. 그런데 상수리나무 잎을 누에에게 먹일 때는 시기가 중요하다. 누에를 비롯해서 어떤 생명체든 나름대로 식성이 있기 때문이다. 상수리나무 중에서도 누에가 가장 좋아하는 것은 잎이 가느다란 세엽청강細葉青欄이다. 청강에도 두 종류가 있었다. 하나는 색깔이 푸른 것이고, 다른 하나는 잎 가장자리에 엷은 홍색을 띤 것이다. 이 나무들은 모두 톱처럼 잎이 길었다. 잎이 큰 대엽청강大葉青欄 혹은 잎이 두꺼운 후피청강厚皮青欄도 있었다. 또한 잎이 두터운 청강과 비슷한 호리엽胡利葉, 대엽을 가진 수청강水青欄도 있었다.

상수리나무 잎으로 누에를 키우기 위해서는 무엇보다도 이 나무를 키우는 것이 우선이다. 농가의 수익은 결국 누에의 먹이를 얼마나 적절하게 준비하느냐에 달려 있기 때문이다. 상수리나무는 종자로 번식한다. 요즘에야 다양한 방법으로 종자를 번식시키지만 옛날에는 지금과 달랐다. 우선 종자를 구해야 한다. 상수리나무 종자는 어린 나무가 아니라 나이 많은 나무의 열매를 구해야만 한다. 그런데 열매는 나무에 달려 있는 것을 따는 게 아니라 자연스럽게 땅에 떨어진 열매를 사용해야 한다. 그런 열매를 주워 웅덩이에 넣는다. 웅덩이는 열매를 어느 정도 넣을 것인지에 따라 크기와 깊이를 조정한다. 열매를 웅덩이에 넣은 다음

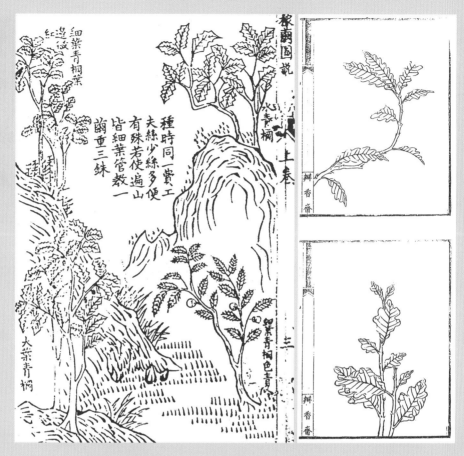

흙으로 덮는다.

다음해 봄에 열매를 심기 위해서는 땅을 골라야 한다. 대개 나무는 척박한 땅을 싫어한다. 뽕나무도 척박한 곳을 싫어한다. 반면 상수리나무는 그렇지 않다. 상수리나무의 열매를 심기 위해서는 땅 색이 아주 누렇고, 흙이 아주 조밀한 곳을 구해야 한다. 그래야만 벌레가 생기지 않는다. 땅 색깔이 흑색이거나 습한 곳은 피한다. 바위산은 두말할 것도 없다.

수청강, 세엽청강, 대엽청강, 잎 가장자리가 엷은 홍색을 띤 세엽청강 등의 그림을 그려놓고 상수리나무를 분별하고 있다(왼쪽). 『상견도설』 상권 3쪽. 『야잠록』에 실린 대청강의 잎(오른쪽 위)과 소곡작의 잎을 묘사한 그림.

169

상수리나무가 살기 좋은 땅을 고른 후 파종한다. 파종한 뒤 싹이 올라오면 다른 곳에 심어야 한다. 대개 하루에 한 사람이 상수리나무 묘목을 심을 수 있는 양은 300주 정도였으며, 10명이 10일에 3만 주를 심을 수 있는 셈이다. 아울러 상수리나무 한 그루는 누에 40두頭를 먹일 수 있었다. 3만 주에서 얻을 수 있는 고치는 120만 개였다.

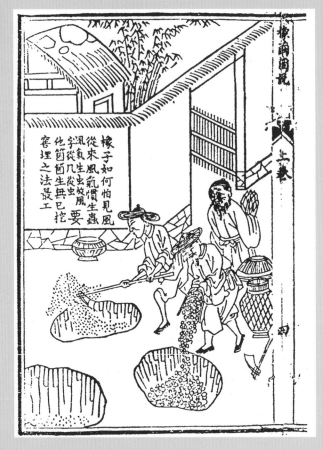

상수리나무 묘목을 옮겨 심은 후에도 적지 않은 일이 남아 있다. 어떤 작물이든 가꾸지 않으면 정상적으로 클 수 없기 때문이다. 묘목을 가장 위협하는 존재는 뭐니뭐니해도 풀이다. 어린 묘목 주위에 풀이 무성하면 영양분을 모두 풀이 먹어치워서 상수리나무의 성장이 아주 더디거나 심지어 죽을 위기에 처하기도 한다. 그렇기에 김매기는 필수다. 김맨 상수리나무의 잎은 감미롭고, 소와 양도 아주 좋아한다.

나무든 사람이든 나이가 들면 거칠어진다. 상수리나무도 나이가 들수록 잎이 거칠어지고 기운도 떨어진다. 이런 나무의 잎은 누에가 잘 먹지 않거나 혹 먹더라도 실을 적게 만들 수밖에 없다. 따라서 나무의 노

나이 많은 상수리나무의 열매를 웅덩이에 넣고 흙을 덮어 종자를 번식시킨다. 『상견도설』 상권 4쪽.

화 현상을 방지하는 방법 중 하나가 가지치기다. 가지를 자르면 그곳에서 새 가지가 나온다. 이것이 식물의 특징이자 동물과 다른 점이다. 가지치기도 적당해야 한다. 그렇지 않으면 살아남을 수 없다. 한 그루당 50~60가지가 적당하다. 가지치기에도 때가 있다. 무시로 베다간 큰일 난다. 7월에는 가지를 절대 베지 않는 것이 원칙이다. 이 시기에 나무가 가장 왕성하기 때문이다. 이때 농부들은 반드시 나무의 성장을 방해하는 가시나무와 풀을 제거해야 한다. 아울러 나무의 성장을 위해 휴식년을 두어야 한다.

참나뭇과의 떡갈나무 잎도 누에의 먹이로 사용했다. 떡갈나무로 양

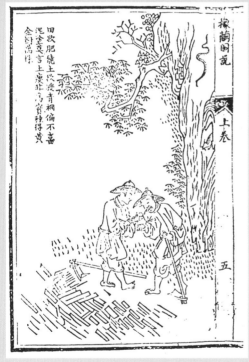

상수리나무 열매를 심기 위해 땅을 고른다(왼쪽). 『상견도설』 상권 5쪽. 상수리나무의 열매를 심는다. 『상견도설』 상권 7쪽.

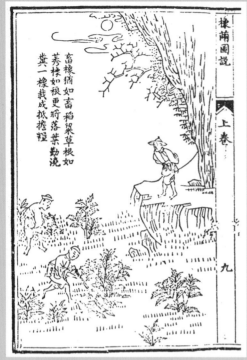

잠하는 것을 작잠柞蠶이라 불렀다. 떡갈나무로 양잠하는 것은 지역에 따라 다르지만 중국 강남의 경우에는 청말에 이르러서야 시작했다. 물론 작잠에 대한 기록은 후한시대의 것이다. 그러나 작잠은 상잠桑蠶에 밀려 거의 발달하지 못했다. 따라서 그전에는 떡갈나무가 단지 땔감이나 목재로만 인식됐다. 방법은 상수리나무와 거의 같았다.

상수리나무를 잘 키우기 위해 김을 맨다(왼쪽). 『상견도설』 상권 9쪽. 상수리나무의 노화를 방지하기 위해 가지를 친다. 『상견도설』 상권 10쪽.

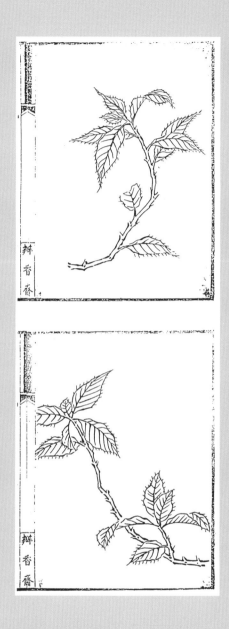

『야잠록』에 실린 붉은 떡갈나무(위)
와 흰 떡갈나무.

제 2 부

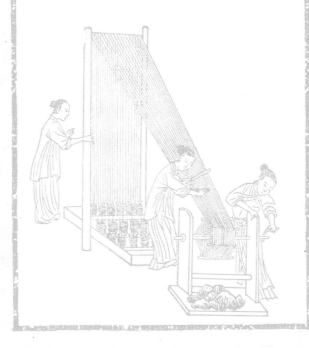

6

세계의 중심, 비단 제국의 탄생

차이나와
비단

기억은 단단하다. 한번 기억한 것은 쉽게 지울 수 없다. 한번 각인된 지식은 걷어내기가 무척 어렵다. 중국을 의미하는 '차이나china'가 어디서 왔는가에 대해서도 많은 사람들이 아주 오랜 시간 동안, 중국을 처음 통일한 진秦과 연결해서 기억하고 있었다. 이러한 기억은 명말청초 예수교 선교사의 불확실한 주장 때문이다. 차이나와 진Tsin의 음성학적 유사성에 착안한 그의 주장은 의심의 여지없이 많은 사람들의 기억을 파고들었다. 중국을 의미하는 진단震旦·진단眞旦·지나支那 등은 오랫동안 중국을 상징하는 단어였다.

콘크리트 같은 기억을 깰 수 있는 것은 때론 공기로 쇠를 자르듯이 단단한 게 아니라 아주 가벼운 것일 수 있다. 중국을 의미하는 단어 차이나도 아주 간단한 상식으로 깨졌다. 차이나와 진나라를 연결시킨 것은 진이 중국을 다른 세계에 알렸다는 전제 혹은 강박관념이었다. 그만큼 진나라는 강력한 인상을 남긴 중국 최초의 제국이었다. 물론 진나라의 등장은 역사적으로 큰 의미를 지닌다. 중국 역사상 최초의 통일제국이라는 의미 외에도 중국의 중요한 정치체제인 황제 지배 체제의 확립을 꼽지 않을 수 없다.

진나라는 이전의 왕조와는 달랐다. 진 이전의 은·주는 씨족공동체에 기초한 읍제邑制 국가에 불과했다. 그에 반해 진이 세운 황제 지배 체제는 청이 망할 때까지 2000여 년 동안 지속되었다. 이같은 정치체제는 유사 이래 중국 외에는 세계 어디에도 존재하지 않았다. 아울러 진의 등장으로 춘추시대부터 생긴 군현제가 확립되었다. 이 제도 역시 이후의 중국 왕조들이 모방했다. 특히 진의 등장으로 중국은 만리장성을 경계로 농경지대를 확보해 영토의 고정화를 이루었다. 이처럼 이전 왕조와는 차원을 달리했던 진나라를 중국의 상징 국가로 인식한 것은 어쩌면 자연스러운 일이다.

간혹 유명세가 진실을 은폐하곤 한다. 서양 사람들은 자신들의 입장에서 중국을 인식했다. 그들은 중국을 '시나Cina' '세레스Seres' '토가스트Taugast'라고 불렀다. 이 가운데 둘은 비단과 관계 있는 단어다. 특히 시나를 진나라와 관계있는 용어로 생각한 것은 진나라 이전에 중국이 다른 지역과 교역하지 않았을 것이라는 전제가 깔려 있었다. 하지만 진나라 이전, 즉 기원전 221년 이전에도 중국은 오랜 역사가 있었고 많은 사람이 이곳저곳을 다니면서 살았다.

진나라가 등장하기 전 페르시아나 인도는 중국을 비단 생산과 관련 있는 '진Cin'이나 '지나Cina'로 불렀다. 기원전 1500년 경의 중국 비단이 지금의 아프가니스탄인 박트리아에서 발견됐다. 이러한 사실은 다른 나라들의 자료를 통해 얻은 새로운 정보다. 기원전 4세기부터 인도나 페르시아를 통해 간접적으로 중국에 관한 정보를 접한 그리스인들은 중국을 비단 생산국으로만 알고 있었다.

아주 오랜 세월이 지난 뒤에야 중국을 의미하는 '차이나'가 진나라를 음역한 게 아니라 비단에서 생겼다는 것을, 뽕나무에서 나왔다는 것을, 그리고 뽕나무가 중국을 낳았다는 것을 알았다. 그러나 중국사 개설서에서는 여전히 이전의 기억에서 벗어나지 못하고 있다.

우리의 상상을 초월할 정도로 교역의 역사는 아득한 고대로 거슬러 올라간다. 최근의 고고학적 발굴은 그 시기를 중국문명이 탄생하던 시기로까지 소급시킨다. 중국 문명은 구석기, 중석기, 신석기 시대를 거쳐서 독자적으로 발생한 문명이라는 것이 대체적으로 밝혀졌다. 반半건조지대의 황토라는 독특한 환경은 농경을 비약적으로 발전시켰고 이에 따라 기원전 2000년경부터 환경에 대응하는 독특한 고급문화가 발달하기 시작했다. 하지만 자급자족의 농경사회가 고도의 문명으로 발전하기 위해서는 이질적인 것들끼리의 충돌과 그로 인한 질적인 변화가 필요하다. 침입자들이 중국 문명에 영향을 미쳤을 것이라는 학자들의 가정은 기원전 1400~1100년 사이에 은 왕조의 수도 안양安陽에서 발굴된 말의 유골, 청동 무기와 장신구, 전차로 입증되었다. 거의 같은 시대에 서아시아 · 그리스 · 인도 등지에서 전차를 몰던 정복자들의 발명품이 중국에서 발견되었다는 사실은 기존의 상식을 뒤흔들어놓기에 충분했다. 특히 전차의 좁은 공간에서 사용할 수 있도록 본체의 크기를 줄이고 동물의 뼈나 힘줄을 덧대어 강력하게 만든 합성궁과 도시 자체의 장방형 배열은 지울 수 없는 외래문화의 흔적이었다.

일부 학자들은 황하 유역과 서아시아가 지리적으로 너무 멀리 떨어져 있어 그런 고대에 왕래가 있었을 가능성은 없다고 부정하려 한다. 그러나 중앙아시아 전역에는 눈 덮인 고산에서 떨어져 내린 물줄기가 다양한 오아시스를 만들어 농경과 목축이 동시에 가능한 환경을 조성했다. 실제로 어떻게 보면 황하 유역은 스키타이 민족을 비롯해 일찍이 서아시아 고대문명을 일으킨 이들에게는 오아시스 가운데 가장 크고 가장 동쪽에 있던 지역에 지나지 않았다. 스키타이의 철기문명이 서아시아에 출현한 시기와 전차 등의 군사장비가 중국에 도달한 연대 사이에는 약 200년의 격차가 있어 자연스러운 문명의 동전東傳 현상을 뒷받침해준다.

비단,
길을 만들다

중국 문명의 혼합적 성격에서 드러나듯 중국에서 경제적 교역 행위의 기원은 매우 오래되었다. 이것 또한 비단과 관련이 있다. 『주역』 「계사」 하편을 보면 다음과 같은 구절이 나온다.

"포희씨가 죽고 신농씨가 다스림에 한낮에 시장을 형성하여 천하의 인민을 도래하고 천하의 화물을 취집하여 서로 바꾸고 퇴장케하니, 각자는 얻고자 한 바를 얻게 되었다."

농업이 크게 일어남에 따라서 교역행위가 시작되었다는 것은 자연스러운 일이다. 더 이전에는 몰라도 상나라와 은나라 시대에는 확실히 상당한 규모의 교역이 형성되었을 것이다. 은허에서 출토된 유물 중에는 황하 유역에서 생산하지 않은 산품이 많이 있는데, 예를 들면 옥기원료, 송록석, 귀감, 해패 등은 모두 먼 지역에서 나온 것으로 교역을 통해 들여온 것이다. 뿐만 아니라 조개껍질을 화폐로 삼은 것은 이 시기에 이미 물물교역 단계를 넘어섰다는 것을 말한다.

중국이 고대 왕조의 체제를 정비하고 중앙아시아에서 스텝지대의 유목민에 대한 방어선이 구축되자, 국가와 상인들은 서로 협력하여 안정적인 교역로를 만들어냈다. 잘 정비되고 치안이 유지되며 무거운 통행세가 부과되는 대상로가 중국과 로마를 연결했던 것이다. 대상들은 실크로드를 따라 서방으로 가서 중국의 비단을 로마 제국의 시리아까지 운반했고, 돌아오는 길에는 금속, 유리, 상당량의 화폐와 다양한 상품을 싣고 왔다.

거의 같은 시기에, 그리스어를 사용하면서 홍해를 근거지로

삼아 활약하던 선장들이 인도양의 규칙적인 계절풍을 이용해 아
덴 해협에서 대양을 횡단하여 남인도에 도달하는 방법을 찾아냈
다. 벵골 만을 건너 인도의 동해안과 말레이를 연결하는 유사한
항해도 시도되었다. 크라 지협의 짧은 거리를 육로로 횡단하면 동
남아 연안에서 활동하던 중국의 선박과 접촉할 수 있었다. 따라서
서력기원이 시작되기 직전에는 말레이 반도를 가로지르는 지협
구간만 제외하면, 해상교역로가 로마와 중국을 연결하게 되었다.

비단길이란 이름을 지은 이는 독일의 지리학자 페르난트 폰
리히트호펜Fernand von Richthofen, 1833~1905이다. 카를스루에서 태어

난 그는 1860~1872년 극동경제
사절단의 일원으로 스리랑카, 타이
완, 필리핀, 일본 등지를 방문했다.
1868~1872년에는 중국과 티베트
의 지질을 조사하기도 했다. 비단
길은 리히트호펜의 땀의 결실로 탄
생했만, 이 길은 결코 하나의 길이
아니다. 비단길은 천산산맥天山山脈
을 중심으로 천산북로와 남로가 있
다. 후한後漢의 반초班超, 33~102가
서역과의 교역을 위해 연 북도北道,
장건張騫,?~기원전114이 개척한 길을
중도中道라 한다.

북방의 초원로草原路 남쪽에 위

치한 동터키스턴 지방은 건조지대지만, 타림 강이 흘러내려 곳곳에 오아시스가 흩어져 있다. 이 오아시스 부근에는 예부터 아리아 계통의 민족이 살면서 도시국가를 세워 동서 중개무역을 담당했다. 이들에 의해 중국의 비단은 서방으로 운반됐다. 한편 파미르 고원의 서쪽 아무르 강과 시르 강변에도 많은 오아시스 국가들이 발달했다.

'모든 길은 로마로 통한다'고 하지만, 이 세상에 영원한 길은 없다. 오늘날 모든 길이 로마로 통하지 않는 것처럼, 비단길도 영원할 수는 없다. 이제 비단길에는 중국의 비단이 사라지고 없다. 비단길에서 비단이 점차 위력을 발휘하지 못한 것은 10세기 말부터였다. 이 시기에 교역의 관심이 실크로드에서 바닷길로 바뀌었던 것이다. 그렇다고 길이 하루아침에 바뀌진 않는다. 장사꾼의 관심이 육지에서 바다로 바뀌었다고 해서 비단길로 비단이 유통되지 않았다는 것은 결코 아니다. 마찬가지로 바닷길 역시 수백 년 동안 인도와 말레이시아의 상선들이 인도 동해안의 항구에서 중국 남부의 광주廣州로 항해해왔다. 바닷길은 기원전 2세기부터 페트라, 즉 지금의 요르단 와디무사에 기지를 둔 그리스와 로마의 대상隊商들이 홍해 연안의 항구에서 인도를 향해 출범할 때로 거슬러 올라간다. 이 길이 바로 뒷날 '스파이스 루트Spice Route, 향료길'이다.

유럽 홍보대사
비단

로마가 유럽을 대표하는 제국이라면 중국은 아시아를 대표하는 제국이다. 동서양을 대표하는 제국 간의 만남이 다른 것도 아닌 비단으로 이뤄지고 있는 것만으로도 흥미롭다. 기록상으로 중국과 서양 간에 이뤄진 최초의 교역 상품이 비단이었던 것이다.

로마인은 중국인을 한 번도 본 적이 없고, 중국인 역시 로마인을 한 번도 본 적이 없다. 로마인은 중국인을 비단으로 이해했다. 따라서 로마인은 중국인을 비단 만드는 사람을 의미하는 '세레스Seres'로, 중국은 비단을 만드는 나라, 즉 '세리카Serica'로 불렀다. 로마인에게 중국과 중국인은 비단을 만드는 나라와 비단을 만드는 사람일 뿐이며, 그 이상의 정보는 없었다. 세리카는 비단을 의미하는 '사糸'와 무관하지 않다. 허신許愼의 『설문해자說文解字』에 의하면 '사'는 가는 실을 의미한다. 이 글자는 실을 묶어놓은 모양을 본뜬 글자다. 누에가 실을 토해낸 것을 홀忽이라 한다. 사는 5홀이며, 우리가 흔히 사용하는 실[絲]은 사가 둘이니 10홀이다. 사의 훈음은 '실 멱' '다섯 홀 멱'이다. 로마인이 이렇게 중국을 이해한 시기는 기원전 1세기경이었다. 그러면 누가 중국에서 만든 비단을 서양에 전해줬을까? 또한 로마인에게 비단을 소개한 사람은 누구일까?

고대사회에서 중국의 비단을 외부로 전하는 일은 비단 자체가 높은 가치를 가지고 있을 때만 가능하다. 그렇지 않으면 상인들이 관심을 갖지 않기 때문이다. 또한 비단을 전달할 수 있는 누군가가 존재해야만 한다. 과연 중국의 비단을 외부세계로 전달할 수 있는 자들은 누구인가? 그들은 중국과 인접한 곳에서 살고 있는 이들이어야 한다. 바로 유목 민족이었다. 이들은 중국 역사에서 중요한 위치를 차지한다. 중국 역사 자체가 유목 민족과의 끊임없는 투쟁으로 이루어져 있다. 때로는 중국이 유목 민족에게 영향을 주었지만, 유목 민족 역시 중국에 적잖은 영향을 끼쳤다. 따라서 중국 역사에서 이들 유목 민족을 고려하지 않으면 그 역사를 제대로 이해하는 데 실패할 수밖에 없다.

독일 출생의 미국 사회학자 비트포겔Karl August Wittfogel, 1896~1988에 따르면 중국 대륙을 전형적인 한인 왕조가 다스린 시기는 1447년, 비한인 왕조가 다스린 시기는 1006년이다. 양자가 다스린 시기가 크게 차이나지 않으니, 어느 한쪽의 영향만을 강조하는 것은 부질없는 일이다. 서양에 중국의 비단을 전한 유목 민족은 흉노匈奴였다.

흉노는 중국 고대 역사에서 가장 위협적인 존재였다. 한나라 무제가 엄청난 국가 재정을 소비한 대가로 흉노를 중국 변경에서 몰아내기까지, 흉노는 언제나 중국을 위험에 빠뜨릴 수 있는 막강한 힘을 지니고 있었다. 진나라 황제가 쌓은 만리장성은 흉노가 중국에 어느 정도 위협적이었는지를 상징적으로 보여주고 있다. 그런데 흉노가 서양에 중국의 비단을 전달하기 전에 그들 스스로 그 비단에 매료되었다는 사실을 기억할 필요가 있다. 그들이 중국의 비단을 외부에 팔아넘기기 위해서는 스스로 그것의 중요성을 알아야 했기 때문이다. 그러면 흉노는 어떻게 중국 비단의 가치를 알 수 있었을까?

그들은 중국 최초의 황제인 진시황이 건재할 동안에는 중국을 위협할 수 없었다. 그러다가 진나라가 망하자 서서히 중국을 괴롭히기 시작했다. 중국은 한 무제가 등장하기 전까지는 흉노의 거친 도전을 물리칠 만한 힘을 가지고 있지 못했다. 힘이 없을 때는 어떻게 할까? 굴욕적인 외교는 힘이 없을 때 사용하는 중요한 방법이다. 조공朝貢은 중국과 중국 주변국 간의 주요한 외교 방식이었다. 유목 민족은 힘으로 중국을 조공국으로 만들었다. 중국은 1년에 여러 차례 흉노에게 조공품을 바쳤다. 조공품에는 비단이 포함되어 있었다. 그만큼 비단은 흉노의 마음을 달래기에 적합한 귀중품이었다. 중국이 보낸 비단은 흉노가 소비하고도 남을 만큼 많았다. 이에 흉노는 남는 비단을 서쪽의 다른 유목 민족과 물물교환으로 거래했다.

비단으로 치장한 로마의 지도자들

중국의 비단이 로마까지 들어가기 위해서는 수많은 중개상인의 손을 거쳐야 했다. 로마인이 중국의 비단을 안 것은 기원전 64년 시리아를 정복한 후, 파르티아제국기원전 247~기원후 226과 우호 관계를 맺으면서부터였다. 파르티아제국은 중국에서 안식국安息

國이라 불리는 나라다. 왕조의 창시자 아르사케스의 이름을 따서 아르사크 왕국으로도 불리는 파르티아는 시리아 국왕 안티오코스 2세가 이집트전쟁을 일으켰을 때 독립했다. 미트라다테스 1세가 박트리아·바빌로니아·메디아 등을 정복함으로써 대제국으로 성장한 파르티아는 중국과 로마를 잇는 거점지역이었다. 중국과 파르티아 사이의 대상로隊商路가 곧 비단길이 되었던 것이다. 한나라 때 비단길이 열리면서 파르티아의 사절은 한 무제에게 타조알과 알렉산드리아의 마술사를 바치기도 했다.

중앙아시아의 대상무역을 장악한 파르티아에서 로마로 들어온 중국의 비단은 로마인의 마음을 사로잡았다. 비단이 로마에서 인기를 끈 이유는 옷감의 특질은 물론 원산지에 대한 로마인의 호기심 때문이었다. 로마에서 비단은 염료나 유리잔과 마찬가지로 사치품이었다. 지금도 비단은 보통 사람들이 쉽게 살 수 없을 만큼 비싼 편이다. 하물며 수많은 과정을 거쳐 로마에 도착한 기원전 시대의 비단이 사치품이었던 것은 당연하다. 로마인들은 처음에는 비단을 장식용이나 침구류에 사용하다가 이내 옷감으로 사용했다. 비단은 아마포나 양모보다 가볍고 질길 뿐 아니라 감촉도 좋았기 때문이다. 하지만 비단의 단점도 있었으니 무겁다는 점이었다. 로마의 멋쟁이들은 면을 변형시킨 모슬린을 선호했다. 아주 가볍고 얇은 천인 모슬린을 구름처럼 몸에 감싸면 더욱 몸매가 드러나기 때문이었다. 특히 다양한 색으로 염색된 모슬린은 비단 이상으로 유행했다.

중국산 비단이 로마의 미인들과 귀족들의 습관을 바꿔놓기 위해서는 비단 자체만으로는 어려웠다. 모슬린처럼 가볍게 만들려면 아마와 면을 섞어 다시 짜야만 했다. 이런 과정을 거쳐야 한다면 완제품보다 원료인 견사와 생사를 수입하는 편이 나았다. 이런 단계를 거쳐 비단은 로마에서 최고의 자리에 설 수 있었다. 중국에서 들여온 원료로 만든 비단이 로마에서 가장 좋은 제품으로 자리잡을 수 있었던 것은 원료의 우수성 때문이다. 로마에는 중국에서 들어온 비단 원료 외에도 얇고 투명한 아시리아산과 코스 섬에서 만든 것이 있었다. 아시리아 비단은 옅은 노란색이고 중국 비단은 아주 하얗다. 중국산 비단은 누에고치에서 만든 것이고, 코스 섬 비단은 야잠사野蠶絲에 가까웠다. 이것은 거친 야생 실을 빗으로 손질해서 만든 것이다. 중국산 새하얀 비단은 어떤 색으로도 염색이 가능했으며 자수가 아주 잘된 반면 코스 섬 비단은 그렇지 못했다. 따라서 중국산 비단의 경쟁력은 그 어떤 제품보다 뛰어났다.

그러면 질 좋고 값비싼 중국산 비단은 누가 입었을까? 투니카tunica, 즉 로마시대의 속두루마기는 중국산 비단으로 만든 상징적인 옷이다. 남자들이 입었던 이 옷은 1세기 초 남자가 여자처럼 보인다고 하여 티베리우스Tiberius Claudius Nero, 기원전 42~기원후 37, 재위 14~37 황제는 이 관행을 금지시켰다. 하지만 그의 후계자인 칼리굴라Caligula, 12~41, 재위 37~41는 비단옷을 입은 최초의 황제였다. 황제가 비단옷을 입으면 신하들도 입을 수밖에 없다. 옷뿐 아니라 실내 장식에서도 무늬 있는 비단인 능라綾羅가 널리 유행했다. 특히 자수 비단은 로마 귀족들이 아주 선호했다. 그중에서도 금실

자수가 최고였다. 남자가 비단옷 입는 것을 금지한 티베리우스의 아내 아그리피나는 푸키누스 호수에서 모의 해전을 할 때 어떤 다른 천도 섞지 않고 금실로만 짠 망토를 입고 나타났을 정도였다.

흔히 역사학자들은 로마의 쇠퇴 원인 중 하나로 귀족층의 사치를 거론한다. 그중에서도 중국산 비단은 가장 앞줄에 위치한다. 중국산 비단으로 만든 옷이 귀족층에서 유행했다는 것은 그만큼 수입이 많았음을 의미한다. 과연 로마가 중국산 비단 수입에 지출한 돈은 어느 정도였을까? 이것을 수치로 드러낼 만한 자료는 없다. 단지 로마의 수사가修辭家인 세네카Lucius Annaeus Seneca, 기원전 55?~기원후 39와 로마의 정치가이자 학자인 플리니우스Gaius Plinius Secundus, 23~79는 비단 수입으로 생긴 막대한 재정 지출이 로마의 쇠퇴를 재촉했다고 지적한 바 있다. 반면 장-노엘 로베르는『로마에서 중국까지』에서 이들의 주장을 뒤엎는다. 그는 이 당시 로마는 제국의 초기일 뿐 아니라 교역도 물물교환으로 이뤄졌기 때문에 국가 재정에 위험을 초래할 정도는 아니었다는 점을 지적한다. 어쨌든 분명한 것은 로마의 귀족층이 중국산 비단으로 만든 옷을 입고 거리를 활보하고 다녔고, 사교를 즐겼다는 점이다. 결국 중국의 비단은 로마 상류층의 생활습관을 바꿔놓았을 뿐 아니라, 로마사의 평가에도 깊숙이 개입하고 있다. 구세계의 다른 문명과의 접촉은 그리스-로마 신사의 생활에 비단옷을 입는 사치 이상의 의미를 추가하지는 못했고 중국의 주류 문화도 나머지 문명세계와의 접촉에 의해 중대한 영향을 받지는 않았다는 평가도 있다. 하지만 예술작품이나 인간의 정신적 산물에서는 지울 수 없는 흔적을 남겼다.

그 증거가 베자드가 그린 페르시아 회화 〈다리우스 왕을 만류하는 신하들〉이다. 이 그림은 사디의 시집 『과수원』의 1488년 필사본에 수록된 그림 중 하나로 카이로에 있는 이집트 국립 도서관에 소장되어 있다. 그림을 보면 명도가 높은 색채를 세밀하게 구사한 원화의 화려함은 중국 회화의 특징인 담담한 색조와 극명하게 대비된다. 하지만 좌측 상단에 묘사된 산의 모습은 분명히 중국풍으로 13세기에 중국과 페르시아를 동시에 지배했던 몽골에 의해 처음 페르시아에 소개된 중국의 화풍이 이미 높은 수준에 올라 있던 페르시아 궁정미술에 영향을 주었다는 사실을 입증해준다. 그 외에 페르시아 화가들은 나무를 묘사할 때 중국 마위완의 〈관매도산선〉의 매화나무, 마펀이 그린 〈백안도〉의 대나무 잎과 유사한 기법을 사용하고 있다. 페르시아 화가들이 중국의 거장들로부터 모티프를 차용하여 그들 나름대로 이용했음을 확인할 수 있다.

7

뽕나무는 어떻게 오랑캐를 발명했나

『주역』「계사」하편을 보면 "황제·요·순이 의상衣裳을 늘어뜨리고서 천하를 다스렸다"는 구절이 등장한다. 여기서 궁금한 것은 왜 의상을 늘어뜨리는 행위[垂衣裳]와 천하를 다스리는 행위[治天下]가 서로 함께 놓일까 하는 것이다. 이것은 중국이라는 나라의 특수성을 극명하게 보여주는 대목이다.

고대 중국은 예禮를 통해 세상을 다스렸다. 상하와 귀천, 남녀의 예의는 옷으로 표현된다. 의상은 바로 사회질서를 수립하는 가장 좋은 도구다. 『백호통』권4 상편을 보면 이런 말이 나온다.

"성인이 의복을 제정한 까닭은 무엇인가? 갈포 옷으로 몸의 형체를 가려서 덕을 드러내고 선을 권하며 존비를 구별하기 위해서이다. 이름을 상으로 한 까닭은 무엇인가. 의는 숨기는 것이고 상은 막는 것이다. 따라서 형체를 숨겨 스스로 막고 가리는 것이다."

또한 『후한서』 「여복지」 하편에서는 이렇게 말하고 있다.

"상고시대 굴에서 살고 들판에 살고 있으면서 동물의 털을 입고 가죽을 쓰개로 삼았으나, 아직 의관제도는 없었다. 후세에 성인이 사마絲麻로써 이를 바꾸었다. 날아가는 꿩의 문채와 풀·나무의 색상을 보고는 비단에 염색을 하여 이것들을 본떠서 처음으로 오채五彩를 만들어 의복을 만들었다. 새와 짐승이 벼슬과 뿔·구렛나루·턱밑의 살 등의 모습을 가지고 있는 것을 보고 마침내 관면冠冕·갓끈·관에 늘어진 장식을 만들어서 머리 장식으로 삼았는데 모두 12장章이다."

의관의 작용은 형체를 숨기고 몸을 가리는 것뿐만 아니라 덕을 드러내고 선을 권하는 데에 이른다. 또한 의관을 이용하여 법률을 만들어서 포악하고 탐욕스러움을 다스렸다. 따라서 한 무제는 모든 유생에게 조를 내려 말하기를 "상고의 훌륭한 통치시기에는 의관을 구분하고, 장복章服을 달리함으로써 백성이 법을 범하지 않았다"고 했다. 의관제도는 존비를 구별하고 상벌을 칭탁한 것이니, 이는 바로 국가체제의 시작인 것이다.

중국의 의관제도가 발달할 수 있었던 물질적 조건은 뽕나무에서 나오는 비단이었다. 중국은 뽕나무를 경작해서 비단을 대량생산하는 방법을 일찍이 마련해서 다양한 복식문화를 발전시켰다. 종이가 없던 시절 비단은 인간의 추상적 사고를 표현할 수 있는 재료로서도 탁월한 쓰임새를 보여주었다. 새하얀 색으로 모든 색깔을 흡수할 수 있었던 비단이 없었다면 중국의 자수문화가 이른 시기에 고도로 전문화되기는 힘들었을 것이다. 옷은 단순히 몸을 덮어 부끄러움을 가리고 추위를 피하는 실용적 차원을 넘어 국가 이데올로기를 표현하거나 문화적 취향을 드러내는 매개체가 되었다. 비단은 그림의 재료이면서 동시에 옷이었고 윤리적 이념을 담는 서화의 매체이기도 했다.

창고가 넘쳐야 예절을 안다는 말이 있듯, 비단이라는 활용도 높은 표현매체가 있었기 때문에 이것이 자연스럽게 지배자들의 체계적인 국가 조직화에 포섭되었다.

어떤 문명이나 마찬가지이긴 하지만, 의관제도를 핵심으로 하는 중국 예치禮治 시스템의 발달은 넓은 땅을 다스려야할 필요성 때문이었다. 주나라 때 완비된 봉건제도는 천자가 100여개가 넘는 제후국을 다스리는 시스템이었다. 제후들은 봉지에서 왕과 같은 권한을 가지고 고을을 조직하고 완벽하게 무장한 군대를 거느릴 수 있었기 때문에 이들을 견제할 수단이 있어야 했다. 그래서 나온 것이 조공제도와 종법제도였다. 주 왕실과 제후국간의 관계를 본가本家와 분가分家의 관계로 놓고 넓은 의미로 친척·인척의 대가족으로 인식하게끔 만든 것이 종법제도이고, 제후들이 해마다 특정 시기에 지역의 특산품을 가져와서 천자에게 바침으로써 그들의 충성심을 확인하고 조공을 하러 오지 않는 제후들은 무력으로 응징하는 것이 바로 조공제도의 시초였다.

의복제도에서 황제의 용포에 쓰이는 문양이나 색깔을 일반 신하들이 사용할 수 없고, 고관대작의 의복을 일반 평민들이 따라할 수 없는 것도 절대 침범할 수 없는, 천명天命을 지닌 '권력'이라는 이미지를 유지하기 위해서였다. 인간사회를 늘 무력으로 다스릴 수 없기 때문에 신분과 처지를 예제를 통해 내면화하도록 만들어 다스린 것이다.

역사 기록이나 유물을 통해 살펴볼 때도 중국의 의관 제도는 주나라 때부터 점차 정형화되었다. 군주부터 서민에 이르기까지 각각의 복식 규정을 따랐으며, 이를 통치 기준이 되는 법전에 기록했다. 주대에는 제례복, 조복朝服, 융복戎服, 상복喪服, 혼례복 등 여러 종류의 복식이 있었다. 그러나 춘추전국시대에 와서 제후들이 서로 패권을 다투며 이러한 엄격한 규정은 무너졌다. 복식이 점차 다원화되었고 상류층은 사치풍조를 추구했다. 옷을 통해 사치를 부리기 시작하면 유행이 생겨나고 상류층에서 만든 유행은 하층민들이 반드시 따라하게 마련이다. 원래 왕족만 사용할 수 있었던 양산을 궁녀들에게 허용하자, 궁밖에 외출나온 궁녀들의 양산 든 모습을 보고 백성들이 너나없이 따라하는 식으로 퍼지는 것이다.

한나라 때 오면 『주례』를 근간으로 명확한 복식 제도를 반포했으며, 의복의 색상을 계절과 절기에 따라 봄에는 청색, 여름에는 적색, 가을에는 백색, 겨울에는 흑색으로 통일했다. 소박하고 정중하며 예스러운 복식이 유행했다.

중국의 예복문화는 중화사상을 구성하는 중요한 축이다. 예복을 걸친 문화는 비예복을 걸친 문화 위에 군림하게 된다. 한쪽은 문화적으로 우월한 세계, 곧 문자를 사용하고 세련된 미의식을 공유하며 지적 우아함, 도덕적 규범, 사회적 질서에 대한 이상이 의례와 예식에 내재해 있는 세계이고 다른 한쪽은 그러한 문화적 장치들이 결여된 세계이다. 중국의 통치자와 지식인들은 특히 중국을 둘러싼 융적戎狄들을 자신들과 다른 비문화적이며 공격적인 존재들인 것으로 묘사하길 즐겼다. 니콜라 디스코모의 연구에 따르면 중국인들은 때때로 국가 간의 관계를 규정하는 규범에서 벗어나 변경의 주민들을 정복하고 그들의 영토를 병합하는 일을 합리화하고자 이방인들이 열등함을 강조하는 자료들을 정치적으로 이용했다. 기원전 661년 제나라 환공의 재상으로 활약한 관중管仲은 주나라와 주나라 바깥을 도덕적 관점에서 명백히 구분하여 다음과 같이 말했다.

"적과 융은 늑대와 같아 결코 만족할 줄 모릅니다. 화하의 모든 나라는 매우 밀접하게 관련되어 있으니 어느 한 나라도 포기해서는 안 됩니다. 게으름을 피우며 휴식함은 곧 품어서는 안 되는 독약과 같습니다."

디스코모는 이런 문구들을 근거로 고대 중국인들이 한족과 오랑캐를 명백하게 구분하는 이분법적 문화주의에 전적으로 포섭되었다고 보는 것은 무리가 있다고 지적한다. 실질적으로 보자면 중국의 생존에 필수적인 정치군사적 전략에 따라 적과 동지는 구분되었으며, 때로는 오랑캐와 동맹을 맺고 남방의 한족 국가를 정벌하는 사례도 없지 않았다. 『좌전』을 보면 기원전 636년 주왕이

적狄의 도움을 받아 정鄭나라를 공격했다는 사실도 나와 있다. 주왕이 오랑캐에 대해 친화 정책을 펴자 신하 부진富辰은 다음과 같이 말하며 반대하기도 했다.

"오음五音을 듣지 못하는 사람은 귀머거리입니다. 오색五色을 구분하지 못하는 사람은 장님입니다. 덕과 정의의 원칙을 따르지 못하는 사람은 사악합니다. 충忠과 신信을 말하지 못하는 사람은 어리석습니다. 이 네가지 악을 행하는 자들이 적狄입니다."

물론 더 세부적인 맥락을 파악해보면 적을 주왕이 끌어들였다고 볼 수 없다. 조정 내외의 투쟁에서 왕족에 대항하는 세력의 은밀한 음모가 있었다. 그들은 오랑캐의 군대를 지원받아 세력을 키운 뒤 결국 주왕을 쫓아내고 말았다. 궁극적으로는 조정 내의 한 당파가 상대파를 공격하기 위해 왕을 채널로 해서 오랑캐를 조정한 것이다. 부진은 그러한 저간의 사정을 꿰뚫고 왕을 보호하고자 수차에 걸쳐 진언을 올렸지만 실패하고 말았다.

아무튼 고대 중국에서 화華와 적狄을 이질적 집단으로 보는 생각은 서서히 고조되다가 사마천의 『사기』에 와서 그들을 중국 문명의 하위체제로 포섭하는 중화사상적 틀을 갖춘다. 즉 사마천은 신화시대부터 한나라 시대까지에 이르는 중국 왕조들과 패권국들의 역사적 계통과 상응하도록 북방 민족, 특히 흉노족의 계통을 만들어냈다. 북방의 역사와 민속학을 세세하게 취재하고 자료를 모아 만들어낸 흉노에 대한 최초의 체계적인 역사기술이었다. 디스코모 교수는 그것은 천인상관설天人相關說에 기반을 둔 역사 서술이라고 강조한다. 즉, 전쟁이나 통치자의 몰락 같은 사건조차 인간 수준에서 표명된 우주 질서의 작용이라고 보는 것이 이 관점이다. 흉노를 중심으로 한 북방은 사마천의 기술을 통해 역사적 주역으로 등장했으면서, 동시에 사마천이 만들어놓은 중국과의 이분법적 역사적 관계망 속에 묶였다.

균전제와
뽕나무

북방 유목민과 중국의 역사적 상관관계는 구체적으로 어떤 것인가. 뽕나무와 비단을 통해서 중국 역사가 어떻게 북방 오랑캐를 자신들의 역사로 포섭하는지를 살펴보자.

북위北魏시대 선비족들은 화북을 장악한 뒤 균전제均田制로 새로운 세상을 만들어갔다. 땅을 골고루 나눈다는 뜻을 가진 균전제는 토지 국유제를 의미한다. 왜 그들은 토지를 국가에서 장악한 후 백성들에게 나눠줬을까? 북위 정권이 새로운 시대에 균전제를 들고 나온 것은 이전 시대에 불공평이 아주 심했기 때문이다. 중국은 후한後漢부터 토지 불균형이 사회의 주요 문제로 등장했다. 중국 각 왕조 말에 농민 반란이 일어났던 것도 토지 불균형이 주요인이었다. 어느 특정 집단이 다수의 토지를 소유한다면 국가의 근간은 흔들릴 수밖에 없다. 그 근간은 농민의 세금으로 지탱하지만, 토지를 가진 집단은 온갖 방법을 동원하여 탈세하기 때문이다. 균전제는 중국 북위 이래 북제北齊 · 북주北周 · 수隋 · 당唐까지 300여 년간 시행됐을 만큼 중국사에서 매우 중요한 토지 제도였다. 그러나 균전제도 시간이 지나면서 공평한 토지 분배와는 거리가 멀어졌다.

485년 이안세李安世의 건의에 따라 이전의 계구수전제計口授田制 $^{•}$에 기초한 균전제는 15세 이상의 남녀에게 노전露田, 正田 · 마전麻田 등의 경작지와 택지宅地 · 원지園地를 지급한다는 게 주요 내용이다. 한편 여자에게는 남자의 절반을 지급했으며, 만 70세에 이르면 국가에 반납하도록 한 것이 특징이다. 국가에 반납하지 않으면 국유제가 아니다. 따라서 균전제에서는 환수 규정이 매우 중요하다. 그렇다고 모든 토지가 환수 대상은 아니었다. 남자에게 지급한 영업전永業田 성격의 상전桑田은 그대로 남겨두었다. 나무는 곡물 농사와 달리 아주 오랫동안 길러야 하므로 국가에서 쉽게 환수하지 않았던 것이다. 그렇다면 균전제에 왜 다른 나무가 아닌 뽕나무가 등장할까?

유목민은 왜 그렇게 많은 뽕나무가 필요했을까?

균전제를 시행하면 국가에서 각 가정에 토지를 지급한다. 더욱이 토지도 구체적으로 항목을 정해서 분배한다. 이는 모든 토지

•
계구수전제
사람 수를 계산해서 토지를 나눠주는 것.

에서 국가가 필요로 하는 것을 확보하기 위한 고도의 전략이다. 그러면 과연 뽕나무를 심는 상전은 얼마나 지급했을까? 상전의 규모를 알면 국가의 의도를 쉽게 알아차릴 수 있다. 균전제가 북위에서 당나라까지 존재했기 때문에 상전의 지급도 왕조마다 다르다. 각 왕조가 소유한 토지 규모가 달랐기 때문이다. 북위와 북제에서는 15세 남자로서 처음 땅을 받는 자에게 20무를 지급했지만, 북주와 수나라에서는 가정을 가진 남자에게 40무를 지급했다. 당나라에서는 20무를 지급했다. 사실 20무는 적지 않은 규모다. 이 때문에 일부 학자들은 20무 전체에 뽕나무를 심지는 않았을 것이라고 주장한다. 모든 가정에서 그렇게 많은 뽕나무를 심는다는 것이 상식적으로 납득할 수 없기 때문이다. 그러나 중요한 것은 역사적 사실이다. 이런 주장은 당시 뽕나무가 얼마나 중요한 위치를 차지하고 있는가에 대해 간과하고 있는 측면이 있다.

북위를 비롯한 각 왕조에서 강제로 뽕나무를 심도록 한 이유는 무엇일까? 당연히 비단 생산 때문이었다. 그러면 왜 각 왕조에서는 비단이 필요했는가? 북위시대에는 국내외에서 비단에 대한 수요가 많이 늘어났다. 유목 민족들이 가장 좋아한 것도 다름 아닌 비단이었다. 차마茶馬와 더불어 유목 민족과 정주 국가 간의 무역을 '견마무역絹馬貿易'으로 부르는 것만 봐도 알 수 있다. 유목민들이 유독 비단을 좋아했던 것은 그것이 절실했기 때문이다. 특히 지배층에겐 비단이 지배의 중요한 수단이었다. 유목민들은 주로 가죽옷을 입었다. 거친 풀숲을 헤치고 사냥하는 일에 비단옷은 필요하지 않았다. 그러나 중국과의 대결을 통해서든 아니면 내부의 권력투쟁과 종족들 간의 이합집산을 통해서든 유목민 내의 정치권력이 비대해지면서 권력의 서열을 나타낼 필요성이 생겼다. 이때에도 가장 우월한 표현매체는 바로 의복이었다. 가죽옷은 유목민이면 누구나 입기 때문에 지배층에겐 뭔가 다른 옷이 필요했다. 그게 바로 비단이었다. 유목민의 우두머리인 가한可汗, Khan은 비단에 금으로 상감한 옷을 즐겨 입었다.

최고 통치자가 비단을 좋아하면 아랫사람들도 좋아하기 마련이다. 귀족은 물론 일반인들조차 비단을 선호하기 시작했다. 뭐든 한번 맛들이면 빠져드는 것이 인간의 속성이다. 그러니 유목민들이 비단을 최고의 약탈품으로 생각한 것은 당연하다. 또한 비단을 최고의 뇌물이나 선물로 여긴 것도 자연스럽다. 즉 도자기와 보석만이 아니라 비단도 유목민에겐 부의 상징이었다.

지배층은 나름대로 품위를 유지해야 한다. 품위 유지에는 몸치장도 중요하지만 선물을 하사하는 것도 필수다. 그래야만 아랫사람들이 따르기 때문이다. 북위의 최고 통치자인 가한은 자신의 몸치장에도 많은 비단이 필요했지만, 아랫사람들에게 줄 선물로도 적지 않은 비단이 필요했다. 특히 잔치 때 많은 비단이 있어야 했다. 잔치에 무슨 비단이 필요할까 생각할지 모르지만, 지배층의 잔치에는 언제나 최고급 옷이 뒤따랐다. 가한은 잔치 참석자들에게 비단옷을 입도록 했다. 이때 가한이 직접 비단옷을 하사했다. 이렇게 한 것은 비단 하사야말로 가한의 위엄을 잘 드러낼 수 있었기 때문이다. 가한이 하사한 비단옷은 모두 같은 색깔이었다. 같은 색 옷을 입은 대소 신료들이 모두 참석한 잔치는 얼마나 화려했을까? 상상만으로도 충분히 짐작할 수 있다. 유목민들이 사용한 텐트[包]에도 비단이 필요했다. 평민과 달리 가한과 귀족들이 사용하는 텐트에는 비단으로 만든 장식이 많이 필요했다.

유목민들은 사실 비단 없이 살 수 없었다. 『사기』 「흉노열전」을 보면 흉노의 왕에게 시집간 한나라 왕실의 공주를 수행하러 간 중항열中行說이라는 관리가 흉노가 점점 난만한 중국 문명에 동화되어가는 과정을 묘사한 대목이 나온다. 선비족도 마찬가지였다. 유목민들이 중국 본토에 살지 않을 때는 약탈이나 조공을 통해 비단을 구했지만, 자신들이 직접 중국을 지배할 때는 비단을 생산할 수밖에 없었다. 균전제에서 엄격하게 뽕나무를 심도록 한 것도 바로 이 때문이다. 더욱이 유목민들이 중국의 중원을 지배하자 동서 무역이 한층 활발해져 비단 수요도 덩달아 늘어났다. 이런 현상이 뽕나무를 많이 심도록 한 또 하나의 이유다. 중국 한족들은 비단을 팔기 위해 직접 장사를 하지 않았지만, 유목민들은 직접 장사에 나섰다. 유목민들이 서양에 비단을 소개한 것도 바로 자신들이 직접 장사에 종사했기 때문이다.

중국처럼 정부가 토지 제도를 운영하면서 강제로 나무를 심도록 한 것은 적어도 동아시아 국가에서는 낯설지 않다. 우리나라에서도 그런 예를 찾아볼 수 있다. 물론 한국에서 중국처럼 균전제를 실시했는가는 논란의 여지가 많아 단언하기 어렵다. 다만 고려시대 전시과田柴科는 곡물을 재배하는 땅과 더불어 땔감을 조달할 수 있는 땅을 말한다. 이는 생활에 필요한 각종 연료를 국가에서 안정적으로 마련하기 위한 조치다. 특히 『신라장적新羅帳籍』에는

중국의 균전제에서 볼 수 있는 내용이 담겨 있다.

『신라장적』은 1933년대에 일본 정창원正倉院 소장의 유물을 정리하다가 화엄경론華嚴經論의 질帙 속에서 발견됐다. 『신라장적』에는 서소원경西小原京, 지금의 청주의 4개 촌락에 대해 촌락별로 보수步數·호구수戶口數·전답田畓·마전麻田·과실나무·가축의 수 등을 기록하고 3년 동안의 변동 내용을 싣고 있다. 『신라장적』은 몇 장에 지나지 않는 분량이지만 통일신라시대의 토지 제도를 이해하는 아주 귀중한 자료다. 여기에는 뽕나무가 4249그루나 기록되어 있다. 이는 통일신라시대 민간에서 뽕나무를 적잖이 심었다는 것을 의미한다.

중국 중세 사람들은 뽕나무를 통해 평등한 세상을 꿈꿨다. 하지만 그 꿈은 출발부터 적잖은 문제를 안고 있었다. 균전제는 땅 없는 사람들에게 땅을 줬다는 점에서 대단한 정책이다. 국가가 땅을 그냥 나눠주는 것만큼 농민을 행복하게 하는 일은 없다. 더욱

정창원正倉院, 쇼소인: 일본 나라奈良현 동대사東大寺에 있는 왕실의 유물 창고. 8세기 나라 시대 이후의 일본 유물을 비롯해 한국·중국·인도의 고대 유물에 이르기까지 9천여 점이 소장되어 있다. 이중에는 학계 일부에서 통일신라의 공예품으로 추정하는 유물들이 상당수 포함되어 있으며, 통일신라시대의 토지 제도를 이해하는데 귀중한 자료인 『신라장적』도 발견됐다. 당나라 때의 진귀한 비단 제품도 적지 않다.

뽕나무는 어떻게 오랑캐를 발명했나

이 토지를 지급받은 농민들의 의식도 이전보다 높았다. 이에 상대적으로 귀족들의 권위가 위축되었다. 문제는 균전제의 전제조건이었다. 균전제의 전제조건은 토지다. 토지를 안정적으로 공급하지 못하면 이 제도는 근본적으로 불안할 수밖에 없다. 안타깝게도 오랜 평화에서 오는 인구 증가와 관료 귀족에 의한 미개간지의 점유, 사원전寺院田의 증가, 관전官田의 사유화 등은 국가의 안정적인 토지 공급을 가로막았다. 이런 상황에서 균전 농민은 성장할 수 없었다. 궁핍한 균전 농민은 환수 대상에서 제외된 구분전과 영업전마저 부호들에게 매각했다.

결국 당 현종 중반기인 8세기 중엽에 균전제가 붕괴했다. 균전제가 붕괴로 균전 농민의 이상도 무너졌다. 토지 소유에 입각한 평등사회 구현은 애초부터 불가능하다. 역사에서 이런 이상이 한 번도 성공하지 못한 것은 인구가 증가하면 늘 부족할 수밖에 없는 토지를 매개로 이상사회를 꿈꿨기 때문이다. 그러나 균전제 붕괴가 바로 당나라의 붕괴로 이어진 것은 아니었다. 당나라는 균전제 대신 양세법兩稅法으로 위기를 탈출하려 했다.

화폐로 둔갑한 뽕나무

비단의 소비가 유목사회의 특징 때문에 늘어난 것은 아니다. 비단의 가치는 옷감이나 장식품 이상이었다. 전통사회에서 비단은 다른 물품과 달리 일정한 가치를 가진 화폐의 기능을 지니고 있었다. 비단은 곧 자연화폐 · 실물화폐였다. 비단을 갖는다는 것은 곧 화폐를 갖는 것과 같은 가치를 지니고 있었다. 균전제에서 뽕나무를 일정하게 심도록 한 이유 중 하나도 비단이 곧 화폐였기 때문이다. 균전을 받은 농민들은 매년 반드시 비단을 정부에 바쳐야만 했다. 농민에게 받은 비단은 관료들의 봉록俸祿으로 지급되기도 했다. 비단을 화폐 대용으로 사용한 예는 유목민만이 아니라 많은 왕조에게서도 발견된다.

비단이 화폐였다는 사실에 대해 의심 가는 사람들은 화폐를 의미하는 한자를 확인해보면 금방 알 수 있다. 화폐貨幣의 '화'는 조개[貝]가 다른 물건으로 바뀌는 것[化]을 의미한다. 조개 역시 고대사회의 화폐였다. 조가비로 유통한 화폐를 패화貝貨라 한다. '폐'는 건巾과 폐敝를 합한 글자다. 그중 폐敝는 '배拜'를 의미한다. 그러니 폐幣는 신에게 절하고 바치는 '건'이다. 그러면 건은 무엇인가? 흔히 수건을 의미하는 건은 비단이다. 비단은 드물다. 그래서 희希는 드물다는 의미가 있다. 드물기 때문에 사람들은 바란다. 그래서 희는 바란다는 뜻이다.

비단은 유목사회로 침투하여 유목민들의 정치적 · 문화적 관습을 뒤흔들어놓았다. 거친 가죽옷을 입던 사람들은 하늘하늘한 비단옷을 걸친 채 권력의 맛을 누렸고, 화폐로 사용된 비단을 백성들에게 거둬들여 동서무역을 통해 이권을 챙기면서 권력 확장의 꿈을 만끽했다. 중화사상은 단순히 오랑캐를 배척하는 이념이 아니다. 그것은 오랑캐를 중국 문명 깊숙이 끌어들여 중(국)화한

뽕나무는 어떻게 오랑캐를 발명했나

다는 의미이다. 그런 의미에서 뽕나무와 비단은 중화사상의 틀을
제공했다고 할 수 있다.

비단이 만든
조공무역의 질서

중화사상의 틀은 조공체제에서 가장 극명하게 드러난다. 중국
은 언제나 주변부 족속들에 대해 군사적 우위를 유지할 수 있었던
것은 아니었기 때문에, 골치 아픈 오랑캐들을 평화롭고 효율적으
로 다스려 나갈 비무력적 방법이 필요했다. 그래서 중국인들이 고
안해낸 것이 조공무역과 책봉체제였다. 조공무역은 중국문명을
동경하는 주변국들에게 중국의 문물을 수출함으로써 그들에게
중국의 문화적 우월성을 확인시키기 위한 것이다. 책봉체제는 중
국의 황제, 즉 지상의 최고 지도자인 천자의 권위를 가지고 주변
국 왕조들에게 정치적 정통성을 부여하기 위한 것이다.

조공이라는 제도가 시작된 것은 주나라가 봉건제도를 정비하
면서 제후들을 다스리기 시작할 때부터였지만, 중국이 본격적으
로 주변 국가들을 조공이라는 틀에서 다루기 시작한 것은 당나라
의 기미정책羈縻政策 때부터였다. 말의 굴레를 뜻하는 기羈와 쇠고
삐를 뜻하는 미縻는 속박하고 얽어매어 견제·통제하는 것을 말
한다. 당 태종 이세민이 실시한 이 정책은 구체적으로 주변 민족
의 왕이나 추장을 당의 도독都督·자사刺史·현령縣令 등에 임명

하여 그 지역을 자치에 맡기고, 보호령으로서 도호부 등을 두어 감독하는 식이었다. 당나라가 번창할 때는 기미부주가 856개에 이르기도 했다. 당은 북서의 돌궐과 위구르, 북동의 거란, 중앙아시아의 여러 오아시스에서 남서의 티베트와 묘족苗族의 땅까지 이런 식으로 통치했다. 독립국으로 인정할 수도 없고, 직할령으로 만들 수도 없는 주변 민족들에 대해서 취해진 기미정책은 세계 여러 나라를 지배하는 데 중요한 역할을 했다.

당나라의 기미 정책은 당이 호胡·한漢 두 세계를 포괄하여 성립했음을 상징적으로 보여주고 있다. 당의 이러한 호한 공존 정책은 한대의 호한관계와는 다른 것이었다. 한나라의 호한 관계는 한인 수령을 중앙에서 파견하여 현지부족을 외부에서 통합하는 것이었다. 따라서 호한관계는 배타적이었다. 한나라는 이 과정에서 생긴 갈등과 모순으로 쇠퇴했다.

당나라의 기미정책은 결코 군사력만으로 유지될 수 없었다. 주변 국가들이 당나라의 굴욕적인 요구를 견딜 수 있었던 것은 조공무역이 상당한 이익을 가져다 줬기 때문이었다. 중국은 조공제도를 따르는 국가들에게만 문호를 열었으며 외국에서 온 모든 사절들은 왕이 직접 오든 대신들이 오든 간에 우선 중국의 천자에게 무릎을 꿇고 신하의 예를 다해야 했다. 그래서 19세기 배를 타고 중국에 온 유럽 국가들이 가장 소리 높여 요구했던 것은 조공제도의 철폐였다. 미국의 6대 대통령이었던 존 퀸시 애덤스는 외국의 대신들에게 무릎을 꿇으라고 요구했던 것이 아편전쟁의 진짜 원인이라고까지 주장했을 정도였다.

중국황제는 조공사절이 오면 그들로부터 지역의 특산품을 진상 받고 중국의 진귀한 비단이나 자기를 하사품으로 선물한다. 이것의 정치적 효과는 쌍방향적인 두 가지다. 우선 중국으로서는 그들의 관계에서 누가 우월한지를 만천하에 드러냄으로써 위계질서를 확실히 할 수 있다. 외국 사절 입장에서는 중국의 천자에게 정권의 정통성을 공식적으로 승인받음으로써 그가 다스리는 지역의 통치자로서의 입지를 두텁게 할 수 있다.

조공에서 교환되는 물품에도 상당히 중요한 정치적 의미가 담겨있다. 외국인들이 바치는 조공품들은 고려의 인삼이나 인도의 고급 면제품, 동남아의 후추 등 해당국의 특산물로 충분히 이국적이어야 했다. 그것을 통해 황제의 특별함을 드러낼 수 있는가의 기준으로 진상품의 가치가 매겨졌다. 반면 황제가 그들에게 주는 서적과 악기, 비단, 자기, 지폐 등은 우월한 문명의 세련함을 상징했다. 이것들은 주변국들의 특산품과는 달리 실제 사용가치가 충분히 있었다. 본국에 가지고 돌아가면 왕이 가까운 신하나 공신들에게 하사품으로 줄 수 있으며, 그것들이 시장에서 고가로 유통될 수 있는 현금이나 마찬가지였기 때문이다. 이 하사품을 통해 조공국의 왕들은 충성을 맹세하는 신하 그룹을 관리할 수 있었고, 자신이 중국 조정과 특별한 관계를 맺고 있다는 것을 실세 귀족들에게 환기시켜 통치권을 확고히 할 수 있었다.

조공제도의 외양이나 기본 동인은 분명히 이윤의 극대화보다는 문화와 정치, 사회적 지위 등에 대한 관심이었다. 그러나 조공무역은 교역이 활발하게 이뤄질 수 있는 기본 구조를 동시에 제공했다. 청나라가 광둥 지방으로 쌀을 실어 보낸 예의 바른 행실을 한 시암 왕국에 조공 무역을 확대해 주었던 것은 일차적으로 정치적 충성에 대한 포상이었지만, 이를 통해 청나라는 남부 지역의 식량 가격을 낮게 유지할 수 있었다.

조공 사절단 자체를 자세히 뜯어봐도 윤리적 도의와 경제적 이윤 추구가 여러 측면에서 결부돼 있음을 발견할 수 있다. 사절단에는 항상 상인들이 동행했다. 이들은 베이징에 머무는 동안 개인적으로 가져온 교역 물품을 팔았으며, 황제의 하사품도 곧바로 시장에 유통되곤 했다. 조공 거래는 많은 중국산 물품의 가치를 높이는 역할도 했다. 황제가 직접 하사한 물품과 같은 종류라는 이유만으로 상당수 물품이 최고급의 대접을 받았던 것이다. 이런 물품에는 상아 젓가락 같은 물건뿐만 아니라 돈 자체도 포함돼 있었다. 지폐가 너무 많이 발행되었을 때 이를 하사품으로 받았을 경우 이 돈으로 중국 내에서 물건을 구입하는 것은 남는 장사가 아니었다. 그러나 조공 사절의 본국에서는 중국 지폐가 여전히 높은 명성을 누리고 있었기 때문에 가치도 상당했다.

비단을 가져간 경우는 어땠을까. 분명히 날염捺染한 중국 비단은 지금의 달러만큼이나 위조하기 어려운 공인된 가치의 축적물이었다. 이 때문에 비단은 지배 집단의 직물이자 일종의 화폐로 자리를 잡았다. 실제로 꽤 많은 지역에서 비단으로 세금의 일부를 낼 수 있었다. 대략 1600년경까지는 중국에서도 비단이 화폐 역할을 했다. 그리고 명나라 황제들은 종종 상당한 양의 비단을 주고 몽골을 비롯한 잠재적이 침략자들로부터 평화를 사왔다.

조공제도는 분명히 경제적 이익 추구를 다른 요인들보다 하위에 두었지만, 광범위한 공동 시장을 창출했다. 화폐를 제공하고 새로운 취향을 만들어냄으로써, 그리고 유행과 행동의 기준을 세워 지배 엘리트들이 품위를 떨어뜨리거나 약속 불이행의 위험 부담 없이도 거래할 수 있는 사람을 한눈에 알아보도록 함으로써 시장을 만들어낸 것이다. 이런 기능을 북경에 집중시켰던 것이 바로 조공제도다. 의식으로서 진행되었지만 분명히 상업 활동이었고, 상업 활동이었지만 의식으로 자리 잡았던 것이 바로 조공이었다.

당나라 때부터 청조까지 이어졌던 주변국들과의 공물 관계는 동아시아의 해양적 정체성을 창출해내는 데 근간이 되기도 했다. 명나라 초기에 조정은 중국의 대외적인 정치영향을 확대하기 위해 사절들에게 상당히 많은 하사품을 주었다. 홍무 5년(1372) 정월 주원장은 중서성中書省 대신들에게 "서양에서 멀리 오는 번국 사절들은 많은 시간을 들여 바다를 건너 왔기 때문에 조공물품이 아무리 적어도 많이 주고 적게 받으면 된다"고 지시했다. 이때부터 명 조정이 멀리서 온 번국 사절들의 조공에게서 이익을 보려고 하지 않았음을 알 수 있다. 그러나 조공무역의 배후에서는 일반적으로 더욱 큰 규모의 관무역과 사무역이 진행되었다. 그 당시 해외 각 조공국이 중국에 와서 무역활동을 하면 특별혜택을 주는 정책, 즉 세금을 면제했다. "외이外夷에서 온 조공자들은 명 조정에서 시박사市舶司를 설치하여 모두 접대했으며, 가져온 물품은 관가에서 아행牙行을 설치해 백성들과 무역을 하게 했는데 이를 호시互市라고 한다. 조공 선박이면 호시가 허용되었고, 조공 선박이 아니면 불가했다." 당시 중국으로 온 조공 선박은 조공물품 외에 실어온 대량의 물품을 자유 매매할 수 있었으며, 이 물건들을 명 조정에서는 돈을 내고 사들였다. 서양 제국은 조공무역에서 많은 이득을 얻었다. 이 때문에 이러한 무역특권을 쟁취하기 위해 그들은 달갑게 명나라 속국의 지위를 받아들였다.

영락 연간의 명의 성조는 절강, 복건, 광동에 시박제거사를 설치해 외국과의 수입무역을 전담케 했다. 그와 동시에 정화 등을 파견해 "칙서와 비단, 명주 등 물품을 가지고 가서 각 나라 국왕에게 하사"케 했다. 또한 "거박 백 여척을 타고 화폐를 싣고 왕래하였기 때문에 선덕善德은 원인猿人들을 감화"시켰다. 이처럼 조공무역을 조직하고 추진하는 것이 정화 항해활동에서의 또 다른 하나의 중요한 임무였다. 정화선대는 가는 곳마다 명나라의 황제를 대표해 현지의 국왕과 추장 등에게 금은, 비단, 자기를 증정하고, 보석, 약재, 향료와 관상용 희귀한 동물들을 기증받았다. 캘리컷에서 정화보선과 거주민들은 "손바닥을 쳐서 값을 정해" 무역했다. 아덴 국왕은 정화 보선이 왔다는 소식을 듣고는 조서를 내려 현지인들로 하여금 진귀한 보물들을 가져와 무역하게 했다. 남아시아와 동남아 일대에서 정화는 금은제품, 비단수건, 동제향로, 황동촛대 등 대량의 귀중품들을 각국의 궁중에 선사했으며, 각 사찰에도 많은 물품을 기증했다. 이와 같은 많이 주고 적게 받아 경제적 이익을 추구하지 않는 조공무역은 각국에 아주 유리했다. 이 때문에 그들은 서둘러 사절을 파견해 자신들의 특산물을 가져다 바치고 더욱 많은 이익을 얻고자 노력했다.

명 태조 주원장의
뽕나무 정책

명나라 태조 주원장은 중국사에 몇 가지 중요한 업적을 남겼다. 그중 하나가 1왕 1연호제다. 명 태조 이전의 왕들은 한나라 무제가 처음 실시한 연호를 필요에 따라 여러 개 사용했다. 주원장은 모든 왕들이 자신의 임기 중에 하나의 연호만 사용하도록 했다. 중국의 왕들은 주원장의 이러한 제도를 충실히 지켰다. 새로운 연호 제도는 후세 사람들이 보기에 매우 편리하다. 연호를 휘호처럼 이해할 수 있기 때문이다. 그중 주원장이 사용했던 연호는 홍무洪武다. 이에 그를 흔히 태조라 부르기보다는 홍무제라 부른다. 중국사에서 홍무제는 오로지 주원장 한 사람뿐이다. 주원장이 처음 만든 것 가운데 또다른 것은 차 제조법이다. 그는 복건 건안의 단차團茶 제조를 금지했다. 1368년 그가 집권한 지 23년 만에 새롭게 실시한 제도는 맷돌질을 해 비벼 만든 차 대신 찻잎을 차그릇에 넣어 마시는 포차법泡茶法이었다.

주원장은 정식으로 황제에 즉위하기 2년 전인 1366년 오국공吳國公 시절부터 전田 5~10무畝를 가진 모든 농민에게 뽕나무·마·목면을 각각 반 무씩, 10무 이상 가진 농민들은 각각 1무씩 심도록 했다. 만약 뽕나무를 심지 않을 경우 매년 견 1필을 벌금으로 부과했다. 실로 엄격하고 가혹한 정책이었다. 홍무제는 이러한 정책을 황제에 즉위하자마자 전국에 실시하도록 조치를 내림과 동시에 세금 액수도 정했다. 1392년에는 봉양, 저주, 여주, 화주 등지에 가정마다 뽕나무 200그루씩을 심도록 했다. 아울러 전국의 위소衛所 둔전屯田 병사들도 각각 뽕나무 100그루씩 심도록 했다. 2년 뒤인 1394년에는 호부로 하여금 다시 전 국민들에게 뽕나무를 적극 심도록 권장하고, 재배 방법을 가르치도록 했다. 이에 따라 명대의 백성들은 1호마다 첫해에 뽕나무와 대추나무 200주, 다음해에 400주, 3년째는 600주를 심어야만 했다. 해당 부처에서는 관련 사항을 자세하게 기록해서 정부에 보고했다. 혹 이러한 규정을 어기면 군에 끌려갔다. 이러한 주원장의 강력한 정책 덕분에 1395년 호광湖廣에서 심은 뽕나무가 8439만 주였다.

주원장의 강력한 뽕 재배 정책 덕분에 강남은 전국에서도 가장 중요한 잠상지역으로 발돋움했다. 특히 절강성 호주부는 가장 핵심적인 지역으로 성장했다. 예컨대 절강 북부의 비단시장은 견사만이 아니라 뽕잎까지 거래할 정도로 발달했다. 16세기경 숭덕현崇德縣의 일부 농민들은 흉작에 대비해 뽕나무를 심지 않았다. 그들은 비단 생산업자에게 뽕잎을 파는 전문적인 뽕잎 상인들에게 뽕잎을 팔기 위해 뽕밭을 확대했다. 이미 이 시기 일부 지역에서는 뽕나무가 이른바 상품작물이었던 것이다. 아래 두 형제의 이야기는 이 지역 잠상업의 실태를 짐작케 한다.

숭덕현의 두 형제는 누에를 키우기 위해 누에를 먹일 만큼의 뽕나무를 심지 않았다. 두 형제는 뽕나무를 직접 심지 않고 시장에서 뽕잎을 사서 먹일 수 있다고 생각했기 때문이다. 그들은 뽕잎의 가격 상승을 예상하지 못했지만 나름대로 가격 상승에 대처하는 방법을 잘 알고 있었다. 두 형제는 뽕잎이 많이 올라 품귀 현상까지 발생하자 의논 끝에 누에를 거름통에 던져버렸다.

1567년경 절강성 가흥嘉興도 뽕밭으로 가득했다. 누에에서 실을 뽑아내 시장에 판매하는 5월에는 사방에서 큰 상인들이 찾아와 은을 산더미처럼 쌓아놓고 실을 구매했다. 해녕海寧의 경우도 마찬가지였다. 1610년경 이곳 마을 주민은 자신이 젊었을 때인 1550년대만 해도 고향인 원화元化 마을에서 뽕나무를 거의 볼 수 없었다. 이곳의 소작인들조차 이 시기에 뽕나무를 심을 만큼 뽕나무를 재배하는 사람이 많았다. 해염海鹽지역에서는 뽕나무 가지가 들을 덮었고, 누에를 치지 않는 집이 없을 정도였다.

명대에는 비단 생산과 상품경제의 발달로 누에와 비단의 이익이 날로 높아졌다. 특히 전국에서 항주, 가흥, 호주의 잠상 이익이 가장 많았다. 대략 좋은 땅에서는 1무당 80개의 잎을 생산했지만, 생산비는 2냥에 불과했다. 그래서 농가에서 얻은 이익은 두 배 이상이었다. 잠상의 이익이 높아지자 임금노동자를 이용한 잠상업자가 나타나기 시작했다. 예컨대 호주부의 어떤 사람은 춘삼월에 단공短工을 이용해 뽕나무 가지를 잘랐다. 어떤 농가에서는 뽕나무밭 20무에 매년 장공長工 30명을 고용했으며, 한 사람당 2냥 2전을 지불했다. * 호주부 뽕 재배 농가 중에서는 뽕나무 심는 데만 임금노동자를 고용한 게 아니라 누에를 기르고 실을 뽑는 데도 임금노동자를 고용했다.

명대에는 잠상 관련 기술도 한층 발달했다. 뽕나무 심는 방법도 가접법家接法은 물론 압조법壓條法도 일반적으로 사용되었다. 특히 압조법은 방법이 간단할 뿐 아니라 성장이 아주 빨랐다. 이런 기술로 상전上田에서는 2천 근, 중전中田에서는 1천 근을 생산했다. 양잠기술과 실 뽑는 기술, 그리고 베 짜는 기술, 염색기술 등도 이전보다 발달했다. 명초에 등록된 베 짜는 기술자는 23만 2089명이었다. 이들 장인들은 각 분야를 담당하고 있었다.

송응성이 지은 『천공개물』은 황제의 용포를 만드는 장면도 소개하고 있다.

"황제에게 바치는 용포龍袍 짜는 명나라 직염織染 공장은 소주와 항주에 있다. 용포 직기의 화루花樓(무늬 도안에 따라 사람이 날실을 오르내리게 하는 곳) 높이는 1장丈 5척尺이다. 숙련공 두 사람이 화본花本(무늬를 짜기 위해 북이 지날 때마다 올려야 할 날실과 내려야 할 날실을 지정해주는 것)을 끌어올린다. 몇 치를 짜면 곧 용의 모양으로 바뀐다. 이런 화본은 여러 공장이 나누어 일하고 나중에 합쳐서 꾸민 것이다. 사용하는 실은 우선 홍紅·황黃 등의 색으로 염색한다. 직구織具는 별다른 게 없다. 다만 하는 일이 번잡하며 공장의 자본이 수십 배에 이른다. 이로써 조정에 대하여 충성과 존경을 나타낸다."

단공短工과 장공長工: 농업 노동자 중 하루 혹은 며칠 동안 고용한 사람을 단공이라 하며, 장기간 고용한 사람은 장공이라 한다.

8

뽕나무와 중국 여인들의 운명

　　동서양을 막론하고 전통시대 여성의 지위는 남성에 비해 상대
적으로 낮았다. 유교원리가 지배한 동아시아권에서는 더욱 두드
러졌다. "하늘의 도는 건乾이고 땅의 도는 곤坤이며, 건은 양陽이
고 곤은 음陰이다. 양은 남성적인 원리이고, 음은 여성적인 원리
이다. 그러므로 남성은 강하고 여성은 부드러워야 한다. 남성은
주동적이고 여성은 피동적이어야 한다"는 건곤음양의 철학은 중
국을 지난 3천 년 간 지배해왔다.

　　중국은 고대사회에서 '자子'라는 호칭을 남성에게만 사용해
왔다. 자란 원래 번식하고 자란다는 뜻이다. 이는 생식능력이 있
는 남성에 대한 고유한 호칭이었다. 여자女子라는 명칭도 쓰였지
만 남자男子와 동격이 아니다. 『대대예기大戴禮記』에 "여女는 같다
[如]는 뜻이고, 자子는 기르다[孶]라는 뜻이다. 여자란 남자의 가르
침대로 말하고, 그 이치를 향상시키는 사람이다"라고 풀이하고
있다. 이런 의미에서 여성은 부인婦人이나 부인夫人으로 불렸다.

앞의 부인은 남에게 엎드린다는 뜻이고, 뒤의 부인은 부축한다는 뜻이다. 둘 다 복종과 보완의 의미를 담고 있다. 독립적이지 못하다는 것이다.

고대의 철학적 편견
농경사회의 분업이 깨다

고대의 이러한 철학적 편견은 본격적인 농경시대에 접어들면서 많이 완화되었다. 육정임 박사의 논문 「송원대 방직업과 여성의 지위」는 고대 중국 여성의 지위가 뽕나무와 더불어 어떻게 변모하고 있는지를 살펴보고 있는 흥미로운 작업이다. 위의 논문에서 다룬 주요 내용을 요약해서 아래에 살펴보면서 필요한 부분은 보충해가며 뽕나무와 여성의 내밀한 관계가 어떻게 사회 전체의 큰 변화를 몰고 왔는지를 파악하고자 한다.

중국 문화가 가장 화려하게 꽃핀 당송唐宋시대에 이르면 여성은 남성과 거의 동등한 인격체로 존중받았고, 사회적인 활동에서도 큰 제약을 받지 않았다. 재산상 권리나 가족 내 발언권, 혼인법에서의 유리한 입지 등을 보면 그렇다. 따라서 전통시대 중국 여성들을 부계주의 가부장 아래에 결박된 존재로만 보는 것은 역사적으로 부합하지 않는 잘못된 인식이라고 할 수 있다. 다만 송나라를 지나 명청明淸시대로 넘어가면서 여성의 사회적 지위는 형편없이 떨어졌다. 재산이나 재혼에 관한 법적 권한의 위축, 부계가

족 구조의 강화, 지배층의 끊임없는 교화敎化 노력, 이민족의 정복 하에서 반동적으로 더욱 내향적이고 보수화되는 지식인층의 사상적 변화 등의 결과가 여성의 지위 하락으로 나타난 것이다. 그러나 이 같은 조치들은 그냥 자연발생적으로 일어난 것은 아니다. 거기엔 삶을 유지케 하는 사회 환경의 급속한 변화가 도사리고 있었다. 뽕나무는 이러한 현상을 이해하는 데 큰 도움을 준다.

중국에서는 신석기시대부터 이미 방직紡織은 여성의 일이었다. 그동안 발굴된 이 시기 남성의 묘에는 농사 도구가 매장되어 있는 데 반해, 여성의 묘에는 초보적인 형태의 물레가 발견되었다. 남경여직男耕女織의 분업사회가 형성된 것은 아주 오래 전 일이라는 것이다. 왜 이렇게 분업이 필요했을까. 고대의 양잠은 대부분 춘잠春蠶이었다. 고치 생산을 위해서 이용되는 누에의 알은 봄누에에게서만 채취하기 때문에 양잠, 실잣기, 길쌈 작업이 봄과 초여름의 농번기와 정확하게 겹쳤던 것이다. 그래서 출산과 육아를 담당한 여성이 집안일과 함께 할 수 있는 양잠과 방직을 담당했다. 춘추전국시대에는 이러한 남경여직의 사회적 분업 시스템을 "성인지제聖人之制"라고 장려해 국가부강의 근본으로 간주하기도 했다.

춘추전국시대의 이러한 남녀분업의 노동생산 형태는 후한 시대에 국가의 조세체계로 자리 잡으면서 한층 확고해졌다. 국가에 바치는 기본 세금을 곡물과 포백布帛(베와 비단)으로 정한 것이다. 이것은 남성뿐 아니라 여성의 잉여노동까지 과징하려는 국가권력의 의지에서 나온 방안이었다. 상품경제가 아직 발달하지 않은

송대 이전까지, 정부의 공납 강요는 소농업과 결합된 농가의 직물 생산량을 자급자족의 수준 이상으로 확대시켰다.

휴가 간 강동 지역의 병사가
북쪽 여자와 결혼해 돌아오다

왜 국가는 이토록 많은 옷감을 백성들에게 부과했을까. 황실과 고급관료들의 사치성 소비와 황제가 조공국에게 내리는 하사품에 쓰이는 비단은 정부가 직접 운영하는 관영 방직공장에서 생산한 것으로 충당되었기 때문에 그 많은 직물이 어디에 쓰였는지 궁금한 것은 당연하다. 그것들은 군복용 기본 옷감, 관군에 지불할 봉록과 포상, 서북방 외지에서 말을 구입하는 비용, 북방 적군에 대한 세폐에 이르기까지 다양하게 소비되었다. 비단은 의복으로도 사용되고 화폐와 외교적 도구로도 활용되었던 것이다. 송내까지 중국사회에 면직물이 보급되지 않았다는 점도 하나의 이유였다. 이러한 상황에 따라 여성의 노동력은 농업 분야보다 방직 분야에서 훨씬 중시되고, 양잠과 방직 기술의 보급에 정부와 지방 관들이 적극적으로 나섰다. 당나라 때까지 잠사업은 북방 황하유역에서 비교적 성했지만 점차 남쪽의 잠사업도 발전했다. 당대 강동절제江東節制로 파견된 설겸훈薛兼訓의 경우 군사 중 미혼자에게 화폐를 후하게 주고 휴가를 보내 북쪽의 직부織婦와 결혼해 돌아오라고 명령했다는 기록이 남아있기도 하다.

당대보다 상대적으로 국력이 약해진 송대에는 북방민족의 침입이 많아졌다. 거란과 여진 등지로 보내는 조공물로 비단의 수요가 급증하자 남쪽의 잠사업은 더욱 발전했다. 고급 사치성 비단인 능綾의 생산은 여전히 하북·하남과 사천 등 전통적인 잠사업 지역의 관영공업에서 이뤄졌으나, 일반 농가에서 생산되는 견絹, 주紬 등의 평범한 비단은 강동 지역이 하북을 능가하기에 이르렀다.

정부의 이러한 조세정책은 농가의 직물생산을 확대하는 원동력으로 작용하고, 남경여직이라는 형태로 가내 노동의 남녀 간 분업을 고정시켰다. 이는 토지 재산의 권한이 농경활동을 하는 남성 계통으로만 전승되고 여성이 거기서 배제되도록 했다는 측면에서 볼 때 가부장적 가족구조를 강화하는 요소로 작용했다. 그러나 남성의 농경과 동등하게 독립적인 생산활동의 영역을 여성에게 부여했다는 점에 주목할 필요도 있다. 남자와 여자가 각자 자신의 생산영역을 고수할 때, 그것은 남녀 모두가 국가기능과 사회질서의 재생산에 대등하게 공헌하는 존재가 되는 것이다.

중국 중세사회에서 여성의 방직노동은 당당하게 그 생산적·경제적 가치를 인정받았다. 엄밀히 말해 직織은 실을 꼬고, 베를 짜고 옷을 바느질 하는 과정이 상당부분을 차지해 전통적인 사농공상士農工商의 구분으로 따져보면 공업으로 분류되는 것이었다. 하지만 여성들의 견직업은 당시에 농農으로 인식된 반면 남성들의 농사 이외의 활동은 공상工商이라는 말업末業으로 간주되었다.

여성스러움의 표상
품위와 기품의 방직업

여성의 직조織造 노동은 재화의 생산이라는 경제적 활동에만 그치지 않고 문화적 이념과 가치를 창조하고 전하는 역할도 했다. 여성이 짜는 옷감은 가정 내부의 존재인 여성을 사회와 국가에 연결시켜 주었을 뿐 아니라 여성의 정체성, 사회적 위신도 제공했다. 천을 짜는 일은 여성의 일인 동시에 여성다운 일로서 여성의 가치를 상징하는 동시에 여성스러움, 여성성의 표상으로 인식되었다. 아울러 방직은 농가의 여성에서 지배계층의 여성까지, 모든 계층의 여성에게 해당되는 일이었다. 양잠이나 천을 짜는 일은 육체노동인데도 결코 상류계층 여성의 품위를 손상시키지 않았다. 중국 전통회화에서 고관대작의 고래등 같은 집의 마당과 마루에서 마님들이 시종들을 거느리고 비단을 다림질하고 물레를 돌리는 광경을 자주 표현한 것은 방직이 갖는 사회적 위상을 잘 보여준다.

여성이 생산한 옷감은 다양한 의례儀禮와 사회적인 거래에 필수불가결한 선물 품목으로 사용되어 가정과 사회를 연결시켜 주는 매개체의 기능도 했다. 전통적 혼례 절차에서 신랑 집에서 신부의 집으로 건네지는 빙재聘材(패물)나 신부의 지참 재산 장렴粧奩에서도 주로 양질의 옷감이 쓰였다. 고급 옷감을 포함한 장렴 재산은 신부의 지위와 시가에서의 권위를 세워주는 수단이며 신부 재량의 재산이었다. 각 가정마다 형편은 달랐지만 가정경제에서 여성들의 비중이 높은 경우 가모장제적 분위기를 형성하는 경우도 있었다.

시장경제의 활성화
남경여직을 흔들다

송대에 들어와 시장경제가 활발해지면서 남녀분업에 변화가 일어나기 시작했다. 송대에는 사치성 고급직물 소비가 늘었다. 그 이유는 전체적인 경제성장으로 중소 지주층이 증가하고 새로운 지배세력으로 사대부 계층이 두텁게 형성되었기 때문이었다. 비단의 수요가 증가하자 자연스럽게 민간의 전문 수공업도 크게 발전했다. 도시의 민영 공장을 비롯해 고급 직물을 전문으로 하는 생산자들이 증가하고, 특수한 직물을 전문적으로 생산하는 주산지가 형성되어 타 지역의 제품과 경쟁하고 또 국제적 수출로 연결되기도 했다. 동견東絹, 촉금蜀錦, 월라鉞羅, 오능吳綾 등 생산 지역명이 비단의 이름이 붙기 시작했다. 특히 가볍고 품위가 있는 사紗, 라羅 종류가 특히 애용되었다.

문제는 이런 고급 견직물의 경우, 가정에서 사용하거나 세납용 비단을 짤 정도의 농가 여성의 기술과 시설 능력을 넘어선다는 데 있었다. 사라紗羅를 짜기 위해서는 이중의 날실대를 갖춘 복잡하고 덩치 큰 직기가 필요했다. 일부 부유한 장원 농가에서는 이러한 종류의 천을 짤 수 있었고, 전문적인 시설과 노동력을 충분히 갖춘 비구니 사원에서도 가능했던 것 같지만, 대부분은 관영 공장과 특히 도시 민영 작방作坊의 전문 생산품이었다. 이런 곳에서는 대규모 작업이 이루어졌다. 주목해야 할 점은 고용 노동은 거의 남성들로 채워졌다는 사실이다. 송대 이전의 관부 방직공장에는 남성이 일을 하기는 했지만 그 수는 많지 않았다. 관부 수공업장에서 공개모집의 형식으로 인원을 충당하고, 군대 복무 기간 중에 파견되는 근로자들이 많아지자 남녀의 비율이 역전되었던 것 같다.

또 하나 주목해야 할 것은 전국적인 시장권이 형성되는 과정에서 특산지로의 생산 집중이 일어나 농사를 짓던 사람들이 양잠으로 전업하는 경우가 생겨났다는 사실이다. 이런 변화는 남송대 이후 견직물의 최대 선진지대로 급속히 부상하게 된 항주, 호주를 중심으로 두드러지게 나타났다. 이들 지역이 농사 대신 잠사업을 전문으로 할 수 있었던 것은 지역 간 농공 분업으로 미곡 생산을 전문으로 하는 다른 지역과 상호 의존이 가능한 시스템이 구축됐기 때문이다. 가령 소주나 수주 같은 미곡 생산지에서는 항주와 호주의 비단을 사들여 정부에서 요구하는 양세와 화매를 충당했고, 항주와 호주의 경우는 소주에서 곡물을 조달받을 수 있었다. 아울러 상업망이 확충되고 상업용 직물의 생산이 증가하면서 방직업 자체의 공정 단계에 따라서도 분업과 전문화가 이뤄졌다. 생사 원료를 필요로 하는 견직물 특산 도시의 주변 농촌에서는 완제품 옷감을 내놓는 직조보다는 견사 생산에 집중하는 곳이 늘고 실을 거래하는 지역시장이 형성되었다. 누에를 빠르게 성숙시키는 기술 개선, 고치에서 명주실을 뽑아내는 조사繰絲 작업을 돕는 장비 등이 새롭게 개발되면서 비교적 단순한 장비를 쓰고 협업도 필요 없는 실 생산에 주력하는 분위기를 더욱 강화시켰다.

잠사업의 내부 분화와
여성의 지위 하락

결정적인 변화의 근원지는 송에서 원으로 왕조교체 과정에서 공납 품목의 변화가 일어났다는 점이다. 원나라가 남송을 정복한 후 강남지역에 대해서는 기존의 양세법兩稅法 중심의 수취제도를 유지했지만, 지역에 따라서는 농호에 생사生絲나 고치솜만을 부과하기도 했고, 국가가 직접 방대한 비단 생산 공장을 운영하기 위해 완제품 대신 재료 징수를 더 확대한 움직임들은 잠사업의 내부 분화를 더욱 촉진했던 것이다. 여전히 많은 농가의 여성들이 양잠과 방직의 일을 했다고 하더라도, 재료의 준비부터 직조까지 전 과정의 기술과 작업을 맡았던 그 이전 시대 여성과는 달리 특정 단계의 공정에만 매달리는 경우가 일반적이었다.

면직물의 급속한 보급도 원대에 이뤄지면서 노동의 지역 간

분업 및 견직업의 특정 지역 집중 현상을 가중시켰다. 인도에서 건너온 싸고 품질이 우수한 면직물은 일반적으로 유통 중간 가격의 평범한 비단에 대해 상당히 경쟁력을 가지고 있었기 때문에 일반 농가에 큰 타격을 주었다. 처음에는 수입에 의존하던 면직물은 섬서 지방을 중심으로 점차 퍼져서 나중에는 광동, 해남, 복건 등 중국 남부 변경지역에 재배지가 확대되었다. 1296년부터는 면포도 조세 징수 품목에 포함되었다. 농민의 입장에서 견직품에 비해 유리했던 것도 재배 선택을 증가시켰다. 목면 생산을 장려하는 정부의 자극과 비단에서 면으로 전환하려는 농민의 욕구가 일치했던 것이다.

사회경제의 발전, 국가 수취체계의 변화, 새로운 직물의 보급 등이 송원대에 걸쳐 중국의 방직업 분야에 많은 변화를 가져오면서 여성의 경제활동이나 사회적 위치에도 큰 영향을 미쳤다. 우선 가내 생산영역에서 여성의 방직 노동의 범위와 가치를 축소, 손상시키는 방향으로 변화가 이뤄졌다. 아울러 전통적인 남경여직의 가내 성별분업 형태를 변질, 퇴색시켰다. 이 둘은 모두 여성 지위를 저하시키는 경향으로 작동했다. 전문 생산자의 증가와 시장망의 광역화는 모든 방직생산 여성들에게 유리하지는 않았다. 시장 경쟁력에서 뒤처지는 지역이나 계층에서 생산하는 제품은 점차 도태할 수밖에 없었다. 견직물 주산지 지역에서는 많은 농가가 점차 직조를 포기하고 전문적으로 생사를 생산했다. 도시의 공장이나 중간 거래상의 자본이 점차 직물생산을 통제하면서 생산 공정의 초기단계인 실감기 작업을 담당하는 농가는 수익 면에서 더욱

불리해졌다. 이런 금전적 가치의 하락은 가정 내에서 여성 노동의 성취도를 낮췄을 것이다.

　방직업에서 아예 손을 떼고 벼농사를 짓거나 차, 사탕수수를 재배하는 남성과 함께 농사일을 하는 여성들이 늘어났다. 이는 여성이 고유한 독립적 노동영역을 상실한다는 것을 의미한다. 실찻기와 길쌈하는 일이 더 이상 경제적·사회적으로 인정받는 여성의 일도 여성다운 일도 아니었다. 이제 남녀가 함께 같은 일에 매달리지만 여성의 일은 보조 역할로 분화되고 또 그렇게 인식되기 시작했다. 이것은 결국 여성들의 재산권이나 혼인과 관련한 법적 권익에도 영향을 미쳐서 원대에 이르면 재산 상속 영역에서 딸들의 입지가 크게 줄어들었다. 중국 비단시장의 전문화, 상업화 과정은 바로 여성의 지위 하락 과정이기도 했다.

9
사치와 애욕의 문화사

뽕나무가 일군
중국 도시경제의 발전

　뽕나무는 여름 들판을 녹색물결로 채운다. 이 농촌의 싱그러움은 도시로 옮겨와 붉은 물결로 바뀐다. 뽕나무를 통해 부유해진 중국은 당·송대에 이르러 도시경제를 발전시키면서 거리에는 붉은 비단으로 옷을 해 입은 사람들로 넘쳐났다. 붉은색만 있는 게 아니다. 시내에서 올려다 보이는 고급 술집의 난간에는 고운 청삼을 입고 머리를 쪽져 올린 아가씨들이 부채를 부치며 한가롭게 오후를 보내기도 했다. 그녀들의 손이 짚고 있는 난간과 종업원이 바쁘게 오가는 주루 안의 벽에는 온통 비단 휘장이 감겨 있다.

　근대 이전, 사치와 향락은 외부 사람들의 뇌리에 각인된 중국의 대표적인 이미지다. 끝날 것 같지 않은 풍요에 대한 상상의 지리학은 유럽의 모험가와 상인들에게 돛을 힘차게 펴올리게 했다. 당의 장안, 송의 항주, 청의 북경은 진정한 세계의 중심이었다.

맹원로孟元老의 『동경몽화록東京夢華錄』을 보면 항주 시대의 장대함과 아름다움을 자세하게 묘사하고 있어 비단이 만든 화려함의 요소요소를 살펴볼 수 있다. 그 규모의 장대함과 모세혈관처럼 퍼진 비단의 문화적 부가요소들의 다양함은 놀라울 정도다.

남송南宋의 수도 항주의 대로大路는 같은 시기 서양의 중앙도로와 비교해볼 때 월등한 장대함을 갖추고 있었다. 물론 북송 수도 개봉開封의 화려함에는 미치지 못했다. 왜냐하면 개봉의 어가御街는 폭이 300미터나 되었기 때문이다.

항주의 대로 중앙은 황제 전용의 어도로 서민과 말이 함부로 들어갈 수 없었다. 서민은 이 목책의 바깥인 상점 안쪽을 왕래했다. 상점을 따라 좁은 운하가 흐르고 그 위에는 연꽃이 떠 있으며, 양측에는 복숭아 · 오얏 · 배 · 은행 등의 나무가 심어져 있었기 때문에 봄과 여름에는 아름다운 비단을 보는 느낌이 들었다.

돈만 있으면 항주의 사람들은 주택의 실내장식, 의복과 호사로운 요리, 오락 등에서 그 세련된 취미를 충분히 만족시킬 수 있었다. 항주에 온 마르코 폴로는 "세계에서 견줄 데 없는 최고의 도시다. 너무나도 다양한 즐거움이 있어 천국에 있는 듯한 착각이 든다"라고 찬탄했다. 도시의 중앙에 호화로운 사치품 전문점이 몇 채나 있고 중국 각지의 명품, 남해나 인도, 심지어는 중동 부근의 진귀한 물건과 상품이 가득 찼다.

항구도시답게 항주에는 상업활동이 번성했다. 항주는 극도의 인구집중을 보여주는 도시였다. 끊임없이 유입되는 여행자와 상인들의 체류는 이런 여행자들과 항주의 고급 관료들이 식사를 하고 모임을 가지며 즐기기 위한 장소가 있었다는 점을 말해준다.

호화로운 주루는 거리와 직접 접해 있지 않았다. 바깥으로 회랑을 쳐서 떠들썩한 거리를 약간 밀어내고 회랑의 한가운데에 건물을 올렸다. 주루의 외관은 화려한 색채의 장식들로 마음껏 꾸며져 있었는데 빨강과 초록의 난간을 지나면, 보라와 초록으로 곱게 물든 차양이 내려져 있고, 외지인들의 유흥심을 자극하려는 듯이 선홍빛과 금빛의 등불이 휘황찬란하게 내부를 밝혔다. 그 불빛이 떨어지는 곳에는 화려한 꽃과 기괴하게 생긴 분재가 놓여 있었다. 회랑에는 정장한 무희와 기녀들 수십명이 주객에게 공손히 술을 따르고 있었다. 멀리서 보면 마치 선녀와 같았다.

거리에서는 요술 · 인형극 · 그림자 연극 · 강담 · 곡예 등의 볼거리가 펼쳐졌으며 개방형으로 지어진 거대한 연극극장의 마당에는 사람들이 가득 모여들었다. 극장은 사각형 무대가 높은 곳에 있었고 그것을 아름다운 비단으로 휘감은 난간이 둘러싸고 있었다. 이 난간을 중국에서는 '구란勾欄'이라 불렀다. 원진元稹이라는 당나라 시인이 「연창군사連昌宮詞」에서 "상황上

皇께서는 지금 망선루에 계시고, 태진太眞께서는 상황 옆의 난
간에 기대어 서 있네"라고 읊은 것이나, 이상은李商隱이 「하내
河內」라는 시에서 "푸른 성은 쓸쓸한데 안개만이 내려앉고, 주
렴 가벼우나 장막 무겁게 드리운 금빛 구란만이 있네"라고 읊
은 것을 보면 당나라 때부터 이런 형식의 극장이 지어졌다는
것을 알 수 있다. 송·원 시기에 이르러 구란은 시정의 와사瓦
肆(환락가)에 설치된 공연용 천막을 전문적으로 가리키게 되었
다. 『서언고사書言故事』「습유류拾遺類」편에 "배우들의 공연용
천막을 구란이라 한다"라고 한 것이 그것이다. 비단을 감아놓

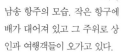

남송 항주의 모습. 작은 항구에
배가 대어져 있고 그 주위로 상
인과 여행객들이 오가고 있다.

사치와 애욕의 문화사

대도시를 중심으로 극장과 함께 발전한 중국의 연희 문화는 19~20세기에 이르러 세계적인 연극 형식인 경극을 탄생시켰다.

은 난간이 얼마나 아름다웠으면 그것이 무대를 일컫는 대명사가 되었을까?

『동경몽화록』에도 공연 무대 주위에 난간을 둘렀다는 기록이 나온다.

> "누각 아래에는 방목을 쌓아 노대를 만들고, 채색 비단으로 난간을 꾸몄다. 교방, 균용치, 노대제자들이 잡극을 번갈아가며 공연했는데, 만백성들이 모두 노대 아래로 몰려와서 구경했다."

여기에서 "채색 비단으로 난간을 꾸몄다"는 것은 바로 난간 위에 채색 비단 같은 화려한 장식을 감아 분위기를 띄우고자 한 것으로, 웅비안의 난간에도 이와 같은 비단이 둘러쳐져 있는 것을 볼 수 있다.

무대 설치는 어땠을까? 무대를 꾸미는 데에도 비단은 빠질 수 없는 핵심 소품이었다. 밝은 무대는 크고 넓었으며 위에 비단 휘장이 걸려 참으로 볼만했을 것이다. 가운데는 오색 천들이 걸려 있고 양쪽에는 궁등宮燈과 사등紗燈이 은은한 빛을 내뿜었다. 오색 천에는 봉황과 철모란이 수놓여 있었다. 사등紗燈이라는 표현에서 알 수 있듯 중국인들은 등불조차 고급 비단에 투과시켜서 밝혔다. 무대의 장막 역시 짙은 색의 붉은 비단을 썼고, 기둥에 걸어놓은 대련對聯 글귀도 비단 위에 살포시 앉아 있다. 나무 빼고는 거의 비단으로 실내를 치장했음을 알 수 있다.

권투와 곤충결투부터
오랑캐 검무까지

🌿

『동경몽화록』에 따르면 공연의 내용도 다채로웠다. 소창小
唱, 표창嘌唱, 잡극雜劇, 괴뢰傀儡, 잡수기雜手伎, 구장척농球枚踢
弄, 강사講史, 소설小說, 무선舞旋, 상박相搏, 탁도만패倬刀蠻牌, 영
희影戲, 농충의弄蟲蟻, 제궁조諸宮調, 상미商謎, 합생合生, 잡반雜
班, 규과자叫果子 등이다. 삼국지나 수호전 같은 역사를 읽어주
기도 하고 노래를 불렀으며, 춤을 추거나 서로 치고받고 싸우
는 권투 비슷한 것도 보인다. 오랑캐의 칼춤을 추기도 했고 그
림자놀이, 곤충을 훈련시켜 보여주는 것, 수수께끼를 내고 계
급이 다른 여러 부류가 나와 적반하장 식으로 우스개를 연출하
기도 했던 것으로 보인다. 송대 곽단의『규거지』를 보면 "사인
士人들이 간편복을 입고 날마다 와시에 가서 배우들의 놀이를
구경했다"는 대목이 있어 남녀노소 신분 고하를 막론하고 어
울렸음을 알 수 있다.

무대를 정중앙에 놓고 형성된 항주의 유흥가에는 그외에 식
당, 잡화점, 점집, 헌옷집, 도박판, 이발소, 표구점, 노래판 등
이 즐비했다. 여기서 번승록에 기록된 식당과 그 주변의 한 장
면을 인용하면 다음과 같다.

"안에는 작은 가게가 몇 집 있었고, 큰 가게에서는 매일 돼지 열 마
리를 소비했는데 머리, 족발, 피, 내장만 버리고 다 먹었다. 저녁때

가 되면 등을 밝혀놓고 칼질을 하여 가죽과 뼈를 팔았는데, 장정이 먹어도 38전만 내면 충분했다. 다 먹지 못하고 남기면 손님이 돌아 갈 때 연잎에 싸주었다. 큰 술집에서는 은그릇을 썼다. 석 잔을 마시면 새 요리가 나왔는데, 음식이 서른 가지나 있고 분량도 적지 않았다. 두 사람이 52전어치 술을 사면 은잔 2개와 여러 요리가 딸려 나왔다."

매일 연극이 상연되고 춤과 가요, 관현악의 연주가 있어 항주의 거리는 연일 축제가 계속되는 듯한 분위기였다. 거리와 시장에서의 끊임없는 혼잡함 · 환락 · 사치 등 도시의 한없는 호화로움은 시골의 빈곤하고 고생에 가득찬, 단조롭고 가난한 농민생활과 뚜렷한 대조를 이루었다.

1275년의 항주를 그린 기록을 보면 서호에는 항상 수백 척이나 되는 크고 작은 배가 떠 있다. 30미터에서 60미터나 되는 바닥이 평평한 커다란 집 모양의 배에는 많게는 100명도 탔다. 매우 솜씨 좋은 목수가 만든 배의 상부는 정교한 세공으로 장식되어 여러 가지 색이 칠해져 있었다.

한두 사람이 타는 배는 우아하게 장식되어 있고, 남색 돛을 갖추고 있었다. 비단으로 짠 이 돛은 선명하기가 이를데없어 산에 올라가 이 돛들이 모여 있는 모양을 보면 바다의 빛깔이 오히려 거무스름하게 보일 정도였다.

상인 거부들의
허영심을 표출하다

중국은 남송대에 와서 점차 빈곤해졌다. 여기에 항주가 결정적인 한몫을 했다. 항주에서는 사치와 쾌락을 추구하는 정열이 특히 강했다. 궁정과 고관, 그리고 거부를 움켜쥔 상인이 이곳에 주거住居를 두고 있었기 때문이다. 다른 도시는 항주만큼 부의 집중이 이뤄지지 않았다. 상류계급과 부유한 상인의 넘치는 부와 우아한 생활이 사치스런 물품 교역의 비중을 크게 한 것이다.

부유한 선박내장업자 · 소금취급업자 및 고급품을 파는 점주들은 자식의 교육에 대단히 힘을 기울였다. 가정교사를 구해 자식이 학자 관료의 경력에 들어가기를 기대한 것이다. 상인의 자손은 과거시험 자격이 없었지만 돈이면 안 되는 것이 없는 세상에서 이런 규정은 곧 허물어졌다. 저명한 중국학자 자크 제르네 교수는 "인색한 아버지에 방탕한 아들이라는 공식이 중국의 부유한 상인가에서만큼 잘 들어맞는 데가 없다"라고 말하기도 했다. 중국에서는 몸을 써서 일하고 궁핍하게 사는 것을 천하게 여겼기 때문이다.

따라서 당시 중국의 고급 교육은 신분이 높은 자는 일을 하지 못하도록 하는 것이었다. 항주의 유흥비용에 자유롭던 젊은이의 대부분은 자신이 일류사회에 속해 있다는 감정을 곧잘 방만한 생활로 드러냈다.

비단은 세계의 부가 집중되는 남송의 수도 항주에서 몇몇 물품을 독점하거나 아니면 기막힌 수완으로 거금을 벌어들인 상인들의 허영심을 채워주는 대리물이었다. 고관대작의 관례와 풍속을 흉내내어 '무겁고 예의바른 행동'을 보란 듯이 하고 다녔다. 상인의 처와 딸들은 수줍은 태도를 몸에 지니도록 키워졌지만 그 복장은 비단과 보석으로 치장되어 얼마나 돈이 들었는지 추정할 수 없을 정도였다. 항주 대로의 커다란 주루와 다관의 입구와 방에는 유명 화가가 그린 커다란 그림과 글이 걸려 있었다. 아들과 딸의 혼례 때에는 연회장을 꾸미는 데 아낌없이 돈을 썼다. 눈에 띄는 문화 취미가 남송 말기의 항주처럼 만개했던 적이 과연 있었을까.

항주의 일반 주민의 삶은 고달팠다. 그들의 삶은『몽양록』에 자세히 전한다. 고용주와 주인의 뜻대로 하루 종일 끊임없이 일했다. 노무자·화물운반인부·창녀·소상인·재주꾼·소매치기·도둑·거지 등은 생활을 유지하기 위해서 자신의 육체를 한시도 쉬지 못하게 만들어야 했다. 항주의 상류계급은 자신들이 운영하는 전당포·술집·식당·약국 등을 관리해줄 지배인과 보조원, 개인 집의 집사·정원사·서기·경리인·요리인·난방인·조명인 등을 고용했다. 이들은 전문 알선기관에서 쉽게 구할 수 있었다. 심지어 첩·무용수와 당시에는 합법적이었던 남색을 위한 젊은 가동歌童도 이곳을 통해서 부잣집으로 연결되었다. 그러나 송대의 거부들은 침모, 외출용 가마꾼, 또는 귀향, 유학, 관리의 부임 등을 위해 여행가는 사람에 동행하여 일을 돕는 사람 등도 알선했다.

가장 부유한 집안, 특히 황족 등에서는 그 집 전속의 수공업자까지 두고 있었다. 보석가공 수공인·상아조각사·자수전문가 등이다. 사병私兵도 조직했으며, 대가족의 요원은 각각 직무를 분담하고 있었다. 항주에서는 이것이 부잣집의 인적 구성을 일컫는 4사司6국局으로 통용됐다.

4사는 의자·탁자·벽걸이·글과 그림 등 비품과 가구를 맡는 장설사帳設司, 차와 술을 담당하였던 차주사茶酒司, 잔치의 준비, 초대장의 준비와 발송, 초대객의 안내, 혼인과 장례의 순서를 정하는 빈객사賓客司, 요리장의 관리와 운영, 요리인을 관리하는 주사廚司다. 6국은 요리를 쟁반에 보기 좋게 담는 채소국菜蔬局, 과일을 들여놓는 과자국菓子局, 술안주를 담당하는 밀전국蜜煎局, 조명을 담당하는 유촉국油燭局, 향나무 또는 약재 구입을 담당하는 향약국香藥局, 난방과 청소 및 실내장식을 다루는 배판국排辦局이다.

이들 외에 그 집의 자식들을 교육하는 가정교사, 고금의 설화에 정통한 사람, 시 낭송인, 비파와 바둑의 명수, 대나무 그림과 난초 그림을 그리는 화공 및 문장가·필사생·독서인 등 여러 재능과 기능으로 말미암아 그 집에 항상 또는 일시적으로 기거하는 신분이 된 식객食客이 있었다. 그밖에도 닭싸움이나 비둘기싸움을 붙이는 사람, 동물 목소리 흉내를 잘 내는 사람, 곤충으로 묘기를 부리는 사람, 수수께끼의 명수, 꽃꽂이와 서화장식 등 실내장식 전문가, 유곽녀를 중개한다든지 그녀에게 편지를 갖다준다든지 하는 등의 잡다한 기능을 하는 사람들이 있었다.

"나를 유혹하려면
비단 100필을 가져오세요"

집에서 이런 식의 고급생활을 영위하는 젊은이들은 바깥에 나와서도 마찬가지로 행동했다. 그들이 아름다운 기생을 유혹하는 방법으로 가장 많이 사용한 것은 고급 비단을 선물하는 일이었다. 그러나 항주의 기생들은 이런 거만금의 부잣집 자제들의 호주머니를 텅 비게 만들 정도로 아름다웠다. 마르코 폴로의 기록에서 그 일단을 엿볼 수 있다.

"어떤 거리는 기생들이 모여 살고 있었다. 그 수는 매우 많아 내가 뭐라고 감히 말할 수 없다. 시장 근처의 특정지역만이 아니라 시내 어디에나 있었다. 기생들은 멋진 의상을 차려입고 아낌없이 향수를 뿌리며, 잘 꾸며진 집에서 많은 하인을 부리고 있었다. 이 기생들은 사람을 매혹시키고 부드럽게 애무하는 기술이 뛰어나며, 어떠한 상대와도 함께 말할 수 있는 지식이 있었는데, 이 아름다운 기생의 매력을 한번 맛본 자는 곧 그 포로가 되어, 그 우아함과 부드러움에 녹아 더 이상 한시라도 잊을 수 없게 된다. 그 결과 집에 돌아와도 천국의 도시 항주에 갔다 왔다고 말하며, 또 항주에 돌아갈 기회를 열망하게 된다."

사치와 애욕의 문화사

남녀의 사랑을 표현한 중국의 그림에서는 두 사람의 애정 표현과 함께 아름다운 비단옷이 나타나 있다. 손에 부채를 든 여인은 아마 건물 건너편의 풍경을 보고 있었던 것 같고, 남자는 몰래 다가가 여인의 발을 잡아당기면서 놀라게 하는 것 같다. 남송 항주의 선남선녀들의 연애 행각이 저러지 않았을까.

13세기의 한 기생이 어떻게 부와 명성을 얻었는지를 알려주는 이야기가 전해져 내려온다. 이 기생은 항주의 윗쪽에 위치한, 미인의 산지로 유명한 소주 출신이었다. 부잣집 청년이 이 소녀가 아름답다는 소문을 듣고 그녀를 차지하기 위해 큰 배를 타고 소주로 갔다. 고급 비단으로 만든 많은 호화로운 의상을 비롯해 하인들의 마음에 드는 선물을 했지만, 처녀로부터 만족스런 대답을 받을 수 없었다. 그녀는 남자가 대단한 자산가라는 것을 알고 있어, 그 남자가 은 500냥과 비단 100필을 보낼 때까지 마음을 주지 않았던 것이다. 소주에 머문 반년 동안 그는 수백만 냥을 낭비했지만, 오히려 소문만 무성하게 해서 기생의 명성만 높였다. 강소 지방의 상류층 청년이 연적으로 나타난 것이다. 기생은 똑같은 방법을 사용해서 버텼다. 마침내 그녀의 집은 조그마하지만 매우 화려한 장식이 더해져, 누각ㆍ마당의 정자ㆍ전망대ㆍ화원ㆍ인공연못 등 부족한 것이 없게 되었다. 마루에는 무늬 비단이 깔리고, 벽에는 금실로 수놓은 벽걸이가 걸렸으며, 침대는 고가의 이불로 꾸며졌다.

아무튼 이 기생의 이야기는 사치와 향락 그리고 비단의 이미지로 충만한 아름다움에 도취된 항주의 밀도 높은 도시 풍속의 정점을 이루고 있다.

부유층의 삶이 이러했는데 황실의 사치스러움이야 말로 다 하겠는가. 마르코 폴로가 묘사한 황실 생활의 묘사 일부를 살펴보자. 황제는 높은 담으로 둘러쳐진 주위 16평방 킬로미터에 달하는 넓은 대지에 살고 있었다. 황제는 일정한 날에 신하를 접견하고 여러 공경ㆍ대부 및 항주의 대상인 등을 초청하여 잔치를 벌였다. 다소 과장이 섞였겠지만 황제가 연회를 여는 건물은 한 번에 1만 명의 빈객을 초대할 수 있을 만큼 큰 것이었다. 이 알현식은 10일에서 12일 정도 계속되었고, 비단옷과 보석으로 화려하게 치장한 빈객들이 운집한 호사스러움은 거의 믿을 수 없을 정도였다. 왜냐하면 그들은 이날을 위해서 있는 재력을 다해 사치를 겨뤘기 때문이다.

황실 대궁전 뒤에는 벽이 겹겹이 있고 문이 있으며, 궁전의 다른 부분과 격리된 내전이 있었다. 이 문을 들어서면 또다른 대궁전이 있어 수도원의 회랑양식과 비슷한 지붕이 있는 회랑으로 연결되고, 그 배후에 황제와 황후가 거주하는 궁전이 있는데 천장에 이르기까지 화려하게 장식되어 있었다. 이 회랑 부분에서 지붕이 있는 폭 6보의 보도가 호안湖岸까지 길게 이어졌다. 이 길 양측에 10개의 정원, 반대측에 따로 10개의 정원이 서로 마주 보고 있다. 각각의 정원은 회랑이 사각형으로 둘러쌌다. 게다가 그 주위에 50채의 집이 더 있었다. 황제는 여기에서 1천 명이나 되는 아름다운 비빈들을 살게 했다. 때때로 황제는 황후와 몇몇 총애하는 비빈들을 데리고 기분 전환을 위해서 비단으로 치장한 어주御舟를 서호에 띄우고 호반의 사원으로 가기도 했다.

또 하나의 문화 충격
항주의 목욕 문화

항주의 사치향락 문화를 제대로 음미하기 위해서는 이런 화려한 기록에만 머무르지 말고 좀더 촉각을 곤두세워야 한다. 앞서 비단이 쾌락을 퍼뜨리는 도구이자 매개체라는 이야기를 했다. 다른 옷과는 달리 비단은, 특히 가격이 비싼 고급 능라는 이중적인 느낌이 있다. 비단으로 몸을 덮지만 그것은 육체를 완전히 가려버리지 않는다. 걸을 때마다 옷 속 몸이 얇은 비단을 탁탁 차올리며 리듬감이 전혀졌다. 그리고 가슴이 깊이 패인 적삼을 입은 여인들은 풍만한 속살을 내비치기도 했다.

항주는 동양에서 비단의 에로틱함이 정점에 이르렀던 도시이기도 하다. 저명한 중국사가 자크 제르네 교수는 『전통 중국인의 일상생활』에서 항주지방에서의 목욕 풍속을 다루고 있다. 항주에는 목욕 문화가 발달해 있었다. 이나 벼룩이 활개를 치고 차림새도 지저분한 중국 내륙과는 달리 항주에는 기생충도 그다지 없었고 거리나 사람들도 깨끗했다.

고대에는 상류 인사들 사이에 자택에서 10일에 한 번씩 목욕하는 습관이 있었다. 그리고 이 목욕을 이유로 관료들은 10일마다 하루의 휴가를 얻었다. 목욕은 몸뿐만이 아니라 머리도 감게 되어 있었다. 이 때문에 관료들의 급여는 '목욕 · 머리 감기 수당'으로 불렸다.

씻는다는 것을 의미하는 완洗이라는 글자가 10일을 뜻하는 것으로 이해되어, 한 달을 상완 · 중완 · 하완으로 세 등분했다. 목욕과 머리 감기는 궁정의 중요한 행사로 방문객을 목욕이 끝나기까지 기다리게 해도 예의에 어긋나는 것이 아니었다. 그리고 관료가 황제를 접견하기 전에 행하는 목욕재계, 중요한 의례 전에 행하는 계禊, 신생아의 목욕, 혼례 직전의 목욕, 죽은 사람에게 수의를 입히기 전에 행하는 염 등과 함께 다분히 의례화한 목욕이 보편적인 것으로 되어 있었다.

항주에서 자주 목욕하는 습관은 이와 같은 지방 습속에서 유래한 것으로 보인다. 그러나 무엇보다 항주의 목욕은 쾌락을 위해서였다. 시내에 목욕탕이 즐비했다. 당시 공중목욕탕은 항아리 모양의 표식을 문 위에 매달아놓았다. 1072년 항주에 머무른 일본 승려 성심成尋은 그런 목욕탕에서 피로를 푼 후 일기에 목욕료가 10전이었다고 기록하기도 했다. 마르코 폴로는 이 같은 목욕탕이 3천 개나 있으며, 한꺼번에 100명이 목욕할 수 있다고 기록했다. 목욕탕 안에는 안마시설, 몸을 씻은 뒤 친구들과 담소를 나누며 차와 술을 마시는 주점도 부대시설로 마련돼 있었다. 그리고 아마도 매춘도 이뤄졌을 것이다.

항주 사람들은 거의 하루도 빼놓지 않고 목욕탕에 다녔다. 목욕탕은 서호西湖에서 끌어온 물을 그대로 사용했는데 마르코 폴로는 외국인용으로 열탕도 있었다고 했다. 아마도 터키풍의 목욕탕에서 숨이 막힐 듯한 열에 익숙한 이슬람교도를 위해서 만들어 놓은 것이라 짐작된다.

부자는 자기 집에 목욕탕이 있었다. 욕조는 나무나 금속, 또는 도기로 그 안에 조그만 걸상이 있어 기대도록 해두었다. 바닥에 매트가 깔려 있어 수건이나 스카프로 몸을 닦았다. 여성 욕실에는 주위에 병풍을 쳤다. 매일 아침 세수를 할 때는 물주전자와 대야를 사용했다. 콩과 약재(허브)로 만든 액체를 비누 용도로 썼다. 수통과 욕조의 물을 데울 때는 뜨거운 금속과 돌을 물 속에 담갔다.

항주 사람은 다른 지역 사람보다 자주 목욕을 했고, 또 기후가 무더웠기 때문에 하늘하늘한 편한 옷을 선호했다. 수많은 항주의 주민이 매일같이 이 하늘거리는 옷을 걸치고 부채를 흔들며 편안하게 목욕탕과 집을 오가는 광경은, 중국에 비해 낙후된 유럽에서 건너온 마르코 폴로와 같은 외지인에게는 대단한 볼거리가 아닐 수 없었을 것이다. 목욕하고 나온 항주 사람들이 피부 가득히 느꼈을 비단옷의 그 부드러운 촉감이 전해지는 듯하다.

『이견정지』의 기록을 토대로 보면 이 사람들 중에는 복장 외관에 매우 신경 쓰는 멋쟁이도 있었다. 예민한 남자들은 항상 의복의 좌우 매무새를 살펴 조금이라도 나쁜 곳을 찾아내면 재단사를 불러 즉각 고쳤다. 이들이 신는 구두와 양말은 소주에서 생산된 공단으로 만들어진 것으로 먼지가 묻으면 곧 바꿔 신고 항상 깨끗이 빤 것 이외에는 입지 않았다.

부와 사치, 그리고 여러 가지 것들의 세련됨이 13세기 항주의 특징이었다. 항주는 당시 세계에서 가장 우아한 생활의 중심지였다. "남자건 여자건 세련된 자태가 뛰어나고, 항주 주변 전역에서 대량으로 만들어진 비단은 상인의 손에 의해 다른 지방으로 대량 운반되어 사람들은 비단 외에는 입지도 않았다"는 마르코 폴로의 기록은 결코 과장이 아닐 것이다.

항주의 이 화려함, 이 우아한 세련됨은 하루아침에 이뤄진 것이 아니라 중국이 오랜 세월을 거쳐서 쌓아온 문화적 자산이다. 중국은 5천 년 전부터 비단을 생산했으며, 복잡한 예제와

의복 문화를 발전시켰으며, 이러한 문화적 상징들이 물질적 부와 결합되어서 만개해온 역사를 적어도 수당시대부터 계속해왔다. 당나라 시인 장소원張蕭遠이 「관등觀燈」이라는 시에서 수도 장안長安의 화려한 밤을 묘사한 대목을 보자.

"10만 인가에 일제히 등이 켜지니, 문 열리는 곳마다 화장한 여인들이 보이네. 노랫소리 밤새 요란하니 물시계소리 묻히고, 비단옷 거리에 가득하니 먼지조차 향기롭네."

연인들이 얼굴을 가리는 장난을 하며 유희중이다. 봄볕 가득한 마당에서 남자가 읽고 있던 책은 당시 유행하던 소설책이었겠고, 화려한 꽃무늬가 수놓아진 비단옷을 입은 여인은 책에 빠져버린 애인이 얄미워서 몰래 다가가서 비단소매로 눈을 가려버렸다. 마치 자기 외에는 아무 것도 보지 말라는 듯이.

　당나라 연중 가장 큰 행사인 원소관등元宵觀燈이 열리는 날에는 비단옷을 입고 화장한 여자들이 수도의 밤거리를 가득 채워 장관을 이뤘다. 발이 땅에 닿지 않은 채 몇 십 걸음씩 떠다닐 정도로 복잡했으며, 다음 날 아침이면 여인들이 놀다가 떨어뜨리고 간 보석장식 비녀나 귀걸이가 길에 가득할 정도였다. 평소에는 엄격하게 지키던 야간 통행금지가 이날은 해제되어 그로 인한 해방감은 처음 보는 남녀들끼리도 스스럼없이 어울리게 했으며 교교한 달빛 아래 환락의 즐거움은 끝이 없었다. 노래와 춤이 새벽까지 그치지 않았다고 하는 성당시기의 이 요염한 '원야元夜'는 동양적 카니발리즘이라고 해도 과언이 아니다.

여기서 거리를 가득 채운 당나라 여인들의 복장을 잠깐 살펴보자. 당 여인들은 진홍색, 자주색, 주황색, 살구색, 초록색, 파랑색 등 다양한 색상의 치마를 입었다. 그 가운데 새빨간 석류로 물을 들인 석류군石榴裙이 가장 오랫동안 인기를 누렸다. 이백, 두보, 백거이의 시에도 석류군이 등장하는데,「연경오월가燕京五月歌」는 석류꽃이 필 무렵이면 온 세상이 찬란한 붉은빛으로 물들고, 집집마다 석류꽃을 따다가 여인들의 치마에 빨갛게 물을 들이는 서정적인 풍경을 담아내었다.

울금군鬱金裙도 천연 재료로 염색한 치마로 각광받았다. 울금은 생강과의 여러해살이풀로 소아시아가 원산지인 튤립과는 다른 식물이다. 울금의 굵은 뿌리줄기와 방추형 덩이뿌리를 찧어 그 즙으로 염색을 하면 옷감에서 그윽한 향기가 배어 나온다. 당대 중엽에 이르러서는 중국 복식사의 걸작으로 손꼽히는 백조군百鳥裙이 등장했다. 100마리 새의 깃털을 정교하게 엮어 만든 이 치마는 공주가 입던 것으로, 빛의 각도에 따라 하루에도 몇 번씩 빛깔이 달라지는 신비로운 옷이었다. 백조군을 입고 있노라면 마치 치마 위에 100마리의 새가 살포시 올라앉은 것 같았다.

당나라 여성들은 유군 차림도 단순한 상의하상 형태에 그치지 않고 소매가 짧은 반비半臂를 함께 걸치는 등 다양한 스타일로 연출했다. 반비는 민소매인 감견坎肩과 긴 소매의 중간 길이라는 뜻으로, 유 위에 덧입었으며 감견과 비슷한 용도로 사용되었다. 요즘에야 여자들이 여름이면 늘 입는 옷이지만 당시에는 반비를 입은 자태가 너무 고혹적이어서 여인들로부터 많은 사랑을 받았다.

당나라 여인들은 어깨걸이인 피자帔子나 등거리인 피백帔帛을 애용했으며 당대의 유물 가운데 어깨에 폭이 넓고 길이가 짧은 피자를 걸친 여자 인형을 자주 볼 수 있다. 하루는 당 현종이 궁궐의 뜰에서 연회를 베풀어 여러 신하들이 참석했는데, 갑자기 바람이 불어와 양귀비의 피자가 하회지賀懷智의 머리 위로 날아갔다는 일화도 전해진다. 이를 통해 당시의 피자가 하늘하늘한 옷감으로 만들어졌음을 추측할 수 있다.

유군 차림에는 높이 올라간 신코에 봉황 문양을 수놓은 비단 신인 금리錦履나 삼으로 만든 미투리인 마혜麻鞋 또는 부들로 만든 초혜草鞋를 신었는데, 세 종류 모두 보드라우면서도 맵시가 있었다. 이러한 신들은 회화 작품 속에 종종 등장할 뿐 아니라 신강 등지에서 출토된 유물 가운데서도 찾아볼 수 있다.

화려하고 아름다운 당의 문화는 남송의 항주를 거쳐 청나라의 광주로 유전되었다. 세계를 향해 문호를 열어젖힌 강희제 치세의 광주에는 13행이라는 경제특구가 있었다. 13행의 번영을 일궈낸 것은 비단의 힘이었다. 당시 이곳을 통해 세계로 나간 비단·차·도자기는 서양인들이 가장 선호하던 중국의 상품이었다.

리궈룽의 『제국의 상점』을 보면 광주 13행의 활약과 그 번영을 이끈 대표적인 가문, 그리고 상인 귀족들의 화려한 생활상이 실감나게 그려져 있다.

중국의 비단은 색이 좋고 윤기가 흐르며, 날리듯 가벼워 유럽 상류사회에서 돈을 아끼지 않고 사들이던 사치품이었다. 서양인들은 동양의 비단에 신비에 가까운 애착을 가지고 있어, '비단길'은 고대 중·서 교통의 대명사가 되었다. 18세기 이전, 비단은 가장 매력적인 대외무역 상품이었다.

　　1603년 중국의 생사를 실은 포르투갈 범선이 네덜란드에 압류되어, 암스테르담에서 그 화물이 경매에 오르자 유럽 각지의 상인들이 벌떼처럼 몰려들었다. 이 경매에서 얻은 엄청난 이익은 유럽을 흥분시켰다. 그러자 네덜란드는 1653~1657년 사이 생사를 구매하려고 광주에 사절단을 보내 통상을 청했다. 그후 1728년 네덜란드 동인도회사는 처음으로 광주에 상선을 보냈다. 그들은 광주의 행상과 비단을 거래하고 돌아가, 유럽 시장에 큰 파장을 일으켰다. 이후 암스테르담은 일약 유명한 생사 시장으로 떠올랐다.

　　당시 13행의 비단 상인들은 각국 동인도회사의 요구를 잘 꿰뚫어, 비단에 서양인들이 좋아하는 여러 무늬를 수놓았다. 그들은 외국 상인이 무늬와 수량만 제시하면 제시간에 맞추어 시장에 내놓았다.

　　18세기 중엽, 유럽 각국은 중국 비단의 거래를 제한하는 보호 정책을 실시했다. 그러자 13행 상인들은 발 빠르게 대응해 이를 돌파했다. 1739년 순주행順泰行의 수관秀官은 유럽에서 유행하던 옷을 모방해 신상품을 내놓아 중국 상인과 장인들의 탁월한 솜씨를 보여주었다. 영국 동인도회사는 "수관의 비단은 너무 좋아 순식간에 유럽 사람들의 마음을 사로잡았다"고 격찬했다. 중국 비단은 뛰어난 품질과 기술을 바탕으로 유럽 시장을 점령했다. 오늘날 런던 등지의 박물관에서 볼 수 있는 18세기에 유행한 영국 신사복은 바로 중국의 비단을 원료로 만든 것이다.

스웨덴 상인들은 청나라 관리들에게 비교적 좋은 인상을 남겨 비단 제품을 구입할 때 특별대우를 받기도 했다. 1762년 건륭제는 외국 상인들에게 비단을 수출하지 못하도록 금지령을 내렸는데, 파격적으로 스웨덴에게만 특혜를 베풀었다. 양광총독 소창蘇昌은 스웨덴이 "옷감을 잘 짜지 못하는" 나라라, 옷감이 부족해 2~3년 동안 어려웠기에 불산佛山에서 생산된 비단 1000킬로그램을 가져가고자 간청한다고 보고했다. 스웨덴의 간절함에 마음이 움직인 군주는 곧바로 이를 허가하여, 스웨덴 상인들은 다른 나라의 상인들이 누리지 못한 특별대우를 받았다.

13행이 수출한 비단은 대부분 광동에서 완성한 것이었다. 건륭 시기 불산은 비단의 주요 생산지였는데, 직공만 17,000여 명이었다고 한다. 그들은 아주 단순한 직조기를 썼지만, 생산량도 많고 품질도 매우 좋았다. 아래 나오는 굴대균의「광주죽기사」처럼 13행의 비단 사업은 날로 번성했다.

서양배들은 다투어 관상官商을 찾고
십자문은 두 바다를 향해 열렸다.

오사五絲, 팔사八絲 같은 광주 비단이 좋아

13행에는 은전銀錢이 가득했다.

청나라 때 중국에는 세 그룹의 중요한 상인 집단이 등장했다. 표호를 경영한 진상, 소금 사업으로 큰돈을 축적한 휘상, 그리고 대외무역을 독점한 광주 행상이 그들이다. 자산 규모로 말하자면 휘상이 으뜸이고 광주 행상이 그다음이지만, 행상의 자산은 반潘씨와 오伍씨 두 집안에 집중되었다. 이 두 집안은 저마다 특색이 있었다. 오씨 집안은 행상을 역대 최고의 부자 반열에 올려놓았고, 반씨 집안은 행상 역사의 산증인이었다.

반씨는 13행 역사상 유일하게 백여 년을 유지한 집안으로, 외국 상인들은 모두 그들을 반계관潘啓官이라고 불렀다. 이 집안의 첫 행상인 반진승은 최고의 재력과 수완을 겸비하고 시장을 좌우하던 행상의 리더로서, 광주의 대외무역에서 큰 역할을 했다.

반진승의 일생은 매우 전설적이다. 그는 1714년(강희 53) 복건 천주부泉州府에서 태어났다. 족보에 따르면 어려서 광동으로 건너와 상업에 투신하여 3척의 범선으로 남양 무역을 했는데, 스웨덴 항해사는 그를 "물길로 엄청난 화물을 실어나르는 사람"이라고 묘사했다. 그는 3번이나 비단과 차를 가지고 마닐라에 가서 팔아 많은 돈을 벌고 1744년 광주에 동문행同文行을 설립했다. 반진승은 몇 개의 외국어를 구사했는데, 그가 외국 상인들과 교환한 문건에는 포루투갈어와 스페인어가 자주 등장한다.

처음으로 외국 선박이 다니던 시절, 외국 상인들은 외국어를 할 줄 아는 중국인이 필요했다. 바로 이 때문에 광주에 오는 외국 상인들은 꼭 먼저 반진승을 찾아갔다. 그는 풍부한 경험과 넓은 포용력, 인간적 매력을 바탕으로 동문행을 빠르게 발전시켰다. 그 결과 건륭제가 '일구통상' 정책을 시행했을 때, 이미 그는 광주 무역업계에서 유명한 인사가 되어 있었다.

많은 문헌에 반진승에 대한 기록이 나온다. 1730년대 영국에서 출간한 『동인도회사 대중국무역 편년사, 1635~1834』라는 기록물에는 "계관이 지난 2년 동안 거액의 계약을 성사시켰으니 그의 능력을 의심할 필요가 없다"고 했다.

반진승은 행상의 가장 중요한 교역 상대인 영국 동인도회사와 오랫동안 가장 많이 거래했다. 당시 영국 시장에서는 차와 비단 같은 중국 상품이 없어서 못 팔 지경이었지만, 반대로 영국에서 중국으로 수출한 모직물은 거의 팔리지 않아 골머리를 앓고 있었다. 그래서 일반 행상들은 감히 영국 모직물을 사려고 생각도 하지 않았다. 그러나 오직 반진승만이 물량의 4분의 1에서 어떤 때는 절반까지도 구입했다. 그렇다면 그는 이 거래가 위험한 줄 몰랐을까?

영국 상인들은 더 많은 영국 제품을 팔기 위해 중국 행상들이 모직물을 구매하는 양에 따라, "면직물과 차를 교환하는 방식"으로 차를 구매했다. 1775년 동인도회사의 기록에는 반진승의 사업 수완이 잘 나타나 있다.

동문행은 전체 모직물의 3분의 1을 구입하여 더 많은 비단과 차를 팔았다. 그리고 다음해에도 8만여 냥에 해당하는 모직물과 다른 물품들을 구입했다. 영국 동인도회사가 생사와 무이차를 구입하려고 그에게 지급한 계약금만 16만 냥에 달했으니, 반진승은 모두 20만 냥이 넘는 큰 거래로 엄청난 이익을 남겼던 것이다.

이렇게 꽤 오랫동안 반진승은 영국의 모직물을 받아주는 대신, 동인도회사에 대한 생사 무역을 독점했다. 그는 때때로 해관 감독에게 뇌물을 주고 초과량의 생사를 수출할 수 있도록 허가받아, 외국 상인들은 오직 그를 통해서 견사를 구입할 수 있었다. 앞의 책에는 다음과 같은 기록이 나온다.

"1781년 12월 2일, 신임 해관 감독은 생사를 수출하는 선박 한 척에 5톤을 넘게 싣지 못하게 하여 반계관을 압박했다. 그러나 12월 11일 반계관은 결국 대량의 생사를 수출할 수 있는 허가를 받았다. 아마 은 4천 냥 정도는 쓴 것 같았다."

광주의 부유한 상인들의 호화로운 생활은 유럽인들에게는 충격이었다. 양행 상인들의 상점은 13행 거리에 있었고, 집은 좀 떨어져 있었다. 행상들은 재부를 움켜쥔 뒤 자신들의 집 꾸미기에 많은 돈을 쏟아부었다. 1860년 4월 11일자 프랑스공보에는 한 프랑스인이 광주 반정관 소유의 정원을 돌아보고 쓴

기사가 실렸다.

"이곳은 한 나라 왕의 영지보다 넓은데, 30여 개의 건물이 서로 통로로 이어지고 그 바닥은 대리석이었다. 정원과 방에는 거의 한 사단의 군인들이 들어갈 정도였다. 방 주위로는 물이 흘렀는데, 그 위로 중국 범선이 떠 있었다."

이 정원은 반사성이 도광 시기에 지은 것으로, 영남에서 으뜸간다고 하여 해산선관이라고 불렀다.

주강 강가의 13행 상관 서쪽에 있던 해산선관은 고전 양식으로 조성한 정원이다. 13행에 살던 외국 상인들은 이곳을 즐겨 유람했고, 그때마다 모두 경탄해 마지 않았다. 200여 년 전 광주에 머물던 미국 상인 헌터는 다음과 같이 당시의 화려함을 기록했다.

"이곳은 아주 매력적인 곳이었다. 외국 사절과 정부의 고위 관리, 심지어 흠차대신들까지 이곳에서 만나곤 했다. 곳곳에 아름다운 고목이 있고, 감귤과 여지, 복숭아 화분도 있었다. 숲에는 사슴과 공작, 황새, 깃이 아주 아름다운 원앙을 키웠다.
방은 아주 큰데, 바닥은 대리석이었다. 기둥은 대리석이나 진주, 금, 은과 보석으로 치장한 단목이었다. 방에는 아주 큰 거울과 진귀한 가구, 이본 칠기가 있었고, 벨벳이나 비단 카펫을 깔았다. 방마다 측백나무나 박달나무로 된 이동식 칸막이로 공간을 구분했는데, 칸막이에는 예쁜 꽃무늬를 넣었다. 이쪽 방에서 저쪽 방을 볼 수 있었다. 천장에는 보석이 박힌 나뭇가지 모양의 샹들리에가 걸려 있었다.

반씨 집안은 부잣집이라 아녀자와 외부인들은 출입이 자유롭지 못해, 아녀자들은 방에서 연극 보는 것을 즐겼다. 정원에 무대가 있었는데, 백여 명의 연기자가 함께 오르기도 했다.

그의 집에는 하인들이 많았고, 요리사의 음식 솜씨가 뛰어나 초대받은 외국 상인들을 기쁘게 했다. 연회가 끝나면 주인은 하인에게 반潘자가 쓰여진 등불을 앞세워 손님들을 상관까지 배웅하곤 했다."

마르쿠제가 『에로스와 문명』에서 프로이트의 문명론을 분석하면서 말한 것처럼, 인간은 스스로의 에로스적 충동을 억눌러오면서 지금의 문화를 이루어 왔다. 드러내고자 하는 욕구, 보이고 들리고 만져지는 모든 것들을 만끽하는 일은 성적 방종이거나 인간 이전의 동물적 차원이라고 스스로에게 가르쳐왔다. 그러나 진한시대부터 완비되어 중국이라는 거대한 나라를 지탱해온 법가의 엄격함은 에로스의 일탈과 해방 없이는 유지될 수 없는 것이었다. 중국에서 법가와 유가의 엄격함, 도가와 불가의 소탈함, 그리고 사치와 향락의 도시문화 사이에는 비단이라는 얇은 차양막이 쳐져 있었다. 이것이 바로 중국 문화의 묘미이며 그들을 이해하기 위한 기초적인 출발점이다.

《 제3부 》

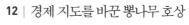

10

운하 타고 북쪽으로 간 강남의 비단

수나라의 남북조 통일과
잠상 정책

관롱집단 출신인 양견은 581년 일곱 살짜리 외손자인 북주北 周 황제를 협박해서 왕위에 올랐다. 그가 수문제다. 수문제가 취임 후 실시한 정책은 많지만 무엇보다도 중국 역사에 큰 영향을 준 것은 새로운 관료 선발 방법인 과거제의 실시였다. 그는 그동안 추천을 통해 이루어진 관료를 시험으로 뽑았다. 이러한 그의 정책은 내용은 약간 다르지만 1905년까지 이어졌을 만큼 중국사에 큰 영향을 주었다. 그가 이런 인사 제도를 만든 것은 무엇보다도 왕권을 강화하기 위해서였다. 그동안에는 지방의 유력 인사들이 지배하는 추천제로 관료를 뽑았기 때문에 황제가 직접 인사권을 행사할 기회가 아주 적었다.

수나라 문제도 균전제를 실시했다. 균전 농민들은 매년 견絹 1

필疋을 세금으로 납부해야만 했다. 수나라 시대의 잠상업은 북방의 경우 전란으로 뽕나무를 심을 땅이 적었지만 상대적으로 강남은 여유가 있었다. 특히 절강은 남쪽에서 가장 중요한 뽕나무 재배지로 각광을 받았다. 수문제는 장안과 낙양에 비단 공장을 설치하고 전국의 우수한 장인들을 모집했다. 이러한 조치는 국가의 비단 수요도 작용했지만 황제 자신이 비단에 큰 관심을 가지고 있었기 때문이었다.

『수서』를 보면 수나라를 지탱한 것이 비단 무역이었다는 것을 알 수 있다. 585년 수문제는 기존과는 정책의 방향을 완전히 바꾸어 서돌궐에 대항해 힘겹게 싸우던 동돌궐을 지원하기 시작했다. 돌궐 내부에 분열을 조장함으로써 그들의 힘을 소진시키기 위해서였다. 이 전략은 주효해서 절망적인 내분에 휩싸인 돌궐은 더 이상 수나라의 적수가 되지 못했다.

동돌궐의 이쉬바라 칸이 수나라에 화평을 요청해왔다. 그 때부터 돌궐은 매년 수나라에 공물을 바치면서 수 황제에게 신하의 예를 갖춰야 했다. 분열되어 있던 중국은 수에 의해 통일되고 돌궐은 분열돼 국제 정세는 수의 우위로 완전히 역전됐다.

589년 북방의 문제를 해결한 수문제는 남조 진陳을 성공적으로 병합해 통일을 이뤄 후한 말 이후 근 400년간 지속된 분열을 종식시켰다. 수나라는 세계에서 유일한 강대국이 되었다. 이것은 모두 비단 무역을 통해서 벌어들인 돈이 있었기 때문에 가능했던 일이다.

수는 비단의 흐름을 방해하는 주변 나라들에 대한 정리에 들어갔다. 실크로드의 요충지를 지배하던 토욕혼을 정복했고, 타림분지를 수중에 넣었다. 수문제의 뒤를 이어 즉위한 수양제는 610년 서역의 왕들을 장안에 초대했다. 무려 1개월에 걸쳐 성대한 축제가 벌어졌다. 밤늦도록 불을 환하게 밝히는 가운데 풍악이 울렸고, 성대한 볼거리가 제공되었다. 수나라는 자국의 풍요로움을 과시하게 위해 대로의 가로수마다 비단을 휘감았다는 기록이 『자치통감』에 등장한다. 이것은 수나라의 질 높은 비단을 수입할 더 많은 서역 상인들을 유치하기 위한 홍보전이기도 했다.

따라서 수나라의 비단 기술은 꽤 훌륭했다. 비단 수요가 늘자 절강을 비롯한 각 지역의 잠상업도 발달했다. 특히 절강의 영가永嘉, 신안新安 등지에서는 1년에 누에를 네 번 기르는 농가도 있었을 정도였다. 절강의 회계會稽 등지에서는 일반 농민은 물론 적지 않은 관료 지주와 사원寺院조차도 잠상업에 종사했다. 이에 따라 비단 기술도 날로 발전했다.

수양제의 운하 건설과 비단 유통

수의 전성기 때 엄청나게 늘어난 비단 수요를 감당하기 위해 획기적인 운송수단이 필요해졌다. 엄청난 국민적 반발에 직면했지만 수나라 정부는 아랑곳하지 않고 운하를 건설하기 시작했다. 대운하의 개착은 중국 교통사에서 일종의 혁명이었다. 수가 운하

건설에 몰입한 것은 남과 북의 물류에 반드시 필요했기 때문이다. 운하가 아니면 중국의 남쪽과 북쪽이 서로 만나기 아주 어렵다. 특히 남쪽의 풍부한 물산을 북쪽으로 원활하게 옮기지 않으면 왕조는 물론 당시 동북아시아의 패권을 장악할 수 없었기 때문이었다. 수나라가 운하를 통해 북쪽으로 옮기려 했던 물건 중에는 당연히 비단이 가장 중요한 비중을 차지했다.

운하 건설로 가장 큰 변화를 겪은 곳은 운하의 남쪽 출발지인 항주杭州였다. 운하 건설 이전의 항주는 아주 작은 도시에 불과했다. 그러나 운하를 건설하자 항주는 빠른 속도로 번화한 도시로 바뀌기 시작했다. 도시가 성장하면 당연히 인구가 증가할 수밖에 없다. 수나라 말에서 당나라 초까지 이곳의 인구는 1만5천 호에서 3만 호로 증가했다. 이처럼 항주의 인구가 증가한 것은 이곳이 물류 기지로 바뀌면서 노동력 창출이 빠른 속도로 늘어났기 때문이다. 당연히 이곳에서 만든 비단도 운하를 통해 북쪽으로 올라갔다. 일설에 따르면, 수양제가 운하 개통식 때 사용한 배에 비단으로 장식한 돛이 10리에 걸쳐 펼쳐졌다고 한다.

비단 생산 중심지
남쪽으로 이동하다

비단 생산은 수나라까지만 해도 여전히 북쪽이 우세했다. 그러나 당 후기에 들어서면서 그 중심지가 확연하게 남쪽으로 바뀌

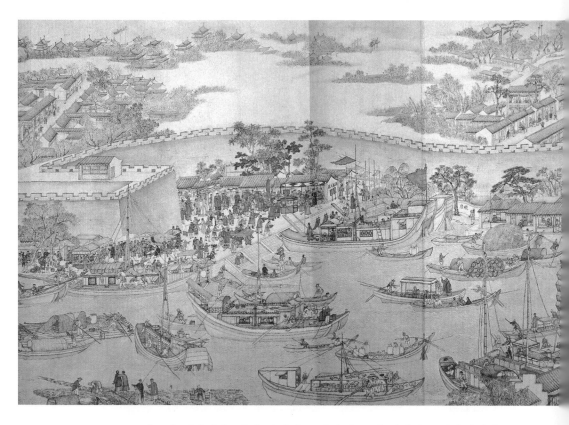

기 시작했다. 강남 중에서도 비단의 중심 생산지는 절강이었다.

당나라에서도 균전제를 실시했다. 당나라 정부는 뽕나무를 재배하는 균전 농민 1정丁에게 매년 비단 2장丈을 납부하게 했다. 아울러 부역에 종사하지 않는 자에겐 매일 견 3척尺을 부과했다. 당나라 정부가 이처럼 비단을 세금으로 부과한 것은 여전히 이 당시에도 비단이 화폐였기 때문이었다. 태종 시기에는 비단 1필로 쌀 1되, 조 10석을 살 수 있었다. *

당나라 정부는 민간에 비단을 세금으로 받는 것 외에 수도 장안에 소부감少府監 소속의 염직 관청을 설치하여 귀족의 모자를

비롯한 각종 제품을 생산했다. 능면방綾綿坊에는 365명의 직공이 있었다. 당 현종은 양귀비를 위해 직공織工과 수공繡工 700명을 배치했다. 비단에 수놓은 문양도 봉황을 비롯해 아주 다양했다. 이러한 당대의 화려한 비단 제품은 국내뿐 아니라 국외에서도 큰 인기를 끌었다.

중국 당나라의 역사에서 755년 일어난 안녹산의 난은 매우 중요한 분수령이었다. 안록산의 난은 중국 당나라 정부를 위기로 몰아넣었으며, 특히 북쪽 경제에 큰 타격을 주었다. 잠상업도 영향받은 것은 당연했다. 안사의 난 이전까지만 해도 잠상업은 하남·

•
정丁: 성년의 남자. 인구수를 세는 단위.

장丈: 길이의 단위. 열자를 일컬음.

척尺: 길이의 단위. 십 촌寸을 일컬음. 시대에 따라 길이는 달랐다. 서한西漢시대에는 231센티미터, 위 진 魏 晉 시 대 에 는 242~245센티미터, 후위後魏시대에는 280센티미터였다.

누판인염: 목판에 그림이나 글
자를 새겨 염색하는 것.
협힐법: 동일한 무늬를 새긴 두
장의 판자 사이에 견포를 접어
포개어 단단히 끼운 후 염료나
발염제를 칠해서 염색하는 방
법. 중국에서는 이 같은 방법이
진나라와 한나라 교체기부터 시
작되었다. 『사물기원事物紀原』
에 따르면, 당나라 유첩여柳婕
妤의 동생이 발견한 것은 무늬
가 대칭으로 찍히는 게 특징이
다.

북 등 중국 북부에서 성행했다. 두 지역의 비단 생산은 다른 지역
에 비해 두 배나 많았다. 그러나 안록산의 난으로 이 지역의 잠상
업은 파괴되었다. 반면 상대적으로 전란에서 안전했던 남쪽 지역
의 비단 생산은 점차 증가하기 시작했다. 당시 전국에서 비단을
국가에 바친 지역은 100여 주군州郡이었다. 그중 북방지역이 남방
보다 많았지만 남방의 강남도가 5분의 1을 차지했다. 그 중심은
강소와 절강이었다.

절강의 잠상업은 월주越州의 잠직업蠶織業에 기대고 있을 만큼
월주의 잠상업이 빠른 속도로 성장하기 시작했다. 월주의 잠상업
발달에 힘입어 절강이 비단의 고장[絲綢之府]으로 불렸다. 뽕나무
묘목과 재배기술도 발전했고 아울러 실 뽑는 기술과 염색 기술도
빠른 속도로 발달했다. 당나라 초기에 사용한 누판인염鏤版印染과
협힐법夾纈法 °이 전국으로 빠르게 보급되었다.

절강에서 만든 비단은 운하를 통해 북경은 물론 남북 각지로
판매되었다. 아울러 외국에도 수출되었다. 광주 · 천주 · 광릉 등
이 외국으로 나가는 거점으로서 역할했다. 때론 항주와 명주를 거
쳐 일본 등지로 판매되었다. 현재 일본 동대사 옆에 위치한 정창
원에 소장한 물품 중에는 당대의 진귀한 비단 제품이 적지 않다.
비단 판매의 증가로 당 왕조의 수입도 불어났다. 당 왕조의 상세商
稅가 전국 재부財富의 60분의 1을 차지할 정도였다.

잠상업 발달 지역은
세금이 두 배

당 정부의 백성에 대한 수탈도 날로 심해졌다. 780년 양세법으로 세법을 바꾼 후 수탈은 한층 심해졌다. 양세법은 여름과 가을에 두 번 세금을 거두면서도 현물이 아닌 화폐로 결제하는 방식이다. 양세법 실시 초기엔 비단 1필이 동전 3천 정도였으나 15년 뒤엔 절반으로 줄어들었다. 40년 뒤에는 비단 값이 양세법을 처음 실시했을 때보다 3분의 1로 떨어졌다. 이는 비단을 세금으로 내야 하는 백성들에겐 세 배 이상의 고통을 안겨주었다는 것을 의미한다. 게다가 당나라 정부는 사견絲繭에도 세금을 붙여 백성들의 등골을 파먹었다. 특히 잠상업이 발달한 월주의 경우는 다른 지역보다 세금이 두 배나 많았다. 백거이는 이러한 사실에 대해 분노하고 있었지만, 이는 당의 멸망을 예고하는 징조였다.

당이 망하자 중국은 다시 오대십국五代十國이 등장한 분열의 시대로 바뀌었다. 그러나 혼란의 시기에도 남쪽의 오월지역에서는 잠상업이 발달했다. 이 지역에서 잠상업이 발달할 수 있었던 것은 오월의 정부가 백성의 엄청난 노동력을 동원하여 많은 땅을 개간하고 그곳에 뽕나무를 심었기 때문이다. 더욱이 임안臨安의 많은 사원에서도 적지 않은 면적에 걸쳐 뽕나무를 심었다. 어느 정도 과장이 섞였을 수 있으나, 어떤 지역은 뽕나무가 들판을 전부 뒤덮을 정도였다고 전해진다. 오월의 잠상업은 관영수공업을 통해 이루어진 것이 특징이다. 일반적으로 잠사는 민간에서 이루어졌지만, 오월에서는 관이 주도했다. 오월의 관에서 만든 것 중에는 신품종도 있었다. 그중 이곳에서 만든 것은 월능越綾 · 오릉吳綾 등의 이름으로 판매되었다. 이런 제품은 이전 시대보다 높은 기술로 만든 것이었다. 특히 오월에서 만든 비단은 황제의 옷을 만드는 최고급 재료로 사용되었다.

양자강이 만든 차이
강남은 경제, 강북은 정치

중국의 강남과 강북은 양자강을 기준으로 나뉜다. 황하와 함께 양자강은 중국의 역사와 문화를 이해하는 핵심이다. 강남과 강북의 차이는 강의 길이만큼 크다. 중국의 기후 분계선은 진령秦嶺산맥과 회하淮河다. 진령산맥과 회하 이북은 비교적 건조하고, 1월 평균 기온이 영하로 내려간다. 따라서 식물이 생장을 중지해 동사하는 경우가 많다. 연 강수량도 800밀리미터를 넘지 않아 관개시설 없이는 벼 재배가 부적합하다. 농작물의 생장 기간도 225일을 넘지 못해 1년에 한 번만 벼를 수확할 수 있다. 반면 진령산맥과 회하 이남은 1월 평균 기온이 영상이고, 식물 생장에 동상의 위험도 없다. 이 지역은 겨울에도 대지가 온통 푸르고 연 강수량이 800밀리미터를 넘어 관개시설 없이도 벼를 재배할 수 있다. 농작물의 생장 기간도 226일 이상이기 때문에 벼를 두 번 재배할 수 있다.

중국 남쪽이 물이라면 북쪽은 불이다. 남쪽은 담수 자원이 많아 전국 하류 운송 총량의 83퍼센트를 차지한다. 북쪽은 물이 부족하다. 남쪽 사람은 키가 작지만 북쪽 사람은 키가 크다. 이른바 중국인의 남왜북고南矮北高 현상은 음식과 기후 차이, 유전 등의 요인 때문이다. 북방은 밀가루 음식 위주이고, 남방은 쌀 음식 중심이다. 밀 음식은 단백질 함유량이 많고 영양이 비교적 풍부하다. 반면 쌀 음식은 단백질 함량이 밀에 비해 매우 적은 편이다. 북방은 일조 시간이 비교적 길고 기온이 낮으며 건조하다. 충분한 일조량은 칼슘 흡수에 유리해서 골격 성장을 촉진한다. 반면 남방은 비 오는 날이 많고 일조 시간이 짧아 영양분 흡수와 골격 및 근육 성장에 불리하다. 서남지역에도 산이 많아 농산물이 부족하고 일조 시간도 비교적 짧다. 이러한 중국인의 남왜북고 현상은 신석기시대부터 시작됐다.

강남과 강북의 차이 중 정치와 경제도 빼놓을 수 없다. 중국 역사 이래 강북은 늘 정치 중심지였다. 북쪽 사람은 정치 성향이 강했다. 반면 경제는 시대에 따라 달랐다. 당나라까지는 강북이 경제 1번지로, 강남은 송나라 때부터 본격적으로 부상하기 시작했다. 강남이 경제 1번지로 부상한 것은 농작물의 중심이 밀에서 벼로 바뀐 것을 의미한다. 더욱이 송대에 바뀐 경제 중심의 이동은 지금까지 이어지고 있다. 등소평의 개방도 남쪽에서 시작됐다. 송대부터 남쪽이 중국 경제를 이끌 수 있었던 데에는 지리적인 이점도 작용했지만, 남방인의 기질도 무시할 수 없다. "남방의 거리에는 광고가 많고, 북방의 거리에는 구호가 많다." "북방에는 관모官

帽를 상으로 주고 남방에는 지폐를 상으로 준다." "북경에서는 이데올로기를 논하고 광동성에서는 장사를 논한다." "북경에서는 결정을 내리고, 광동성에서는 효율과 이익을 만들어낸다." 북방은 정치적이고, 남방은 경제적이다.

강남의 주요 상품, 견직물

송대부터 강남을 중국의 경제 중심으로 이끈 것은 다름아닌 뽕나무였다. 역사에서 당과 송의 교체를 '당송 변혁기' 라 부른다. '변혁' 은 당과 송의 왕조 교체기에 아주 큰 변화가 있었음을 의미한다. 변화는 농업과 상업 등 여러 분야에서 일어났다. 견직업도 예외일 순 없었다. 비단을 만드는 견직업은 송 이전의 경우 농촌의 부업 중 하나로서, 견직업에 종사하면서 공물을 충당하거나 자급했다. 그러나 송대에 이르러서 견직업은 이전보다 훨씬 더 발달했다.

송대에 견직물이 성행했던 데에는 상업의 발달이 한몫했다. 이 시기는 미상米商 · 차상茶商 · 염상鹽商 · 철상鐵商 등과 더불어 견상絹商들이 상업 자본을 축적할 만큼 상인들의 활동이 활발했다. 이중 견상이 다른 품목의 상인과 어깨를 나란히 하고 있다는 것만 봐도 송대의 비단이 어느 정도 비중 있는 품목이었는지 짐작할 수 있다. 송나라를 건국한 조광윤을 비롯해 여러 황제들은 어김없이 뽕나무 재배를 권장하는 조칙을 내렸다. 이를 위해 세금을

조길趙佶, 〈모장훤도련도摹張萱搗練圖〉 부분, 북송, 비단에 채색, 보스턴미술관 소장.
송나라 휘종이 당唐 화가 장훤의 〈도련도〉를 모사한 이 그림은 52명의 당나라 여인들이 바느질, 다리미질 등을 하고 있는 미인도다.

작자 미상, 〈방거도권紡車圖卷〉,
북송, 비단에 채색, 26.1×69.2cm,
북경고궁박물관 소장.

부과하지 않는 특별 조치까지 강구했다. 민간에 뽕나무 재배를 권
장하면서 정부의 정책에 따르지 않는 농민에게 벌을 주기도 했다.
이처럼 송나라 정부는 뽕나무 재배를 늘리기 위해 당근과 채찍을
함께 사용했다.

　송대의 견직물과 관련해서 조길趙佶, 즉 휘종의 〈모장훤도련도
摹張萱搗練圖〉(267쪽 그림)는 주목할 만하다. 이 작품은 당나라 천보
연간天寶年間, 742~755을 중심으로 궁정화가로 활동했던 장훤의 〈
도련도搗練圖〉를 모사한 것이다. 보스턴미술관이 소장하고 있는
이 그림은 부녀자와 아이가 비단을 만드는 과정을 표현한 것이다.

북송대의 그림 중에는 방적紡績과정을 보여주는 것도 있다.

　강남은 남송시대에 한층 변했다. 강북을 금나라에게 빼앗긴 남송의 고종은 임안, 즉 항주에 똬리를 틀었다. 남송이 항주에 자리 잡으면서 강남은 한층 발달했다. 잠상농업도 예외는 아니었다. 명대의 항주가 잠상농업의 중심이 될 수 있었던 것도 남송시대의 유산 때문이었다. 남송대 잠상농업을 발달시킨 공로는 진부 1076~1154의『농서』에 돌려야 한다. 이 농서는 저자가 직접 강남의 강소지역에서 농사지으면서 경험한 내용을 중심으로 구성한 것이다. 여기에는 이 지역에 맞는 뽕나무 재배법이 자세하게 기록

운하 타고 북쪽으로 간 강남의 비단

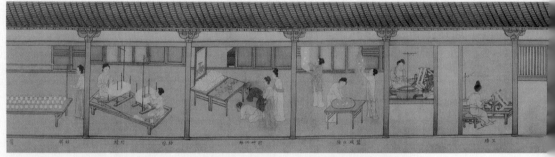

〈잠직도권蠶織圖券〉, 남송, 비단에 채색, 27.5×513cm, 흑룡강성박물관 소장. 뽕나무 잎 따기부터 비단 만드는 과정이 상세하고 생동감 있게 묘사됐다. 왼쪽 아래 그림은 〈잠직도권〉 일부를 확대한 것.

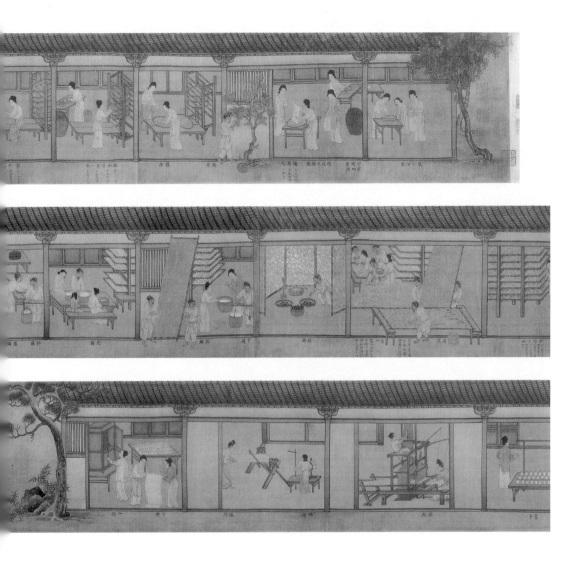

모익车益, 〈도의도권 搗衣圖卷〉
부분, 남송, 종이에 백묘, 27.1×
466.4cm, 대북고궁박물관 소장.

돼 있다.

　　송대에는 문헌만이 아니라 그림으로도 잠상기술을 보급했다.
남송대의 〈잠직도蠶織圖〉는 이 시대 방직기술사를 이해하는 데 매우 귀중한 사료다. 이 그림에는 뽕나무 잎 따기부터 비단 만드는 과정이 아주 상세하면서도 생동감 넘치는 필치로 묘사되어 있다. 또한 남송 모익牟益의 〈도의도擣衣圖〉(272쪽 그림)도 볼만하다.

북송의 범성대范成大, 1126~1193가 지은 「소사행繅絲行」이 이 시대 비단 생산의 한 단면을 보여준다.

밀은 푸르디푸르고 보리는 누렇고	小麥靑靑大麥黃
언덕에 해가 뜨니 하늘색이 서늘하다	原頭日出天色凉
시어머니와 며느리가 서로 부르면서 바삐 일하고	姑婦相呼有忙事
집 뒤에서 누에고치 삶으니 문전에 향기 나네	舍后煮繭門前香
시끌벅적 고치 켜는 소리 비바람과 같고	繅車嘈嘈似風雨
누에는 두텁고 실은 길어 끊어지는 명주 없네	繭厚絲長無斷縷
올해 어느 겨를에 비단을 짜서	今年那暇織絹着
다음날 서문에 명주실 팔러 갈까	明日西門賣絲去

정부에 바친
비단은 얼마일까?

송나라 때 각 지역에서 정부에 바친 비단은 어느 정도였을까? 비단 양을 정확한 통계로 나타내기란 쉽지 않지만 대략 살펴보면 다음 표와 같다.

967~1172년 송대 각 지역의 비단 공납 대조표

종류	전국 공납(필匹)	남방南方		동남東南			양절로兩浙路			
		수량(필匹)	전국 점유율(%)	수량(필匹)	전국 점유율(%)	남방 점유율(%)	수량(필匹)	전국 점유율(%)	남방 점유율(%)	동남 점유율(%)
금錦 기綺 녹태鹿胎 투배透背	1,010	760	75.25	-	-	-	-	-	-	-
라羅	106,481	106,468	99.99	104,526	98.16	98.18	696,557	65.42	65.43	66.64
릉綾	44,906	22,905	51.01	8,449	18.81	36.89	2,029	4.52	88.58	24.01
견絹	2,876,105	2,097,421	72.89	2,075,365	72.16	99.00	1,058,052	36.79	50.47	50.98
시施 사紗 곡자縠子 격직隔織 통구通具	6,611	6,219	94.07	4,710	71.24	75.74	-	-	-	-
주綢	468,744	383,726	81.86	381,509	81.39	99.42	124,285	26.51	32.39	32.58
염색필백 染色匹帛	48,951	48,942	99.98	-	-	-	-	-	-	-
총계	3,552,808	2,665,441	75.02	2,574,560	72.47	96.59	1,254,023	35.30	47.05	48.71
사면絲綿 (양兩)	2,365,848	2,245,736	94.92	2,245,724	94.92	100	1,613,398	63.20	71.84	71.84

출처: 주신자朱新子 주편主編, 『절강사주사浙江絲綢史』(절강인민출판사, 1985, 38쪽)

송대의 비단도 다른 나라로 수출되었다. 수출국은 베트남을 비롯해 동남아시아, 일본과 우리나라 등이었다. 남송대의 비단은 산동반도가 금나라에게 점령된 후 영파 항구를 통해 대량으로 수출되었다.

몽골의 등장과
비단의 확산

🐛

유목 민족이 세운 국가들 중 요·금·원·청은 앞 시대의 유목민들이 중국에서 세운 국가와 다른 측면을 갖고 있다. 독일의 역사학자 비트포겔은 요·금·원·청 같은 유목민들이 세운 국가를 '정복 왕조'로, 그 이전의 유목민이 세운 국가를 '잠입 왕조'로 불렀다. 이렇게 구분한 이유는 중국인들이, 유목민들이 중국 본토에서 남긴 역사와 문화를 무시했기 때문이다. 중국인들은 역사시대의 절반 동안 이민족의 지배를 받았지만, 결코 그들에게 지배당한 사실을 인정하지 않았다. 그들의 그러한 역사 인식이 곧 '흡수 이론'이다.

비트포겔의 주장은 바로 기존의 중국사에 대한 논리적 모순을 깨는 탁견이었다. 중국사는 결코 한족의 우수한 문화로 형성된 것이 아니라 끊임없는 한족과 유목민들 간의 융합으로 이루어진 것이다.

몽골의 등장은 중국사에서 아주 중요한 의미를 갖는다. 그중 하나는 몽골이 중국 전역을 통일한 유일한 유목민이었다는 점을 들 수 있다. 이전의 요와 금이 정복 왕조이긴 했지만, 중국 전역을 통일하진 못했다. 유목민인 몽골이 통일 국가를 이룬 것은 농경민족이 중국을 통일한 것과는 차원이 다르다. 한족은 몽골이 중국을 지배하기 전까지 한 번도 세계를 지배하지 못했다. 그러나 이동하면서 살아가는 유목민인 몽골은 달랐다. 그들은 세계를 지배하기 위해 경계를 허물기 시작했다. 그들이 가는 곳마다 중국의 문물이 전파되었다. 비단도 예외는 아니었다.

몽골 지배하의 잠상업은 대체로 이전보다 위축되었다. 몽골 정부는 한족이 지배하고 있던 땅을 점령한 후 대부분 서역인西域人으로 구성된 색목인色目人 및 지주 관료와 사대부들에게 나눠주었다. 잠상업 중심지인 절강도 마찬가지였다. 이런 상황에서 기존의 잠상 농가들은 정상적으로 잠상업에 종사할 수 없었다. 그들은 생계 수단을 마련하기 위해 작업을 몰래 하기도 했다. 그러나 몽골 정부가 비단 생산에 소홀한 것은 아니었다. 몽골의 황제들도 백성들에게 집요하게 비단을 요구했다. 몽골의 세금에는 사료絲料와 포은包銀이 있었다. 사료는 비단을 바치는 것이다. 특히 몽골의 세금 제도는 이전의 가난한 자와 부자를 합한 합호제合戶制에서 가난한 자와 부자를 분리한 균등세로 바뀌었다. 이는 곧 모든 개별 호에게 비단을 받았다는 것을 의미한다. 원 태종이 만든 이러한 세금 제도는 겉으로는 중국적인 틀로 보이지만, 그 이면에는 유목적인 이념이 강하게 숨어 있다. 그중에서도 '오호사제五戶絲制'는 비단을 확보하려는 몽골의 강한 의지를 볼 수 있는 제도이다.

태종은 호구조사를 통해 파악한 한인호漢人戶 중 76만여 호를 몽골 귀족에게 투하호投下戶, 즉 몽골 귀족을 돕기 위한 존재로 하사했다. 투하호는 5호를 한 단위로 사絲 1근斤을 몽골 귀족에게 바쳤다. 문제는 여기서 끝나지 않았다. 이들은 황제가 파견한 징세 관에게도 2호를 한 단위로 비단 1근을 별도로 바쳤다. 한족은 1년 에 몽골의 황제에게 38만 근, 몽골 귀족에게는 15만 근의 비단을 바쳤다. 몽골 지배하의 한족들은 1년 동안 황제와 귀족에게 바칠 53만 근의 비단을 생산하느라 땀깨나 흘려야 했다. 몽골 정부의 비단 징세는 아주 가혹했다. 강남에선 여름 세금으로 비단을 요구 했다. 누에가 실을 만들기도 전에 독촉할 정도였던 것이다.

몽골 왕조와 귀족들은 비단 생산을 위해 전국의 장인을 불러 들였다. 이들이 불러들인 장인만 수십만이었다. 이들은 관리의 엄 격한 감독 아래 비단을 생산했다. 이들이 만든 비단 제품은 '교아 巧兒'라 불렸다. 왕조나 귀족들에게 징집된 장인들은 비단 생산기 술이 뛰어난 남방 출신이 대부분이었다.

몽골 정부도 대외무역에 큰 관심을 두었다. 몽골 정부 아래 일 곱 곳의 시박사市舶司 *가 있었다. 그중 절강에 경원慶元 · 감포澉 浦 · 온주溫州 · 항주杭州 등 네 곳이 있었다. 이곳의 주요 물품은 금은동철과 사단필絲緞匹 **이었다. 몽골 정부는 개인의 무역을 금지하고 대외무역은 국가가 나서서 직접 담당했다. 그렇더라도 비단 무역에서 얻는 이익이 컸기에 반드시 불법적인 무역이 생겨 날 수밖에 없었다. 어떤 사람은 소주와 항주에서 만든 색단色緞을 인도 사람과 내통하여 판매했으며, 이렇게 인도인을 거쳐 몽골 시 대의 비단이 유럽으로 건너갔다.

14세기 초에 몽골인은 제국 전체의 교역로를 유지했고 30 내 지 50킬로미터마다 자리잡고 있는 대피소에 물자를 쟁여두었다.

•
시박사市舶司: 중국 당나라 때 부터 설치된 해상 무역에 대한 모든 사무를 맡아보던 관아.

••
단緞: 바탕이 곱고 광택이 나면 서 두꺼운 것. 견직물 전체를 일 컫는 말. 청나라의 경우 북경 동 화문東華門 밖에 비단을 보관하 는 단필고緞疋庫가 있었다.

역참은 운송용 동물만이 아니라 상인이 험한 지형을 헤쳐나가도록 도와주는 안내인까지 제공했다. 바르 사우마가 유럽에 사절로 나가 있던 시기에 몽골 궁정에 있던 마르코 폴로는 여행을 하면서 몽골의 중계역을 자주 이용했다. 마르코 폴로는 이런 역참들이 "아름답고 으리으리할 뿐 아니라 왕에게 어울리는 비단이나 다른 모든 사치품"까지 갖추고 있었다고 묘사했다. 몽골 당국은 이 교역로를 통한 무역을 장려하여 여권과 신용카드의 기능을 합친 초보적인 유형의 신분증을 나누어주었다. 이 신분증을 지니고 있으면 제국 전역을 여행하면서 보호를 받고, 편의시설과 교통수단을 이용할 수 있었으며 지방세나 관세도 면제받았다.

몽골 제국이 그 넓은 교역로를 유지할 수 있었던 원동력은 독특한 분배체계에 있었다. 몽골인이 아닌 행정관은 월급을 받는 것으로 끝났지만, 이른바 '황금 가족'으로 분류되는 고위직 몽골 관리들은 교역의 거점들을 훌륭하게 관리함으로써 충분한 자기 몫을 챙길 수 있었다. 가령 훌레구라는 한 고위 관리는 비단 노동자 2만5천 가구를 소유하고 있었으며 티베트에 골짜기도 몇 개 소유하고 있었다. 그 사람들과 그 땅에서 생산되는 것들을 자신의 수입으로 직결시킬 수 있었기 때문에, 몽골의 교역시장은 소수의 실권자들이 자신들의 사적 이익을 보호하는 적극적인 조치와 완벽한 정치적 안정감 속에서 유지될 수 있었던 것이다.

몽골이 무역을 장려하는 과정에서 지방 생산품을 장악하고 이를 위한 국제시장을 찾아내자 새로운 직물이 다양하게 유통되었다. 특별히 부드럽고 광택이 나는 비단은 서양에서 공단貢緞, satin

으로 알려졌다. 이 이름은 마르코 폴로가 유럽 귀환 여행 때 이용했던 몽골의 항구 자이툰에서 나온 것이다. 매우 화려한 천 가운데 다마스크 비단이 있는데, 이 이름은 페르시아의 일 칸국에서 유럽으로 가는 거의 모든 물자가 통과하던 도시 다마스쿠스에서 나왔다. 몽골의 경제 세계화가 다양한 신종 비단 브랜드를 낳았던 것이다.

11
못다 이룬 꿈

'지상 천국'
소주와 항주

    중국 강남에 위치한 소주와 항주는 번영과 예술을 상징하는 도시다. 중국 여행지 중 소주와 항주는 늘 인기 코스다. 강소성 태호 근처에 위치한 소주는 지상 천국이라 불린다. 이곳은 물과 숲이 어우러진 아름다운 도시이며, 전통 원림園林이 즐비하다. 동쪽에는 졸정원拙政園이, 성내에는 사자림獅子林, 인민로에는 이원怡園이, 동남쪽에는 망사원網師園이 있고, 성문 밖 서쪽에는 유원留園, 창문가閶門街에는 서원西園, 성내 남쪽에는 창랑정滄浪亭 등이 있다. 당나라 시인 두순학杜荀鶴이 친구에게 보낸 「송인유오送人遊吳」란 시도 소주의 풍경을 잘 드러내고 있다.

그대는 보겠지   君到姑蘇見

소주의 모든 인가가 강기슭에 세워진 것을　　　　　人家盡枕河

옛 도읍지이기에 빈터는 많지 않고　　　　　　　　古宮間地少

여기저기 작은 다리만 많다네　　　　　　　　　　水港小橋多

야시장에서는 연근 등을 팔고　　　　　　　　　　夜市賣菱藕

봄 강의 배에는 미끈한 옷을 입은 미인을 태운다네　春船載綺羅

그대가 달빛 속에 잠 못 드는 것은　　　　　　　　遙知未眠月

아마도 오나라 뱃노래와 고향 생각 때문이겠지　　鄉思在漁歌

　절강성의 수도 항주는 대운하의 종점이다. 특히 항주시의 서호西湖는 "봄의 서호는 그림보다 아름답다"고 할 만큼 많은 시인 묵객들이 찬미했다. 당나라 시인 백거이白居易가 이곳 자사로 좌천돼 4년 동안 근무하면서 지은 「춘제호상春題湖上」도 그중 하나다.

서호의 봄은 그림 같고　　　　　　　　　　　　湖上春來似畫圖

평평한 호수 둘레에는 산봉우리 아련하다　　　　亂峰圍繞水平鋪

산자락에 늘어선 소나무는 푸른 빛 짙고　　　　　松排山面千重翠

호수가에 비친 달은 진주알 같다　　　　　　　　月點波心一顆珠

푸른 융단 실 끝 같은 올벼가 올라오고　　　　　碧毯線頭抽早稻

엷은 비단치마 띠 같은 창포 잎이 피어나네　　　青羅裙帶展新蒲

내가 항주를 떠나지 못하고　　　　　　　　　　未能抛得杭州去

머무는 것은 이 호수 때문이리라　　　　　　　　一半句留是此湖

서호가 사람들에게 널리 알려진 것은 무엇보다도 "아침에도 좋고, 저녁에도 좋으며, 비 올 때도 좋고 날이 개었을 때도 좋다"고 한 고대 미인의 상징 서시西施 때문인지도 모른다. 춘추 말 항주 일대에서 패권을 장악한 월왕 구천은 오나라 부차가 바친 세기의 미녀 서시와 아침과 저녁, 비 오는 날과 맑은 날, 춘하추동 시시각각 변화를 자랑하는 서호에서 놀았다. 『동방견문록』에서 마르코 폴로도 항주의 번영을 찬미했다. 항주는 역사와 문화의 도시이자 견직물, 인쇄, 도자기, 조선업 등이 발달한 산업 도시이기도 했다.

이곳은 명청시대에 뽕밭으로 유명했던 곳이다. 뽕나무가 무성한 이곳은 중국사회를 한 단계 높일 수 있는 '기회의 땅'이었다. 명말청초는 중국사에서 아주 중요한 시기다. 한족 왕조인 명나라가 망하고, 만주족이 청나라를 세운 혼란기였지만, 강남의 경제는 불안한 가운데서도 활발했다.

중국에는 서호라는 이름으로 불리는 호수가 아주 많다. 그중에서 가장 유명한 것이 바로 이 절강성 항주의 서호. 2000년 전엔 전당강錢塘江의 일부였으나, 진흙모래가 쌓여서 남쪽과 북쪽의 산을 막아서 형성된 호수다. 백제白堤·소제蘇堤·양공제楊公堤 등 3개의 제방으로 나뉘어져 있다.

새로운 시대를 이끈
소주·항주의 뽕나무

명청시대의 소주와 항주가 주목받는 것은 이 지역이 중국의 자본주의 사회를 만든 진원지였기 때문이다. 소주와 항주의 자본주의 사회를 이끈 것은 뽕나무였다. 이 시기 소주와 항주의 농경지 중 절반 이상은 뽕나무를 심었다. 당시 중국에서 뽕밭이 가장 많은 지역이었다고 할 수 있다. 그렇기에 명대부터 공부工部 직속의 관영 공장인 외직염국外織染局을 설치해 고급 비단을 생산했다. 이곳의 노동자는 등록된 민간 수공업자들이었다. 그러던 중 관리 감독을 맡았던 관의 가혹한 노동 착취로 노동자들의 도망과 근무 태만이 이어지자 기술 수준이 크게 낮아졌다. 이에 명 정부는 외직염직에 속한 노동자들에게 정부 납품을 은으로 대납하도록 했다. 정부는 이들에게 받은 돈으로 비단을 민간업자에게 사들였다. 이 같은 정책으로 직염 노동자들의 견직기술이 해방돼 농촌의 견직업도 급속히 발달할 수 있었다. 항주의 서일기라는 사람은 항주성 내의 전당에서 직기 네다섯 대로 일용 노동자 10명을 거느리고 야간작업까지 하면서 시장에 팔 고급 상품을 생산했다.

소주와 항주의 민간 업자들이 성장할 수 있었던 이유도 민간 부분의 수요가 늘었기 때문이다. 1436년 이후 정부가 봉급을 은으로 지급하면서 관료들 역시 비단을 살 수 있는 소비층으로 부상했다. 아울러 이전에는 일반인의 경우 비단 소비층이 아니었지만 명 중기 이후에는 평민도 견직물을 적지 않게 소비했다. 이때부터 견직물이 하나의 유행 상품으로 대두했던 것이다. 그런 연유로 소주와 항주에서는 관에서 사용하는 고급 비단, 즉 단緞 · 금錦 · 라羅 · 사紗 외에 동남아시아, 유럽, 일본 등 외국에 수출할 보급품도 생산했다.

공장工匠은 전문 기능을 소유했고, 공장을 거느린 기호機戶는 이들에게 임금을 지급했다. 반면 공장에 소속돼 있지 않은 기능인은 일자리를 구하기 위해 새벽에 집을 나서야 했다. 주인이 없으면 때론 자유롭지만 생계를 책임지고 있는 가장의 경우 매일 일감을 찾아 새벽 공기를 갈라야만 했다. 이러한 일용 노동자들이 모이는 곳이 따로 있었다. 예컨대 단공緞工은 화교花橋에, 사공紗工은 광화사교廣化寺橋에, 차공車工은 염계방簾溪坊에 각각 모여 기호가 불러주길 기다렸다. 지금도 분야는 다르지만 중국 곳곳에서 이런 모습을 흔히 볼 수 있다. 이런 인력 시장은 강남의 경우 16세기에서 19세기 중엽까지 존재했다. 이곳에는 늘 중간 알선자가 있게 마련이다. 이들을 '행두行頭'라 한다. 행두의 힘은 막강했다. 행두가 각 기호에게 인력을 공급하기 때문이다. 따라서 노동자들은 행두에게 잘 보이지 않으면 일자리를 얻을 수 없다. 물론 혼자의 힘으로 기호를 찾아갈 수도 있지만, 기호는 스스로 찾아온 사람을 고용하지 않는다. 그러면 일도 많아질 뿐 아니라 안정적인 노동력을 확보하기 어렵기 때문이다. 기호는 행두에게 인력 공급을 맡겨두는 게 여러 가지 면에서 유리했다. 문제는 이런 상황에서는 노동자들이 인신을 구속당할 수밖에 없다는 점이다. 이것이 이른바 '포공제包工制' 혹은 '포두제包頭制'다.

소주나 항주 사람들은 부업으로 견직업에 적극 종사했다. 그들은 월 20~30퍼센트의 이자로 돈을 빌려 누에 종자를 판매하는 상인인 잠종행蠶種行에게 종지種紙를 사서 누에를 길렀다. 그렇지만 영세 농민은 뽕나무 묘목, 비료, 뽕밭을 모두 갖출 수 없었다. 영세 농민들이 이런 조건을 갖추려면 상당한 땅이 필요했다. 특히 뽕나무는 한번 심으면 곡물농사를 지을 수 없기 때문에 가난한 농민은 엄두조차 낼 수 없었다. 이들은 뽕잎마저 상인에게 사야만 했다. 더욱이 누에고치가 나방이 되어 나오기 전까지 단시일 내에 생사生絲 만드는 작업을 끝내야 했다. 이 기간이 봄철 농사와 맞물려 있었기 때문이다. 이들은 자금 회전 때문에 높은 가격을 고려할 틈도 없이 생사도 시장에 곧장 내다팔았다. 농민들은 자신의 생사를 구입하는 상인을 '생사 귀신'을 의미하는 '사귀絲鬼'라 불렀다. 그만큼 상인들의 횡포가 심했다는 증거다. 농민들은 농한기에 비단을 짜기 위해 사귀에게 다시 생사를 구입했다. 귀신의 손아귀에서 벗어나기란 결코 쉽지 않았다.

세상에는 아주 어려운 가운데서도 성공한 사람들이 종종 있다. 영세 농민들 중에는 간혹 성공한 사람도 있었다. 명나라 말기 항주 출신 장한張瀚, 1511~1593은 직기 한 대로 견직물업을 시작한 선조의 가업을 이어받아 집안을 일으켰다. 그는 고급 비단을 생산해 돈을 벌어 직기를 20대로 늘렸다. 이렇게 시작한 가업이 4대까지 내려올 정도였다. 1대에 수만 냥의 돈을 벌어들였다. 풍몽룡馮夢龍의 소설 『성세항언醒世恒言』에서는 성공한 시복施復 부부 이야기도 찾아볼 수 있다. 가정연간嘉靖年間, 1522~1566 오강현吳江縣 성택진盛澤鎭의 시복 부부는 주기紬機 1대로 양잠을 겸업했다. 아내는 실을 뽑고 남편은 비단을 짜서 3~4필이 모이면 시장에 팔았다. 이들이 만든 제품은 고급이어서 고가에 팔렸다. 이런 과정을 거쳐 직기가 3~4대로 증가하고 10년 남짓에 수천 금을 모아 부근의 집을 사들여 30~40대의 직기를 가진 대기호大機戶로 성장했다. 노동자도 때론 성공할 수 있었다. 16세기 후반 소주의 반씨潘氏는 직공이었으나 점차 자립하여 100만 냥의 부를 축적했다.

　어떤 시장이든 활성화되면 과점사업자가 나타나고 특히 생산수단이나 시장을 독점해서 갈등을 불러일으키게 마련이다. 17세기 후반 절강성 가흥부嘉興府 수수현秀水縣에서는 대상인들이 이익을 독점한 데 불만을 품은 소상인과 기호의 반란이 일어났다. 대상인들이 물건 값을 정할 때 마음대로 올리고 내려도 소상인들은 호소할 데가 없었다. 작업을 배당해 비단을 거둘 때 멋대로 수탈해도 기호는 원한만 품을 뿐 감히 말할 수 없었다. 그리하여 마침내 이들이 폭발한 것이다.

명대 잠상업
발달의 의미

　학계에서는 명대, 특히 명말의 잠상업 발달을 중국 자본주의의 맹아 단계로 평가한 적이 있다. 이러한 평가는 중국에서 자본주의 사회가 명말부터 출발할 수 있다는 점을 강조하기 위한 것이었다. 특히 중국 학계에서 명대의 잠상업 발달에 큰 관심을 둔 것은 중국사회가 외국의 도움을 받지 않고 자체적으로 자본주의 사회를 만들었다는 사실을 주장하고 싶었기 때문이다. 이러한 주장을 가장 잘 뒷받침해줄 수 있다고 믿었던 게 바로 뽕나무였다.

　중국을 비롯한 아시아의 역사는 제국주의의 침략으로 정상적인 발전과정을 거치지 못했다. 누구의 탓이든 이 자체만으로도 큰 아픔이 아닐 수 없다. 서구 학자들은 아시아 국가들은 서양의 침략으로 근대사회인 자본주의 사회로 진입할 수 있다는 주장을 끊임없이 제기했다. 이러한 논리는 '충격과 대응'으로 표현되었다. 이는 아시아의 근대 역사가 서구의 침략에 대한 대응이며 아시아의 역사가 능동적으로 이루어진 게 아니라 수동적으로 이루어졌다는 것을 의미한다.

이런 주장이 궤변이라는 것을 증명하기 위해 많은 중국 학자들이 명청시대 자본주의를 연구했지만 결과는 그다지 만족스럽지 못했다. 중국인은 뽕나무를 통해 근대사회를 증명하려 했지만, 결국 '맹아'만 확인한 채 '활짝 핀 꽃'을 찾지 못했다. 적지 않은 학자들이 개화하지 못한 원인을 제국주의로 돌려버렸다.

언뜻 그것은 겉으로는 중국의 정당성을 강조하는 것처럼 보이지만 궁극적으로는 스스로 꽃을 피우지 못한 사실을 고백한 것이나 다름없었다. 가령 해외에 거주하며 경제활동을 전개한 화교 공동체에게 중국 정부가 취한 태도를 보면 왜 중국이 자본주의로 발전할 수 없었는지가 명백해진다. 『문명과 바다』에서 주경철 교수는 16~17세기 예외적으로 큰 화교 공동체가 마닐라에 형성되었고 이 공동체의 운명이 어떻게 전개되었는지를 묘사한 바 있다. 그 내용을 한번 살펴보자. 이곳의 역사는 아시아의 바다에서 중국 세력과 유럽 세력 간에 어떤 일들이 일어났는지를 보여주는 중요한 사례이기 때문이다.

스페인은 필리핀을 식민지 전초기지로 삼고자 16세기 후반 이곳을 점령했다. 이곳을 거점 삼아 중국과 교역하려는 것이 속셈이었다. 해금海禁정책을 취하고 있었던 명 정부를 교역의 무대로 끌어내기 위해서는 중국인들이 필요했다. 스페인은 중국인들을 적극적으로 마닐라로 불러들였다. 정부 정책과는 달리 돈을 벌 수 있는 곳이면 어디라도 달려가는 남부 연안 지역민들이 수없이 몰려들었다. 그러나 중국 정부는 이와 같은 자국민의 해외 거류에 아무런 관심을 보이지 않았다. 중국 관리들이 마닐라를 방문해서 스페인 관리들과 해적에 대한 대응문제를 논의할 때도 화교 문제는 전혀 관심을 보이지 않았다. 다만 중국인들을 잘 통제·관리해 줄 것을 부탁했고 그들을 이용한 교역과 그 이익에 중국은 관여하지 않겠다는 메시지만 전했다. 이런 무관심 속에서 1580년부터 스페인과 중국간의 비단 교역이 꾸준하게 증가했다. 1600년경에는 오가는 선박 수가 30척이 넘게 됐으며 마닐라 루손 섬에 거주하는 중국인들이 2만5천 명에 육박했다. 마닐라에 중국인의 세력이 확장되자 스페인 국민들과의 갈등이 일어났고, 결국 1603년이 지역 중국인 거의 대부분이 학살되는 사건이 발생했다. 2만5천 명 중에 500명 정도가 살아남고, 500명이 중국으로 돌아갔으며 나머지는 모두 살해된 대학살극이었다. 놀라운 것은 이런 일이 있고도 채 20년이 안 되어 마닐라 현지에 중국 화교가 3만 명으로 늘어났다는 점이다. 그리고 1639년 다시 한 번 중국인 약 2만 명이 학살되는 끔찍한 일이 반복되었다. 명나라 정부는 여기에 대해 가타부타 말이 없었다. 해금정책이라는 자국의 법을 어기고 불법으로 나간 자들을 지켜줄 의무는 없다는 것이 공식 입장이었다. 살아남은 중국인들은 왕권의 강력한 후원을 받는 스페인 상인들의 조직적인 활동에 맞서 개인적인 조심성과 노하우로 버텨야 했다. 과연 자국민의 해외 교역활동에 대해 이렇게 대처하는 정부 아래에서 자본주의가 어떻게 발전할 수 있었을까.

명대 강남의 잠상업이 무척 발달했지만, 강남의 비옥한 땅에 뽕나무가 즐비했지만, 수많은 아낙들이 뽕잎을 따서 누에를 키워 열심히 실을 뽑았지만, 그들의 노력은 자본주의 사회를 이끌지 못했다. 중국 강남에서 발달한 잠상업이 중국 전역을 이끌 만큼 강한 힘을 가지고 있지 못했던 것이다. 그러나 아직 실망할 단계는 아니다. 중국인들이 가꾼 뽕나무의 꿈은 여전히 사라지지 않고 있기 때문이다. 서양에서 출발한 자본주의 사회가 반드시 근대를 의미하는 것은 아니라는 점만 증명할 수 있다면, 근대사회를 다양한 각도에서 해석할 수 있다면, 뽕나무를 심은 사람들의 꿈도 새롭게 해석할 수 있기 때문이다.

12
경제 지도를 바꾼 뽕나무 호상

잠상농업은 누에에게 가장 좋은 먹이를 제공할 때 많은 이익을 얻을 수 있다. 뽕나무가 누에의 근본이다. 사람들이 산에 있는 뽕나무를 집으로 옮긴 것도 이 때문이다. 사람들은 집뽕나무도 계속 개량했다. 한층 나은 잎을 얻기 위해서이기도 하고, 환경이 다른 곳에서도 살아갈 수 있도록 하기 위해서였다. 접붙이기는 전통시대에 나무 개량하는 방법 중 가장 대표적인 것이다.

중국 고대의 집뽕나무에는 형상荊桑과 노상魯桑이 있었다. 둘은 모두 지명을 따서 붙여진 이름이다. 형상의 '형'은 우공구주禹貢九州 중 하나이며, 현재 호남·호북·광서 및 귀주에 해당한다. 대개 이 지역은 옛날 초나라 지역을 말한다. 노상의 '노'는 우리에게 잘 알려진 공자가 살았던 산동지역을 말한다. 그러니 형상과 노상은 양자강과 황하를 대표하는 뽕나무인 셈이다. 좀더 구분하면 형상은 남쪽지역을, 노상은 북쪽지역을 대표하는 뽕나무이다. 잠상기술과 기구가 남북이 달랐던 것 역시 뽕나무와 무관치 않다.

땅과 기후가 다르면 풍속이 다를 수밖에 없다. 따라서 형상과 노상은 뽕나무라는 점에서는 같지만 모양은 달랐다. 형상의 특징은 잎이 적고 오디가 많으며 질이 비교적 강하다는 점이다. 반면 노상은 잎이 크고 오디가 적으며 뿌리가 강하다. 형상의 경우 잎이 작고 오디가 많아 누에에게는 불리하다. 물론 이 오디를 이용한다면 장점이 될 수도 있다. 반면 노상의 경우 잎이 크고 오디가 적어,

마원馬遠, 〈공자상孔子像〉, 중국 남송, 비단에 엷은 채색, 27.7×23.2cm, 북경 고궁박물원 소장.

291
경제 지도를 바꾼 뽕나무 호상

누에에게는 유리하다. 하지만 오디를 이용하긴 어렵다. 따라서 두 나무의 장점을 살리면 훨씬 유리할 것이다. 두 나무의 장점을 최대한 살리는 것은 형상을 본으로 삼아 노상의 가지를 접붙이는 것이다.

형상과 노상은 고대부터 오랜 기간 중국인들이 따뜻한 옷으로 살아가는 데 큰 역할을 했다. 하지만 인구가 늘고 옷감에 대한 기대치가 높아지면서 한층 많이 생산할 수 있는 뽕나무를 만들 필요성이 점차 높아졌다. 이런 상황에서 사람들의 뽕나무에 대한 인식도 달라졌다. 15세기 이전까지는 뽕나무 재배만으로 살아간다는 것은 거의 상상조차 할 수 없었다. 그 시절 뽕나무는 독립적으로 존재하지 않고 누에와 함께 존재했다. 따라서 이 농업에 종사하는 사람들은 뽕나무 재배와 누에 기르는 것을 같이 했던 것이다. 그러나 인구 증가와 의복 패턴의 변화로 비단에 대한 수요가 급증하자 뽕나무와 누에 농사가 분리되기 시작했다.

뽕나무에 대한 수요 증가는 이 나무의 진화를 예고했다. 어떤 사람들은 한층 나은 뽕나무를 만들기 위해 심혈을 기울였다. 여기에는 잠상농업을 장려하는 중앙과 지방 정부의 정책도 큰 몫을 했다. 뽕나무의 진화는 경쟁이 가장 치열한 곳에서 결실을 맺었다. 중국의 경우 강남이 그랬다. 중국의 경제 지도를 결정하는 것은 강이다. 북쪽은 황하, 남쪽은 양자강이 경제 지도를 결정한다. 이전에는 북쪽이 정치 · 경제 · 문화의 중심지였다. 그러나 삼국시대 오나라에서 본격 개발하기 시작한 양자강 지역, 그중에서도 하류지역은 점차 북쪽을 넘보기 시작했다. 중국 경제가 완전히 양자강 중심으로 바뀐 것은 남송 시기인 12세기다.

당나라 때부터 그 조짐이 보이기 시작했다. 당나라의 한유韓愈, 768~824는 "천하에서 거둬들이는 세금의 10분의 9를 강남이 차지한다賦出天下而江南居十九"고 말했다. 두목杜牧, 803~853도 "오늘날의 천하는 양자강과 회수 지역이 나라의 중심이다今天下以江淮爲國命"라고 했다. 물론 이 말은 어느 정도 과장이다. 그럼에도 이러한 표현은 이 시기부터 강남지역이 중국 경제의 중심이라는 평가가 나오기 시작했다는 것을 의미한다. 급기야 남송에 이르러 중국의 경제 1번지는 강남으로 바뀌었다. 이때부터 중국의 경제 지도는 달라졌다.

뽕나무의 수요 증가를 부추겼던 가장 큰 요인은 강남의 인구 증가였다. 강남 인구를 추동한 요인은 강남 자체의 경제 성장과 더불어 세 차례의 큰 정치적 변동과 밀접한 관련이 있었다. 첫번째 변동은 서진西晋 영가永嘉, 307~312의 난 때이다. 이 난은 중국 주변에 살고 있는 유목민들이 서진을 멸망시킨 일이다. 이때 서진의 일부 왕족과 백성들이 남쪽으로 내려와 동진을 세웠다. 그 수가 몇 명이었는지는 정확하지 않지만, 대략 90만 명으로 추산하고 있다. 두번째 변동은 755년 당나라 안록산安祿山과 사사명史思明의 난이다. 이 당시에도 강남으로 많은 인구가 이동했다. 당나라 이백李白, 701~762은 이와 관련하여 "천하의 벼슬아치와 선비들이 오吳로 피난 오니 영가연간의 천도도 이보다 못했을 것이다天下衣冠士庶避地來吳永嘉南遷未盛于此"라고 했다. 이백의 주장대로라면 안록산의 난 때 강남으로 이동한 인구는 적어도 영가의 난 때보다 많았다. 세번째 변동은 북송 말 1127년 정강靖康의 난, 즉 금나라에 의한 북송의 멸망이다. 이때도 조정과 재야의 인사들이 모두 남하했다.

강남의 인구 증가는 많은 변화를 낳았다. 당연히 비단의 수요도 늘었다. 부자들은 사치하기 시작했다. 사치에 비단만 한 것도 없었다. 이런 상황에서 뽕나무 수요도 당연히 늘 수밖에 없었다. 그러나 강남일지라도 모든 지역을 뽕밭으로 만들 수는 없었다. 아무리 뽕나무 수요가 늘어난다 해도 나무가 살 수 있는 땅이라야 심을 수 있었다. 강남에서도 소주부를 비롯해 항주부, 호주부 등지가 뽕나무를 많이 재배한 지역이었다. 특히 절강의 호주부는 뽕나무 진화의 발상지였다. 이곳에서 중국 뽕나무 역사상 가장 부가가치가 높은 뽕나무가 탄생했기 때문이다. 그 이름은 바로 '호상湖桑'이었다. 호상은 노상과 형상의 장점을 취해 개량한 품종이다. 형상과 노상은 이제 호상과 경쟁할 수 없는 처지로 전락했다. 명청시대의 중국 잠상농업은 결국 호상이 지배하기 시작했다. 청 말에는 중국의 북쪽까지 호상이 장악해버렸다. 이러한 현상은 마치 중국의 불교 중 육조 혜능의 남선종이 북선종을 압도한 것과 같았다.

절강성 호주부에서 탄생한 호상은 지역 이름을 딴 뽕나무 '브랜드'였다. 호상의 브랜드 가치는 형상이나 노상과는 비교할 수 없었다. 이 뽕나무는 강남에 아주 빠른 속도로 보급됐다. 뽕나무 재배자들이 호상을 선호한 것은 당연히 많은 돈을 가져다줬기 때문이다. 뽕나무의 우수성은 곧 뽕잎에 달려 있다. 호상은 다른 뽕나무보다 많은 뽕잎을 생산할 수 있었다. 뽕잎을 많이 생산하는 방법은 오디를 없애는 것이다. 오디를 없애면 오디에 필요한 양분을 잎으로 보낼 수 있다. 즉 호상은 오디가 달리지 않는 뽕나무였다. 한 존재의 가치로 생각하면 참 슬픈 일이지만, 중국의 뽕나무 재배자들은 기어이 이런 방법을 찾아냈다. 흔히 이런 것을 기술의 발달로 평가한다. 중국 강남의 잠상농업은 뽕나무의 진화로 달성한 것이다.

호상의 이러한 특징은 아주 빠른 시간 내에 브랜드 가치를 높였다. 하지만 개발만큼이나 보존도 중요했다. 호상을 개발한 사람들은 이 나무를 지키는 데도 게을리 하지 않았다. 이 지역 사람들은 호상의 무단 방출을 엄격하게 단속했다. 기술 유출을 우려해서 묘목만 다른 지역으로 판매할 뿐이었다. 우수한 품종은 당연히 값도 높을 수밖에 없었다. 호상도 높은 가격으로 판매되었다. 더욱이 호상의 가치가 알려지자 수요도 한층 늘어났다. 이제 호상만 재배하는 농가들도 탄생했다. 다시 말해 호상 전문 재배자가 등장한 것이다. 강남의 일부 지역에서는 곡물농사 대신 뽕나무를 심기 시작했다.

호상만 재배해서 부자가 된 사람도 등장했다. 1870년대 강소성江蘇省 강음현江陰縣의 소종진蘇宗振과 전유기錢維錡 등은 1000무의 면적에 호상을 재배했다. 이들이 이렇게 상당한 규모의 땅에 호상을 재배할 수 있었던 것은 2년간의 조세 감면 혜택뿐 아니라 뛰어난 품종 때문이었다. 이로써 이 지역은 호상 재배가 성행했으며, 재배 면적은 10만 무에 달했다.

강희제와
중국의 풍요

청조가 중국을 통일하고 황제 지배 체제를 구축하는 데 가장 큰 걸림돌이 된 것은 삼번三藩과 대만의 정성공 세력이었다. 삼번은 세 개의 번이다. 번은 울타리다. 조선도 중국의 번국이었다. 청조는 중국 정복에 협조한 명나라 장수를 각각 중국의 주요 울타리 지역에 임명했다. 청조는 중국 진출에 가장 공이 컸던 오삼계吳三桂를 운남雲南에, 경계무耿繼茂를 광동廣東에, 상가희尙可喜를 복건福建에 임명했다. 이런 청조의 정책은 중국이 사용한, 이른바 오랑캐로 오랑캐를 제압하는 이이제이以夷制夷를 본뜬 이한제한以漢制漢 정책이었다. 그러나 이들 삼번의 지위는 친왕과 맞먹었으며, 지방에서는 세력이 막강해서 반독립국가처럼 행동했다. 이에 강희제康熙帝,재위1661~1722는 삼번 철폐를 위한 조치를 취하지 않을 수 없었다. 청조의 이러한 조치에 삼번도 가만있지 않았다. 이른바 '삼번의 난'이 일어났던 것이다.

강희제가 삼번의 난을 진압하는 데 걸린 기간은 8년이었다(1673~1681). 청조는 결국 진압에 성공했지만, 엄청난 국력을 소비해야만 했다. 그러나 한족도 삼번의 난이 진압되자 더이상 청조에 대항하는 게 불가능하다는 사실을 깨닫기 시작했다. 정성공이 복건의 강왕康王을 도와 반청복명反淸復明, 즉 청나라에 반대해 명나라를 회복하려 대만으로 건너가 네덜란드인을 몰아내고 기반을 마련했지만, 결국 실패했다.

강희제는 중국 역사상 가장 뛰어난 황제로 꼽힌다. 그가 실시한 정책 가운데 일반 백성들에게 가장 깊은 인상을 준 것은 1712년의 인두세 동결이었다. 이른바 '성세자생정盛世滋生丁'의 발표는 중국 번영에 대한 강한 자신감을 드러낸 것이었다. 강희제의 이러한 정책은 이 시기 농업 분야에 대한 성과 때문이었다.

강희제,
드디어 닫힌 빗장을 풀다

강희제는 오랫동안 침체에 빠진 연해지역의 경제를 부흥시키기 위해 명나라 이래 300여 년 동안 실시해온 해금정책을 폐지하고, 바다를 여는 개방정책을 실시했다. 이에 따라 청 정부는 동남연해의 월해관粵海關, 민해관閩海關, 절해관浙海關, 강해관江海關 등 네 곳에 세관을 설치하고 외국 상선의 무역을 허락했다. 그러나 청 정부에서는 전문적으로 대외무역을 담당할 기구가 없었다. 이는 당연한 것이었다. 그동안 대외무역 관계가 이루어지지 않았기 때문이다. 갑자기 외국 배가 들어오니 청나라 관리들은 어떻게 처리해야 할지 몰랐다.

당시 광동 정부와 월해관 입장에서는 무엇

강희제
삼번의 난을 진압한 강희제는 중국 역사상 가장 뛰어난 황제로 불린다.

보다도 세금 확보가 가장 중요했다. 강희제가 바라던 것도 왕조의 안정에 필요한 세수 확보였다. 이에 청 정부는 재력이 탄탄한 상인을 지정하여 세관 대신 세금을 징수하는 방법을 찾았다. 대신 그들에겐 반대급부로 대외무역의 독점권을 부여하기로 했다. 이처럼 초기에 대외무역을 담당한 중국 상인들의 상점을 양행洋行이라 불렀다. 광주에는 13곳에 이러한 양행이 있었다. 이른바 유명한 13행行, 혹은 13공행公行은 이렇게 탄생했다. 13공행은 이전의 상인과는 차원이 달랐다. 국가에서 공적으로 인정했기 때문에 공행이라 불렀다. 독점 상인은 언제나 급성장할 수 있는 이점을 가지고 있었다.

공행들은 광동을 대표하는 주강 옆에 자리 잡고 있었다. 이들은 경제적이고 효율적으로 일했을 뿐 아니라 기동력도 뛰어났다. 독점으로 얻을 수 있는 이익이 막대했기 때문이다. 그들은 풍부한 경험을 통해 막대한 이익을 얻는 방법도 잘 알고 있었다. 외국 상인들은 공행이 제공하는 견본만을 통해 물건을 구입했다. 그들 간에는 어떤 서면 협의나 영수증도 없었으며, 따라서 도장과 서명도 있을 리 없었다. 아울러 수표 송금이나 어음도 없었다. 오로지 그들이 손에 넣은 것은 상점 이름이 적힌 종이쪽지뿐이었다. 이처럼 양자 간에 아주 간단하고 편리한 계약을 통해 거래했다. 이 같은 거래는 믿음이 깔려 있었기 때문에 가능했다. 그렇지 않고서는 막대한 금액이 오가는 거래가 이루어질 수 없기 때문이다.

서양의 배들은 광주 황포항黃埔港에 속속 입항했다. 황포항은 서양 상인들에게 아주 매력적인 항구였다. 무엇보다도 광주에서 물길로 20리 거리에 있었을 뿐 아니라 바닥이 넓고 수심이 적당해 정박에 안성맞춤이었다. 반면 절강의 영파寧波나 복건의 하문廈門은 해안 수심이 얕고 화물을 싣는 시간이 많이 걸려 상인들에게 매력을 주지 못했다. 외국 상선들이 항구에 도착하면 공행들이 직접 마중 나가 그들을 맞이했다. 아울러 상인들에게 주연을 베푸는 등 융숭한 대접을 아끼지 않았다.

서양 상인들이 앞다투어 황포항을 찾은 것은 중국의 비단이 유럽에서 엄청난 인기가 있었기 때문이다. 서양인들은 실크로드를 통해 건너간 중국 비단이 대단히 훌륭한 제품임을 잘 알고 있었던 것이다. 1603년 중국 생사를 실은 포르투갈 범선이 네덜란드에 압류되어 암스테르담에서 화물을 경매하자 유럽 각지의 상인들이 구름처럼 몰려왔을 정도였다. 이런 상황을 경험한 네덜란드가 1653~1657년 사이에 중국의 생사를 구입하기 위해 광주에 사절단을 보낸 것도 중국 비단의 위력을 잘 보여주는 사례다.

13공행들은 유럽인이 요구하는 제품을 적절하게 공급하는 능력까지 갖추고 있었다. 그들은 외국인이 좋아하는 여러 무늬를 수놓아 판매하는 지혜를 발휘했다. 더욱이 공행들은 18세기 중엽 유럽이 중국 비단 거래를 제한하자, 유럽에서 유행하는 옷을 모방한 신제품으로 어려움을 돌파하기도 했다.

강희제 때 만든
베 짜기 그림

강희제는 1696년에 궁중 화가 초병정焦秉貞에게 명령해서 23
폭의 그림을 그리게 한다. 〈어제경직도御製耕織圖〉란 작품이다. 그
리고 손수 이 작품의 서문과 시를 지었다. 밭 갈기에 대한 그림 23
폭과 베 짜기에 대한 그림 23폭으로 구성된 이 그림은 강희제 나
름의 백성에 대한 사랑과 농본사상에 대한 애정을 담은 것이다(책
의 맨 뒤에 나오는 부록 참조). 이 작품은 기본적으로 남송시대 루숙
樓璹, 1090~1162의 〈경직도耕織圖〉에 기초했지만, 여러 면에서 차
이가 난다. 루숙의 〈경직도〉는 경도耕圖가 21폭, 직도織圖가 24폭
이다. 안타깝게도 이 작품은 석각까지 모두 사라지고 현재 남아
있지 않다. 다만 후세 사람들이 베낀 작품이 적지 않게 전해질 따
름이다. 강희의 〈경직도〉의 내용도 루숙의 〈경직도〉와 조금 다르
다. 강희의 〈경직도〉의 직도에서는 누숙의 「하잠下蠶」 「위잠餵蠶」
「이면二眠」 등을 빼고 대신 「염색染色」 「성의成衣」를 넣었다. 이러
한 강희의 〈경직도〉는 중국에 실존하는 원본 작품 중에는 가장 이
른 시기라는 점에서 매우 높은 가치를 지니고 있다.

오로지 광주만 개방한
건륭제와 비단 수출

건륭제는 아버지인 강희제와 달리 문을 굳게 닫은 황제였다. 건륭제는 외국 상인들이 중국에 들어오는 것을 두려워했다. 건륭제가 외국 상선들의 중국 왕래를 염려한 것은 군사 정보가 샐 가능성이 높다고 보았기 때문이다. 그래서 그는 우선 외국 상선들이 중국에 들어오지 못하도록 관세를 올렸다. 영국 상인을 비롯한 외국 상인들이 관세 인하를 요구했으나 건륭제는 광동 이외의 항구를 모두 폐쇄하는 쪽으로 정책을 결정했다.

건륭제의 해금정책은 외국 상인들에겐 청천벽력과도 같은 조치였다. 막대한 이익을 가져준 중국 상품을 구입하는 것이 쉽지 않아졌기 때문이다. 영국을 비롯한 외국 상인들이 적극적으로 건륭제의 조치를 돌파할 대책을 강구한 것은 오히려 당연한 일이었다. 그러나 서양 상인들은 갖가지 방법을 동원했지만, 끝내 건륭제의 확고한 의지를 꺾을 방법을 찾지 못했다. 그들이 선택할 수 있는 방법은 거의 없었다. 다만 청조의 정책에 따라 광주에서만이라도 최대한의 이익을 챙기는 수밖에 없었다.

1762년 건륭제는 외국 상인들에게 비단을 수출하지 못하도록 하는 금지령을 내렸다. 그러나 스웨덴은 예외였다. 스웨덴 상인들은 청나라 관리들에게 특별대우를 받고 있었기 때문이었다. 13공행이 수출한 비단은 주로 13공행이 생산했다. 건륭시기 주요 비단 생산지였던 불산佛山에서는 직공만 1만 7000명 있었다.

청대 강남을 부자로 만든
뽕나무

『잠상집요蠶桑輯要』를 지은 고전과 심병성의 고향인 귀안현은
호주부의 중심에 위치하고 있다. 이곳은 습지가 많은 지역이다.
그러나 서남쪽에는 산이 많고 지형도 높은 편이었다. 고전의 고향
인 초계는 귀안현의 중심 물길이었다. 그래서 초계는 이 지역의
물이 모두 모이는 곳이자 운하와 만나는 곳이기도 했다. 오정현烏
程縣과 인접한 벽랑호碧浪湖도 귀안현의 농업에 중요한 곳이었다.
따라서 귀안현의 동쪽은 다른 지역보다 상대적으로 시장, 즉 시진
市鎭이 발달하고 인구도 많았다.

호주부 각 현의 시기별 인구(단위: 정丁)

현 \ 시기	귀안현 歸安縣	오정현 烏程縣	장흥현 長興縣	덕청현 德淸縣	무강현 武康縣	안길현 安吉縣	효풍현 孝豊縣
강희20	68,111	73,683	48,761	57,024	17,828	13,570	13,954
옹정9	73,131	83,781	52,184	61,738	19,073	14,329	14,606
건륭6	77,323	86,385	53,114	62,646	20,385	25,486	14,481
건륭11	79,926	90,643	53,338	63,104	—	25,490	14,486
건륭16	80,037	172,367	53,466	63,387	20,623	25,479	14,486
건륭21	81,218	174,270	53,533	63,772	21,526	25,492	14,591

출처: 동치同治, 『호주부지湖州府志』권39, 「경정략 · 호구經政略 · 戶口」, 1~12쪽.

호주부의 인구는 귀안현을 비롯해 17세기 말에서 18세기 중엽까지 완만하게 증가하고 있다. 귀안현은 오정현 다음으로 인구가 많은 곳이며, 경지면적은 호주부에서 가장 넓었다. 인구가 늘면 자연히 시장도 비례해서 늘어나는 법이다.

귀안현의 시장 수는 명대는 물론 청대에도 호주부에서 많았다. 시간이 지날수록 귀안현의 시장은 더욱 증가했다. 광서시기 귀안현의 시진市鎭은 현 중심에서 60리 이내 동남에 가장 많이 분포하고 있었다. 쌍림진과 능호진의 인구가 많은 것도 지리와 무관하지 않다. 쌍림진은 남송 시대 이곳에 상인들이 모였기 때문에 상림商林 혹은 상계商溪로 불렸다. 또한 속칭 동림촌東林村으로도 불렸다. 원대에는 이미 이곳이 양잠과 뽕나무의 재배 기지였다. 그러나 명대에 이르러 동림촌이 쇠퇴하고 서림西林이 성하자 영락 3년에 서림을 다시 쌍림진으로 불렀다. 이처럼 쌍림진이 귀안현에서도 가장 중요한 시진으로 성장할 수 있었던 것은 무엇보다도 좋은 지리 환경과 교통 때문이었다. 쌍림진은 강남江南의 오부五府, 즉 호주부, 가흥부, 항주부, 소주부, 송강부의 중심에 위치하고 있다. 특히 쌍림진은 태호太湖와 가까워 관개는 물론 배를 이용하기에 아주 좋은 조건을 갖추고 있었다. 이곳은 서리 없는 기간이 240일이며 연평균 기온도 15도이다. 연 강우량은 1500밀리미터이다. 토양은 비옥하여 점토가 70퍼센트를 차지한다. 따라서 이곳은 뽕나무를 재배하기에 적합한 지역이었다.

능호진은 호주부의 성에서 약 36리 떨어진 곳에 위치하고 있었다. 이곳은 지세가 낮아 능菱(1년생 수초)을 양식하기에 적합해 붙인 이름이다. 이곳 사람들은 능으로 부족한 식량을 보충했다. 그런데 백성들이 능호당 동쪽에 모여 살면서 능상업菱桑業이 성행

명·청대 호주부의 시장

명대			청대		
현	시	진	현	시	진
오정현	청산시菁山市 묘희시妙喜市	오진烏鎭 남심진南潯鎭	오정현		오진烏鎭 남심진南潯鎭 대전진大錢鎭 동천진東遷鎭
귀안현		능호진菱湖鎭 체계진棣溪鎭 연시진璉市鎭 쌍림진雙林鎭 오진烏鎭	귀안현		능호진菱湖鎭 체계진棣溪鎭 연시진璉市鎭 쌍림진雙林鎭
안길현		마가독진馬家瀆鎭 체포진遞鋪鎭 매계진梅溪鎭	안길현		마가독진馬家瀆鎭 체포진遞鋪鎭 매계진梅溪鎭 소시진小市鎭
장흥현		사안진四安鎭 화평진和平鎭 고당진皐塘鎭 합계진合溪鎭 수구진水口鎭	창흥현		사안진四安鎭 화평진和平鎭 고당진皐塘鎭 합계진合溪鎭 수구진水口鎭
덕청현			덕청현		당서진唐栖鎭
무강현	삼교부三橋埠 상맥부上陌埠		무강현	삼교부三橋埠	상맥진上陌埠 패두진簰頭鎭
효풍현		연간진沿干鎭			

출처: 번수지, 『강남시진탐미』(상해: 복단대학출판사, 1990), 부록 「강남시진분포표江南市鎭分布表」, 479~515쪽.

했다. 당나라 때 개발된 능호진은 송대에도 발달했으나 원대에는 전란으로 쇠퇴했다. 그러다 명대에 점차 회복하여 명말에는 크게 발달했다. 특히 청 건륭이후에는 상인들이 몰려들었으며 이곳에서 만든 실을 최고로 쳤다.

세금은 한 지역이나 집단의 경제 상황을 이해하는 데 중요한 지표다. 호주부 귀안현의 잠상업 수준이 어느 정도였는지를 가늠하는 잣대 중 하나도 잠상 관련 세금이다. 명대 호주부 중에서도 사세絲稅를 가장 많이 낸 지역은 오정현이고, 그다음이 귀안현이었다. 그런데 귀안현의 경우 지역에 따라 잠상업이 조금씩 달랐다. 귀안현 동쪽 고을에는 비단, 남쪽 고을에는 뽕나무, 서쪽 고을에는 대나무가 발달했다.

귀안현 중 능호진에서 사직업絲織業이 본격적으로 발달한 시기는 명 중엽이었다. 특히 이곳은 명말에 뽕나무와 마가 들판에 가득할 정도였다. 이처럼 능호진에서 뽕나무를 많이 재배한 것은 이 지역이 지형이 낮아 곡물 재배가 쉽지 않았기 때문이다. 명말의 자연재해도 농민들이 작물을 바꾸는 데 결정적인 역할을 했다. 곡물로는 도저히 먹는 문제를 해결할 수 없다고 생각한 이곳 농민들은 벼 대신 뽕나무를 심기 시작했다. 이들은 잠상으로 곡물을 구입했다. 귀안현의 이러한 현상은 청대에도 이어졌다.

능호진에서는 잠상의 발달로 뽕나무를 전문으로 재배하는 농가도 생겨났다. 이들은 뽕나무 종자를 가꾸어 잠상 농가에 판매했으며, 좋은 묘목을 만들기 위해 종자를 개량하기도 했다. 이 지역 농민들의 과감한 결단은 무엇보다도 높은 이익 때문이었다. 곡물

농사를 제대로 짓지 못하는 상황에서 적극적으로 생계를 도모하지 않을 수 없었고, 다행히 잠상업으로 얻는 이윤도 아주 좋았다. 보통의 경우 뽕나무 재배가 곡물보다 두 배 정도 수익이 많았으며, 혹 뽕나무의 작황이 좋아 양잠까지 이익을 얻을 경우에는 벼 농사보다 네 배 정도 수익이 많았다. 이 때문에 이 지역에서는 벼 재배할 땅을 뽕나무 재배지로 전환하는 농가가 늘어나 양식이 부족할 지경에까지 이르렀다. 부족한 양식은 이웃 가흥부嘉興府나 청대 최대 곡물 생산지인 호광湖廣 *지역에서 수입했다. 귀안현에서는 누에 키우는 데 필요한 뽕잎의 경우 대개 20근을 1개箇로 파악했다. 1개가 남으면 팔고 모자라면 샀다. 농가에서는 서로 미리 계약했다. 돈은 실을 시장에 판매한 다음에 계산했다. 이것을 '사초賖梢'라 불렀다. 외상으로 거래한다는 의미다. 상인들은 뽕잎 가게 즉, 엽행葉行을 열어 잎을 매매했다. 능호진에서는 안란교安爛橋 일대에 엽행이 열렸다.

뽕나무를 많이 심었던 능호진에서는 누에치기도 성했다. 이른바 잠월蠶月에는 집집마다 문을 닫았을 뿐 아니라 관에서 세금 징수하는 것까지 중단했다. 이를 '잠금蠶禁'이라 불렀다. 누에치는 달에는 부부가 같이 잠을 자지도 않았으며, 부인은 머리에 빗질도 하지 않았다. 누에를 거두는 날에는 누에 집 문 위에 누에를 기른다는 뜻의 '육잠育蠶' 혹은 잠월에는 예를 안다는 뜻의 '잠월지례蠶月知禮'라는 글자를 붙이기도 했다. 이러한 경건한 행위는 누에치기가 어렵기도 하고 정성을 다한다는 것을 보여주는 것이다.

정성과 우수한 기술을 가진 사람이 어떤 일을 할 경우에는 대부분 좋은 결과가 생긴다. 귀안현 중에서도 능호진에서 생산한 실이 우수했다. 그런데 실은 이잠二蠶보다는 두잠頭蠶이 좋았다. 능호진의 실이 우수했던 것은 실 뽑는 데 필요한 물이 아주 뛰어났기 때문이다. 음식도 마찬가지지만 비단의 원료인 실을 뽑는 데도 물이 매우 중요하다. 『잠상집요』의 저자인 고전도 이 점을 강조했다. 능호진에서 생산한 실은 다른 지역에 비해 두 배 정도 많았다. 18세기 말에서 19세기 초 가경시대, 강소성의 강녕 상인 주봉장朱奉璋과 갈성葛姓을 가진 사람은 800냥을 가지고 능호진의 실을 구입했다. 우수한 귀안현의 각 시진에 모인 능호진의 실은 다시 수로를 통해 상해上海로, 다시 상해에서 외국으로 수출되었다. 순치에서 가경 시기까지 청 정부는 강소성과 절강성 관상선官商船으로 생사生絲를 대량으로 수출했다. 특히 청 정부는 강남에서 생산한 생사를 일본에 수출하여 동銅을 구입했다. 중국이 일본에서 구리를 구입한 것은 당시 쓰이던 화폐 전錢을 만들기 위해서였다.

귀안현의 쌍림진은 명청시대 성택盛澤, 진택震澤, 왕강경王江涇, 복원문안濮院文按 등과 함께 5대 진 중의 하나로 꼽힐 만큼 큰 진이었다. 쌍림진 부근 향촌에는 뽕 농장이 즐비했다. 쌍림진에서는 뽕나무와 더불어 사직업絲織業도 발달했다. 쌍림진의 여러 촌에서는 비단 짜는 것을 직업으로 삼았으며, 남자들까지 이 업에 종사하는 경우도 있었다. 잠상업이 어지간히 발달해도 남자들이 종사하는 경우는 아주 드물다. 전통적으로 이 업종은 여자의 일이었고, 부업 형태로 이루어졌기 때문이다. 쌍림진의 이러한 현상은 이 지역의 잠상업이 전통적인 관행을 벗어나고 있다는 것을 의미

19세기 청나라 광주 상관이 있
는 항구의 모습들.

한다. 쌍림진 사람들은 항상 시장에 나가 실
을 사와서 견으로 판매했다. 쌍림진에서 생산
한 사는 강남 5부를 비롯해서 멀리 광동까지
판매되었다. 쌍림진의 이러한 현상은 17세기
부터 나타나고 있었다. 그러나 쌍림진의 이러
한 잠상업 발달은 능호진과 마찬가지로 양식
의 부족을 낳았다. 따라서 이곳에서도 능호진
처럼 가흥부나 호광에서 쌀을 수입할 수밖에
없었다.

능호진과 쌍림진을 중심으로 이루어진 귀
안현의 전문 잠상업은 일종의 벤처였다. 이곳
사람들이 언제나 가격 폭락의 위험이 도사리
고 있는 품목에 목숨을 건 것은 국내 정세에
대한 나름의 정보 때문이기도 했다. 귀안현에
서 생산한 잠상 관련 상품은 자체 소비가 아니
라 다른 지역으로 수출할 수밖에 없다. 성공
여부는 언제나 시장의 안정이다. 다행히 귀안현은 안정적인 시장
을 확보할 수 있는 조건을 갖추고 있었다. 귀안현은 쌍림진과 능
호진처럼 시장이 발달했을 뿐 아니라 항주와 소주 등 인근에 사직
생산 공장이 있었다. 청대의 관영 사직 분포 지역과 규모는 명대
에 비해 줄었지만, 귀안현과 인접한 강녕과 소주 및 항주 등 세 곳
은 여전히 많았다. 순치 연간에 강녕국江寧局의 경우 단기緞機 335
장張, 부기部機 230장, 소주국의 경우 단기 420장, 부기 380장, 항

주국의 경우 단기 385장, 부기 385장이 있었다. 옹정 3년에 강녕국의 경우 단기 365장, 부기 192장, 소주국의 경우 단기 378장, 부기 332장, 항주국의 경우 단기 379장, 부기 371장이 있었다. 건륭 10년에 강녕국의 경우 직기織機 600장, 기장機匠 1780명, 소주국의 경우 직기 663장, 기장 1932명, 항주국의 경우 직기 600장, 기장 1800명이 있었다. 더욱이 강남에서는 관영뿐 아니라 민간 사직업도 발달했다.

뽕나무 재배로
번 돈은 얼마일까?

뽕나무 재배로 강남 사람들이 얼마나 돈을 벌었는지를 통계로 나타낸다는 것은 매우 어렵다. 인구와 농업 규모, 뽕나무 재배 규모 등을 자세하게 알려주는 자료가 부족하기 때문이다. 그래서 대략적인 수치만 보여줄 수 있을 뿐이지만 당시 소득을 짐작하는 데는 충분하다. 뽕나무 재배로 얻은 소득을 계산하려면 우선 면적당 뽕나무 그루를 알아야 한다.

중국의 토지 단위는 무畝다. 1무는 시기마다 규모가 다르기 때문에 일률적으로 말할 수 없다. 대개는 660평방미터다. 상식적으로 뽕나무는 키가 큰 나무이기 때문에 조밀하게 심을 수 없다. 그래서 1무당 최대로 심을 수 있는 양은 50그루다. 50그루에서 얻을 수 있는 평균 뽕잎 생산량은 10~15석이다. 1석의 값도 시장 상황

잠사업의 수익은 농가로 환원되
지 못하고 도시의 아편굴에서
연기가 되어 날아갔다.

에 따라 다르기 때문에 늘 변하지만, 평시가격을 석당 500문文으
로 잡으면 5000~7500문이다. 문은 동전을 말한다. 이것을 다시
청대의 결제 화폐인 은으로 계산하면 1무에서 얻을 수 있는 뽕잎

수익은 5~7.5냥이다. 강남 오강현吳江縣에서는 1만 무 정도의 뽕나무를 심었다. 따라서 오강현에서 뽕잎으로 올릴 수 있는 최대 수익은 7만5천 냥 정도다. 오강현의 뽕잎 수익은 곡물 수익의 3분의 1에 해당했다. 실로 엄청났다. 오강현의 예는 뽕나무를 심을 수 있는 강남 땅 어디든 가능한 것이었다.

강남 잠상 농가의 성공 사례는 곡물 농가에 적잖은 영향을 주었다. 옆 사람이나 옆 동네에서 돈을 많이 벌면, 그렇지 못한 사람은 속이 시리기 마련이다. 그리하여 너나없이 돈을 잘 버는 업종에 뛰어들 가능성이 높다. 강남 역시 곡물 재배 땅에 뽕나무를 심는 이른바 도상稻桑 경쟁이 치열했다. 지주들도 한층 많은 수익을 보장하는 잠상업에 적극 뛰어들었지만, 소작인들도 뽕나무 심는 데에 적극적이었다. 그러나 이 과정에서 양자 간의 갈등도 없지 않았다. 특히 지주의 입장에서는 소작인이 자신의 땅에 뽕나무 심는 것을 달갑게 여기지 않았다. 물론 세금을 높이 책정할 수 있지만, 무한정 높일 수만은 없었다. 양자 간의 갈등은 결국 이익을 둘러싼 것이었지만, 그만큼 잠상업이 전체적으로 상당한 부를 창출했다는 것을 방증하는 것이기도 했다.

강남의 지주와 상인들은 잠상업으로 상당한 부를 얻을 수 있었다. 아울러 일반 농민들도 과거에 비해 일은 고단했지만 수익이 늘어났다. 그러나 일반 농민들이 잠상업으로 얻을 수 있는 수익에는 한계가 있었다. 중국 어느 시대든 빈부의 격차는 늘 존재했다. 특히 봉건시대의 일반 농민의 삶은 언제나 고단했다. 청대에도 대부분의 토지는 지주 몫이었다. 자작농의 경우 겨우 10무를 가지고 있었을 뿐이다. 날로 부익부 빈익빈의 세상으로 바뀌고 있었다. 자작농의 경우 뽕나무를 심을 수 있는 면적은 고작 3무에 지나지 않았다. 3무에서 얻을 수 있는 뽕잎 수익은 15~22.5냥이다. 물론 가난한 집에서는 이 돈도 적지 않은 돈이다. 당시 쌀 한 석을 3냥 정도로 계산하면 5~7.5석 정도 구입할 수 있다. 그러니 쌀 한 톨도 아쉬운 농가에서는 결코 적은 수입이 아니다. 하지만 뽕나무는 심은 지 3년 정도 지나야만 잎을 제대로 얻을 수 있다. 가난한 자작농에서 3년을 기다린다는 것은 결코 쉽지 않다. 그동안 흉년이라도 닥치면 목숨마저 위태롭다. 자작농들이 곡물 재배지에 뽕나무를 심기까지는 밤잠을 설치는 고민이 있었다. 더욱이 잠상 상품의 경우 귀신도 모를 만큼 가격 폭이 컸다. 시장이 먼 농가에서는 제때 판매하지 못하면 제값을 받을 수 없었다. 농가 수익에서 잊지 말아야 할 것은 노동 강도다. 잠상업은 대부분 농한기에 이루어진다. 그러니 잠상 농가에서는 겨울을 제외하고는 쉴 틈 없이 일할 수밖에 없었다.

개항 일번지, 광주의 비단생산

광동에서는 청초부터 명대보다 많은 뽕나무를 재배했다. 특히 광주부는 광동에서도 뽕나무 재배 중심지였다. 도광연간道光年間(1821~1850) 남해현南海縣에서는 뽕잎을 전업으로 매매하는 상시桑市

市가 10개나 있을 정도였다. 특히 태평천국운동으로 강남 태호지역의 잠상업이 큰 타격을 받으면서 주강지역의 잠상업은 새로운 전기를 마련했다.

1무당 한 조造에서 생산할 수 있는 뽕나무는 대략 400여 근이고, 이것을 중간 가격으로 계산하면 은 7전錢에 해당한다. 만약 초년에 뽕나무를 심어 잎이 적다면, 1년에 6조 정도 생산할 수 있다. 이럴 경우 무당 뽕 2천 근에 미치지 못한다. 뽕잎을 누에에게 먹일 경우 춘잠春蠶과 하잠夏蠶은 약 180근이 필요하며, 이것으로 얻는 비단은 1근이다. 추잠秋蠶의 경우에는 춘잠과 하잠보다 적은 160근이 필요하지만, 이것으로 얻는 실은 춘잠과 하잠과 마찬가지로 1근이다. 이것을 계산하면 실 1근당 은 2냥5전을 얻을 수 있다. 아울러 사육絲肉 5근은 대략 사피絲皮 1근을 얻을 수 있다. 사골絲骨의 가격은 3냥이다.

뽕잎 100근을 따는 데 필요한 비용은 은 1전2분에서 1전8분까지였다. 이러한 가격 차이는 뽕잎을 따는 작업장의 원근, 날씨 상태, 조수造數의 활기, 뽕잎의 상태에 따라 결정되었다. 김맬 경우 노동자 1명에게 은 8분을 지급했다. 이외에도 거름 주는 노동자, 뽕나무 가지를 구부리는 노동자 등 다양한 사람들이 필요했다.

광주부 각 농가의 잠상 수익 규모를 구체적으로 알려주는 자료는 없지만, 선통宣統 시기의 자료에 따르면 잠상 수익이 가장 많았던 곳은 순덕현順德縣이었으며, 그다음이 남해현南海縣이었다. 청대의 잠상업 상황을 고려하면 광서 시기 광주부의 잠상 수익도 선통 시기와 크게 다르지 않을 것이다. 청대 광주부의 경지 면적을 대략 1천90만 무로 계산하면 뽕잎으로 얻을 수 있는 이익은 대략 6천94만 전이다. 그러나 이는 순이익이 아니다. 뽕을 재배하는 데 필요한 경비를 제외해야 하기 때문이다. 농가마다 뽕나무 재배에 필요한 시비施肥 횟수와 시비 종류가 달라서 일률적으로 평가할 수는 없지만, 보통 농가에서 1년에 뽕나무 재배에 필요한 경비는 2~3냥 정도였다. 이러한 투자 경비를 포함해서 가경 25년(1820) 광주부의 인구 5,799,261명을 대상으로 광주부의 1인당 뽕잎 수익을 계산하면 10.5전이다. 이 수익을 5명 기준의 1가家로 계산하면 1가의 1무당 뽕잎 수익은 52.5전이다. 이는 은 5.25냥에 해당한다. 그러나 지역마다 농가 수익은 아주 달랐다. 다만 분명한 것은 대부분 지역에서 뽕나무 관련 농사가 곡물농사에 비해 많은 이익을 가져다주었다는 점이다.

남해현의 경우 1년에 누에고치를 약 300만 냥 가량 생산했을 만큼 광주부 농가의 잠상 수익은 곡물보다 훨씬 높았다. 더욱이 양어 수입을 포함하면 광주부 농가에서는 곡물 수익의 비중은 훨씬 낮았다. 잠상업이 광주부보다 덜 발달한 고명현高明縣에서도 잠상과 양어의 수익이 곡물보다 10배 많았다는 점을 감안하면, 청말 광주부의 잠상업은 이 지역 농가의 주요 수입원이었다. 다만 잠상 관련 수익에서도 빈익빈 부익부 현상이 존재했다.

청말 광주부의 토지는 대부분 대지주 소유였다. 향산香山의 땅은 비옥할 뿐 아니라 수재와 한재의 피해도 없다. 그러나 이곳은 유력자들이 대부분 땅을 소유했다. 세금을 거두는 땅만도 수백 경이었다. 이런 상황은 청말에 더욱 심했다. 일반 농가의 토지 소유

규모는 많아야 10무를 넘지 못했다. 따라서 청말 잠상 수익은 대부분 대지주의 몫이었다. 그러나 일반 농가에서도 조그마한 땅일지라도 잠상으로 얻는 수익은 대지주 이상으로 소중할 수 있었다. 설령 일반 농가에서 직접 잠상으로 수익을 많이 얻지 못할지라도, 대지주의 잠상 경영에 임금 노동자로 일할 수밖에 없을지라도, 광주부의 잠상업은 이 지역 경제에 아주 큰 역할을 했다. 특히 임금 노동자의 경우 곡물 경영에 참여하는 것보다 높은 수익을 얻을 수 있었다. 청말 광주부 지역의 일반 농가에서는 언제든지 잠상 노동자로 일할 수 있었다. 이들이 얻는 수익도 적지 않았다. 특별한 기술이 없어도 누구나 참여할 수 있는 뽕잎 따기의 경우 100근에 은 1전2분에서 1전8분이었으니, 1무당 생산량 400근에 대한 가격은 7전의 7/1이상의 수익에 해당한다.

빛이 강하면 그늘도 깊은 법이다. 뽕나무 관련 농사로 얻을 수 있는 이익이 마냥 좋은 결과를 낳은 것은 아니었다. 광주부의 대부분 농가에서 잠상업에 종사한 탓에 적지 않은 곡물을 수입했다. 따라서 광주부 농가의 잠상 수익은 곡물 가격에 따라 달라질 수밖에 없었다. 청말의 곡물 가격도 상당히 상승했다.

해외로 팔려나간
광주의 뽕나무 관련 상품들

송원시대에는 광동 무역의 발달로 사직품絲織品의 수출이 증가하자 잠상기술도 발달했다. 정부에서는 사직품의 수출이 늘자 농가에 일정량의 뽕나무를 심도록 했다. 특히 주강 삼각주의 남해南海, 순덕順德 일대는 잠상업의 전업화 현상까지 나타날 정도였다. 따라서 송대에는 잠상농호蠶桑農戶, 소사호繰絲戶, 기직호機織戶 등의 분업이 이루어졌으며, 사행絲行은 전문적으로 소사繰絲를 구매해서 직호織戶에게 공급했다. 원대에는 직염국織染局 등 관 차원에서 기구를 설립하여 사직업을 관리했다. 특히 광주부의 불산佛山 등지는 사직업이 상당히 발달했다.

명대 광동의 상품화는 한층 빠르게 진행되었다. 광동에서 생산한 선사線絲와 우랑주牛郎綢, 오사五絲, 팔사八絲, 운단雲緞, 광단光緞 등의 비단은 다른 시장에서 귀하게 팔렸다. 광동산 제품은 명 가정嘉靖 이후 월해관을 통해 대량으로 수출되었다. 매년 포르투갈 상인들이 월해관을 통해 사간 견제품은 약 5300상箱이었다. 아울러 명 만력 8년(1580)에서 18년(1590)까지 10년 동안 매년 월해관을 통해 인도로 팔려나간 사는 3000담이었다. 이것을 은으로 계산하면 24만 냥이었다. 광동에서 팔려나간 제품은 날로 증가하여 숭정 9년(1630)에는 6000담으로 늘어났다. 이때 월해관을 통해 일본으로 팔려나간 액수도 숭정연간(1628~1643)에 2460담에 이르렀다. 이는 명대 광주부의 잠상업 발달 때문이었다. 명 가정 말 광주부 남해현 구강향에서도 가난한 부녀자들이 교통허喬涌墟에서 면사綿紗를 판매했다. 명 정통연간(1436~1449) 광주부 용산현에는 뽕나무가 즐비했으며, 명 가정연간(1522~1566) 광주부의 각 현에서도 뽕나무를 많이 심고 누에를 길렀다.

청대에도 광동의 잠상 관련 제품은 월해관을 통해 수출되었다. 특히 1757년 청조가 강江·절浙·민閩 등 세 해관을 폐쇄하고, 광동의 월해관에만 해외 무역을 인정하면서 광동은 중국에서 대외무역의 핵심 창구로 등장했다. 이처럼 광동이 다른 지역보다 대외무역의 핵심 창구로 인정받을 수 있었던 것은 무엇보다도 4300킬로미터에 달하는 긴 해안선 때문이다. 굴곡이 심한 광동의 해안선은 중국 전 해안선의 약 24퍼센트를 차지할 뿐 아니라 선박이 정박하기에 가장 적합한 곳이었다.

서태후西太后, 1835~1908.
청나라 함풍제의 후궁이며, 동치제同治帝의 생모인 자희황태후이다. 동치제와 광서제의 섭정을 지냈고 광서제가 입헌파 캉유웨이와 입헌군주제를 위한 전환을 꾀하자 무술정변을 일으켰다. 흔히 청나라 망국의 원인 중 하나로 지목된다.

청대 광주의 수출품 중 생사와 주단綢緞은 찻잎에 이어 2위를 차지했다. 1817년에서 1833년 사이 광주에서 팔려나간 생사와 주단의 금액은 전체의 20퍼센트를 차지했다. 금액 중 생사는 6,838,300은원銀元, 주단은 7,433,790은원이었다. 이 기간 동안 광주의 생사 수출은 증가한 반면, 주단은 1830년대에 들면서 감소했다. 중영전쟁 전 2500담 전후이던 광동 생사의 수출은 1867년에는 19,909담, 1868년에는 22,982담, 1871년에는 26,616담, 1873년에는 28,762담, 1874년에는 29,017담으로 늘어났다. 광동의 이러한 생사 및 주단의 수출은 이 지역의 잠상업 덕분이었다. 강희연간 광동지역의 양잠은 1년에 7번 수확하고 윤달이 있으면 8번 수확할 정도였다.

중영전쟁이전 잠상의 근거지인 광주부 각 현은 광주와 불산의 견직업 발달과 견직물·생사의 수출로 공급이 수요를 따라갈 수 없었다. 그 중 불산진佛山鎭은 상인들이 많이 모이는 번화가였다. 불산은 농토보다 상가가 많을 정도였다. 도광시기 불산의 시장은 반고허盤古墟를 비롯하여 13곳이었다. 그러나 상인들은 불산의 사紗를 사지 않았다. 청 가경연간 광주부 남해현 구강향九江鄕의 들에도 뽕나무로 가득했으며, 경내에는 곡물 농사를 지을 만한 땅이 없어 쌀을 다른 곳에서 구입할 정도였다. 가경시기 순덕현順德縣의 용산향龍山鄕에서도 잠상업이 아주 성행했다. 순덕현은 광주에서도 양잠지대로 가장 유명한 곳이었다. 여기서 생산한 제품들은 북경은 물론 일본 등지로 판매되었다. 잠상업이 발달한 광주부의 상인도 조주부潮州府와 더불어 광동의 경제를 장악했다. 광주부 중에서도 순덕인順德人이 30퍼센트, 번우인番禺人, 남해인南海人, 신회인新會人이 각각 20퍼센트를 차지했다. 광서光緖 중엽 이후 순덕현에서는 수확 후 남아 있는 약간의 뽕잎을 이삭줍기하던 관행조차 인정하지 않을 만큼 뽕잎의 수익이 가계에 큰 영향을 주었다.

청대 순덕현에서 재상 재배가 늘어난 것은 근대적 기계 제사 공장의 설립 때문이었다. 이것은 양무운동의 일환으로서, 대부분 민수기업民需企業은 양무파의 주도로 설립되었지만, 일부 민간 자본가가 설립하는 경우도 있었다. 동치 11년(1872) 화교 상인 진계원陳啓源이 남해현 간촌簡村에서 프랑스식 제사공장인 계창융소창繼昌隆繅廠을 세워 여공 600~700명을 고용하여 구미歐美지역으로 수출했다.

계창융소창의 설립 후 남해와 순덕 등지에서 제사공장 설립 붐이 일어났다. 1882년 광주 부근의 제사공장은 11개였으며, 그 이후 한층 많이 설립되었다. 특히 1874년 이후부터 1911년까지 순덕에서 세운 제사공장은 142개였으며, 이중 84곳에서 생산한 생사가 34,949담이었다. 1887년 순덕현의 제사 공장 42개는 광동 전체의 90퍼센트를 차지했다. 이러한 순덕현의 제사업 성장은 활발한 수출 때문이었다. 중국 생사에 대한 국제적 수요가 증대함에 따라 광동산 생사도 해마다 증가했던 것이다. 아울러 1882년에서 1891년까지 10년 사이 광주의 생사 수출 중 수제품은 11,000담에서 3000담으로 준 반면, 기계로 만든 생사는 1000담에서 13,000담으로 늘어났다. 이러한 상황에서 농민들이 제사업으로 얻는 이익은 줄어들 수밖에 없었다. 불산의 경우도 민국 초년에는 외국 자본과 기계 제사공장의 설립으로 농민들이 만든 사직품은 점차 줄어들었다.

맺음말 _ 뽕나무와 동아시아 3국의 운명

가치는 시대에 따라 달라진다. 똑같아야 할 생명의 가치도, 나무의 가치도 마찬가지다. 과거에 아주 값비싼 것도 오늘날에는 그렇지 않은 게 많다. 나무의 가치는 결국 인간의 인식에 따라 달라질 수밖에 없다. 잠상농업이 중요했던 시절에는 뽕나무는 더없이 귀한 존재였다. 그러나 옷감의 변화에 따라 잠상농업은 쇠퇴했고, 잠상농업이 쇠퇴하자 뽕나무도 점차 사라졌다. 뽕나무가 사라진 뒤에는 다른 작물이 들어섰다. 그러나 세상은 돌고 도는 법이다. 아니 생명체의 가치는 언젠가 다시 드러나게 마련이다. 잠상농업이 쇠퇴한 지 대략 30년의 세월이 흐른 지금, 잠상이 다시 뜨는 것은 무엇일까?

아무리 식물의 가치를 생명으로 바라볼 것을 주장하더라도, 식물을 생명으로 바라볼 때만이 진정 인간이 식물의 도움을 받을 수 있다는 점을 강조하더라도, 인간은 좀처럼 식물을 그런 존재로 바라보지 않는다. 대신 인간은 식물을 병을 낫게 하는 대상으로 바라보았다. 최근에 잠상이 다시 사람들의 관심을 받고 있는 것은 의학의 발달로 잠상의 약효가 증명됐기 때문이다. 이제 잠상의 가치가 옷의 원료에서 생명을 연장시키는 원료로 바뀐 것이다. 그러나 잠상이 인간의 건강에 얼마나 좋은지에 대해서는 오래전부터 밝혀졌다. 단지 최근에는 현대병의 치료제로 활용하고 있다는 게 다를 뿐이다.

잠상이 건강에 얼마나 좋은지를 구체적으로 밝힌 권위 있는 자료는 『본초강목本草綱目』이다. 중국 명나라 이시진이 편찬한 이 자료는 전통시대 약학의 최고서다. 여기에 잠상의 약효에 대해 자세하게 언급하고 있다. 그러나 나는 잠상의 약효가 어떤 것인지 구체적으로 언급할 생각이 없다. 물론 어쩔 수 없이 인간이 식물을 약효로 인식할 수밖에 없다는 것을 모르지 않는다. 다만 여기서 언급하지 않는 이유는 식물이 약효보다 다른 의미를 갖고 있기 때문이다. 더욱이 내가 얘기하지 않아도 누구나 아주 쉽게 잠상이 지닌 약효 정보를 얻을 수 있기 때문이다.

나의 어머니는 현재 당뇨를 앓고 계신다. 그래서 어머님의 당뇨를 걱정하는 자식들이 누에로 만든 약을 사서 드시게 했다. 이처럼 최근에는 잠상이 당뇨에 좋다는 소문이 퍼지면서 일부 지역에서는 잠상농업이 성행 중이다. 그만큼 잠상 관련 제품이 많이 팔린다는 뜻이다. 그러나 이런 분위기 때문에 뽕나무가 수난을 겪고 있다. 지난여름 태안반도의 꾸지나무골해수욕장에 갔다. 정말 해수욕장 이름이 꾸지뽕나무와 관련 있는지 궁금해서 어렵게 찾아간 것이었다. 나는 그 해수욕장에 도착한 후 저녁을 먹으면서 주인에게 이곳에 꾸지뽕나무가 많은지 물어보았다. 예상대로 그곳엔 꾸지뽕나무가 많다고 했다. 그러나 최근에는 다른 지역 사람들이 그 나무를 캐가는 터에 얼마 남지 않았다고 했다. 나는 꾸지뽕나무가 있는 곳을 알려줄 것을 부탁했지만, 주인장은 쉽게 말하지 않았다. 혹 내가 그 나무를 캐갈지도 모른다는 경계심 때문이었다. 이런저런 사정을 말씀드린 뒤에야 어디 있는지를 들을 수 있었다. 다음날 아침 일찍 가 보았지만 결국 뽕나무를 찾을 수 없었다.

요즘 사람들이 잠상을 옷에서 약의 가치로 인식하는 것은 어찌 보면 옛날과 다를 바 없어 보이지만, 과거와 아주 다른 점이 있다. 옛날에 나무를 약으로 인식한 것은 고작해야 한약 재료 정도에 불과했다. 혹은 민간에서 자신 혹은 가족의 건강에 일정하게 활용했을 뿐이다. 이 단계에서 잠상을 약으로 사용했더라도 그 가치는 그다지 크지 않았다. 그러나 현대사회에서 잠상이 지니고 있는 약의 가치는 과거 잠상이 제공한 옷의 가치와는 비교할 수 없을 만큼 엄청난 부가가치를 지니고 있다는 점에서 주목할 만하다. 특히 잠상의 부가가치는 우리나라를 비롯한 잠상농업의 역사를 가진 나라에서만 창출할 수 있다. 잠상농업의 역사가 없는 나라는 아무리 선진국일지라도 이 분야에서 부가가치를 생산할 수 없다. 따라서 우리나라가 오랫동안 잠상농업의 역사를 지니고 있다는 것은 행운이다. 물론 이러한 행운도 현대과학에 힘입어 발전시킬 때 가치를 발휘할 수 있다.

동아시아 3국의
잠상기술 경쟁

전쟁은 인류의 역사와 더불어 시작됐다. 그러나 전쟁 방식은 시대마다 달랐다. 요즘은 하루하루가 전쟁이다. 전통시대의 전쟁에는 한계가 있었지만 지금은 한계 없는 무한 전쟁시대다. 전통시대의 전쟁에는 소리가 있었지만 지금은 소리조차 없다. 전쟁에 소리조차 없으니 어디서 전쟁이 일어났는지조차 모른다. 일상이 전쟁이니 전쟁을 실감하기조차 어렵다. 오히려 전쟁에 둔감하다. 전쟁에 둔감한 사이 인생이 자신도 모르게 바뀐다.

전쟁 중에서도 가장 소름끼치는 전쟁은 '종자 전쟁'이다. 종자가 없으면 생명체의 삶이 사라지기 때문이다. 현재 지구상에는 종자 전쟁이 치열하게 진행되고 있지만 일반 사람들은 이를 실감할 수 없다. 지구상에는 대략 1,250만 종의 생명체가 있다. 그런데 이 중 해마다 2만5천에서 5만 종씩, 한반도에서는 500종씩 사라진다. 1800년도 미국에는 7,100종의 사과가 있었지만 지금은 6,800종 이상이 사라졌다. 이처럼 지구상의 종자는 아주 빠른 속도로 사라지고 있다. 공룡이 지구상에서 사라졌듯이 인간도 언제 사라질지 모를 일이다.

노르웨이 정부는 지구 최후의 날이 올 때를 대비해서 종자 저장소를 만들었다. 공식 명칭은 '스발바르 국제 종자 저장고Svalbard International Seed Vault'이다. 이 저장고는 소행성이 지구와 충돌하거나 기후 이변으로 남극의 빙하가 모두 녹아내리는 등 혹독한 재앙

이 지구에 닥쳐도 종자들을 안전하게 지켜낼 수 있도록 하기 위해 만들어졌다. 이곳에 저장한 종자는 300만 종이다. 종자는 섭씨 영하 10~20도 사이에서 저장된다. 이 온도가 종자 보관에 가장 좋기 때문이다.

현재 종자 산업 경쟁은 반도체보다 치열하다. 각국에서는 종자를 확보하기 위해 혈안이 다. 우리나라는 식물유전 자원을 15만 점 보유하고 있다. 세계 6위다. 그러나 화훼시장에서 장미, 국화의 국산품 품종 보급률은 고작 1퍼센트에 불과하다. 우리나라 사람들이 즐겨 먹는 딸기 품종의 85퍼센트 가량도 일본 품종이다. 현재 채소를 포함한 국내 종자 시장의 대외 로열티는 200억 원 규모다. 미국, 유럽 등 종자 기술 선진국에서는 종자 채집과 신품종 개발 수준을 넘어 첨단생명공학 기술을 이용해 식물 추출물에서 신약, 신물질을 개발하는 '2차 종자 전쟁'이 시작되었다. 식물과 미생물을 포함한 세계 유전자원 시장이 연간 9,000조 규모이기 때문이다.

종자 산업은 자본과 시간이 승부처다. 1개의 과수 품종을 개발하는 데 20년의 연구가 필요할 뿐 아니라 3000개의 발아 성장을 통한 특성 연구 결과가 필요하다. 우리나라도 아직 걸음마 단계지만 종자 산업에 큰 관심을 갖고 있다. 종자 개발 중 뽕나무도 매우 중요한 품목이다. 특히 뽕나무는 한국을 비롯한 중국, 일본 등 동아시아 3국이 각축전을 벌이고 있다. 뽕나무는 다른 나라에서는 큰 관심을 갖지 않는 것이면서 부가가치가 아주 높다. 선진국들이 뽕나무에 큰 관심을 갖지 않는 것은 뽕나무의 유전자원이 없기 때문이다. 그러나 동아시아 3국은 뽕나무 재배의 오랜 전통을 갖고 있다. 이런 점에서 뽕나무 관련 산업이야말로 우리나라에 엄청난 이익을 줄 수 있다.

3국은 벌써 뽕나무와 관련해서 소리 없는 전쟁을 치르고 있다. 한국 사람들이 쉽게 볼 수 있는 뽕나무가 한국의 미래 산업을 결정할 만큼 중요하다는 사실을 아는 것만으로도 애국하는 길이다. 현재 뽕나무 관련 산업에서 중국은 유전자 지도를 만들 만큼 이 분야에 심혈을 기울이고 있다. 특히 뽕나무 잎을 이용한 각종 산업은 중국이 선도하고 있다. 중국은 다른 국가보다 뽕나무 자원을 아주 많이 갖고 있기 때문이다. 일본은 중국이 관심을 덜 갖고 있는 분야에서 큰 업적을 내고 있다. 우리나라도 이 분야에 적지 않은 관심을 갖고 있지만 두 나라에 비하면 열세다. 나는 한국 잠상 산업의 미래를 확인하기 위해 수원에 가 보았다. 많은 사람들이 연구에 몰두하고 있었다. 특히 야잠과 관련한 산업은 매우 희망적이었지만 여전히 재정 지원이 걸림돌이었다. 그러나 나는 오히려 다른 곳에서 희망을 찾았다.

희망의
뽕나무

현재 한국의 농촌은 아사 직전이다. 농촌의 위기는 곡물을 비롯한 각종 산업의 위기이기도 하다. 그래서 농민들은 농촌을 살리기 위해 각종 대책을 스스로 찾기도 하고, 때론 정부에 요구하기도 한다. 정부도 농촌을 살리기 위해 각종 정책 마련에 노력하고 있다. 그러나 농촌의 위기와 관련해서 농민은 물론 농촌과 농업에 관심을 가진 사람들이 잊고 있는 게 있다. 그건 바로 농업의 위기보다 훨씬 심각한 위기가 농촌에 존재한다는 점이다.

농촌에서 자란 사람들은 농촌을 잘 알고 있다. 그러나 농촌에서 살았다고 해서 농촌의 미래를 아는 것은 결코 아니다. 많은 이들이 농촌에 미래와 희망을 걸지 않는다. 농촌에서 먹고살 만한 산업을 만들 수 없다고 믿고 있다. 그러나 많은 사람들이 농촌에서 꿈을 발견하지 않는 것은 농촌 자체에 꿈이 없기 때문이 아니라 발견하려는 꿈의 대상이 다르기 때문이다. 어딘들 꿈이 없겠는가? 하루에도 수백 명씩 굶어 죽어가는 아프리카에도 꿈은 있다. 그런데도 세계 무역 규모 13위인 한국의 농촌에서 희망을 발견할 수 없다는 것은 어불성설이다.

농촌의 꿈과 희망을 이곳에서 생산한 각종 제품을 판매한 수익에서 찾는다면, 농촌은 영원히 꿈과 희망의 터전일 수 없다. 왜냐하면 농촌에서 사는 사람들이 생산한 제품이 아무리 뛰어나더라도 다른 산업과의 경쟁에서 이기기 아주 어렵기 때문이다. 물론 농촌 출신이거나 도시인 중 농촌에 들어와서 괜찮은 아이템으로 성공한 사람들도 적지 않다. 그러나 성공한 이들의 경우를 더해도 전체 산업에서 차지하는 비중은 매우 낮다. 그렇다고 농촌 인구의 절대다수를 차지하는 나이 많은 분들에게 그런 산업에 뛰어들게 할 수도 없다.

때론 희망은 가장 가까운 곳에 있다. 농촌의 희망은 가장 농촌 적일 때 이룰 수 있다. 과연 무엇이 가장 농촌적인가? 가장 농촌적 인 현상은 땅이 살아 있을 때다. 많은 사람들이 농촌을 떠올릴 때 땅을 생각한다. 그냥 땅을 생각하는 게 아니라 건강한 땅을, 살아 있는 땅을, 맨발로 그냥 뛰어다닐 수 있는 그런 땅을 상상한다. 그 러나 한국에는 많은 사람들이 상상하는 그런 농촌은 존재하지 않 는다. 대부분의 농촌에는 살아 있는 땅이 없다. 대부분이 도시처 럼 죽은 땅이다. 도시처럼 시멘트로 포장한 도로가 난무한다. 도 시처럼 골목마다 차가 즐비하다.

한국의 농촌은 죽었다. 한국의 농촌이 죽은 것은 이곳의 땅이 죽었기 때문이다. 죽은 땅에는 희망의 씨앗을 뿌릴 수 없다. 그래 서 희망의 씨앗을 뿌리려면 무엇보다도 죽은 땅을 살려야만 한다. 어떻게 하면 죽은 땅을 살릴 수 있을까? 생태농업이 답이다. 그 동 안 한국의 농촌은 반생태적이었다. 땅은 농약과 쓰레기로 뒤범벅 되어 있다. 한국의 농촌은 성한 곳이 없는 중환자다. 한국의 농촌 은 사람 외에 다른 생명체가 온전히 살 수 있는 공간이 아니다. 여 느 도시와 다를 바 없는, 생명체가 살기에 아주 척박한 곳이다. 그 많던 미꾸라지는 농약으로 사라진지 오래고, 미꾸라지가 살았던 도랑은 시멘트 포장으로 덮인 지 오래다. 논과 도랑에서 잡아먹던 추어탕은 양식 미꾸라지와 중국산 미꾸라지가 아니면 만들 수 없 다. 이런 상황에 놓인 농촌에서 어떻게 희망을 발견할 수 있는가? 그러나 희망은 절망에서 잉태하는 법이다. 절망이 희망을 낳는 법 이다.

생태농촌을 만들기 위해서는 살아 있는 땅으로 만들어야 한다. 농촌을 살아 있는 땅으로 만들려면 행복과 희망의 지점이 달라야 한다. 과거처럼 생각해서는 안 된다. 도시와 경쟁하기 위해 몸부림치면 안 된다. 발상부터 달라야 한다. 발상의 전환은 '가치의 발견'에서 출발한다. 농촌을 희망과 꿈의 터전으로 만들려면 다른 생명체와 더불어 살고, 더불어 살지 않으면 죽는다는 각오가 있을 때만 가능하다. 농촌에서 다른 사람보다 많은 돈을 벌겠다고, 농촌에서 거창한 사업을 펼치겠다고 덤비는 자들이 있는 한, 농촌의 땅은 살아날 수 없다. 다른 생명체와 더불어 사는 것만으로도, 그런 자세로 농사를 짓고 밥 먹고 사는 것만으로도 행복하다고 생각할 때 땅을 살릴 수 있다. 어떤 사람은 이런 나의 생각을 아주 순진하다고 생각할지 모른다. 사실 나의 생각은 참으로 순진하다. 그러나 순진한 생각만이 농촌을 살릴 수 있다. 농촌이 죽은 것은 약삭빠른 생각 때문이다. 농촌의 땅이 살아나면 오지 말래도 많은 사람들이 농촌을 찾아올 것이다. 병든 현대인들은 살아 있는 땅을 찾아 나설 수밖에 없다. 달리 갈 곳이 없기 때문이다. 희망과 꿈은 사람이 제대로 살 수 있는 곳에서 잉태한다.

뽕나무는 살아 숨 쉬는 땅과 함께 하는 나무다. 농촌에 뽕나무가 많다면 그곳은 청정지역이다. 그러나 다른 과수나무들이 많다면 그곳은 죽은 땅이다. 뽕나무에는 농약을 뿌리지 않지만, 과수나무에는 많은 농약을 뿌리기 때문이다. 그래서 뽕나무는 생태농촌을 구분 짓는 잣대다. 상수원 주변에 과수 농사를 짓는다면 죽음을 부르지만, 뽕나무 농사를 지으면 행복을 부른다. 농촌 마을에 한 그루의 뽕나무가 자라는 한, 한국 농촌의 미래는 결코 어둡지 않다. 한국의 도시 곳곳에 한 그루의 뽕나무가 자라는 한, 한국의 미래는 결코 어둡지 않다.

강희제의 〈어제경직도〉

橡子如何怕見風
從來風氣慣生蟲
字從几從虫次風要
他箇箇生其已挖
窖埋之法最工

浴蠶

農桑將有事時節過禁烟
輕風歸燕日小雨浴蠶天
春衫卷縞袂盆池異清泉
深宮想爾戒躬桑率民先

욕잠浴蠶

−제일도第一圖(이하 표시하지 않음.)

시경 빈풍豳風에서 일찍이 수의편授衣篇을 지어
누에 치는 일 곡우 날 처음으로 일어났네.
다시 공상전公桑傳 예제禮制를 살펴보니
먼저 마땅히 맑은 시냇가에서 누에 먹감기를 해야 하네.

문에서 버드나무 바람 많이 불어
시냇물 불어 복사꽃 떠다니네.
촌 술에 양고기 안주 삼고
봄날 아낙네들이 누에 먹감기 하네.
가늘고 고운 손으로 비취색 그릇을 능숙하게 다루고
모여드는 누에 담긴 향기로운 종이로다.
하얀 누에고치 반들반들한 실
부녀자의 공이 여기서 시작하네.

일찍이 시경 빈풍 7월 편을 읽으니
길어진 햇볕 곱게 하늘에 빛나네.
새 누에 아직 일어나지 않을 때 먼저 먹감기 해야 하니
그릇에는 맑은 물 가득하고 개울에는 사람으로 가득하네.

二眠
吳蠶一再眠竹屋下簾幕拍手姜婴兒一笑姑
一恐風來麥秀寒雨過桑沃若日高蠶未起谷
鳥鳴百蔗

이면二眠

부드러운 뽕나무 처음 자르면 푸른 게 들쑥날쑥
밭두둑에서 집으로 돌아가는 날은 아주 더디네.
촌집마다 발이 조용하고
춘잠은 새로 자라 다시 잠을 잘 때네.

때까치가 처음 울 때
두잠 누에는 발에 있네.
밭두둑의 푸른 뽕나무는 벌써 부드럽고
언덕의 푸른 풀은 오히려 연약하네.
반드시 해는 서로 응해야하지만
오직 두려운 것은 봄날의 추위일세.
부녀자는 바쁘지만 아이들은 바쁜 줄 모르고
대추와 밤은 자주 울면서 찾네.

여상이 흔들려 떨어지니 잎이 이러 저리 뒹굴고
새벽에 일어난 노동자들 주우려 하지만 늦었네.
짝 이룬 제비 발에 들어가니 봄 낮 조용하고
두 번 잠자는 것이 마치 중춘仲春 같네.

三眠

屋裏蠶三眠門前春過半桑麻
綠陰合風雨長檠暗葉裏蠶絲
繁卧作代晝短偷閒一枕肱夢
與楊花亂

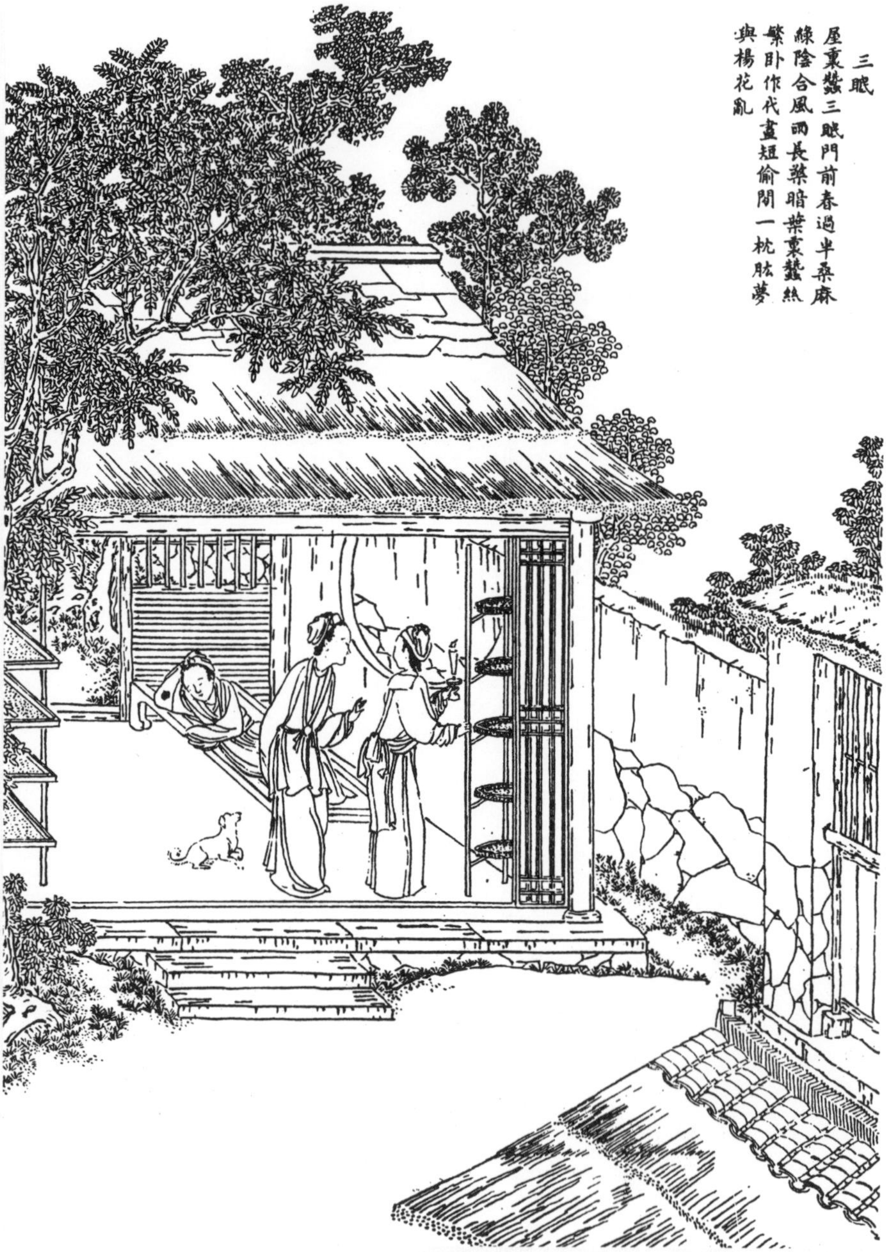

베 짜는 여자 부지런히 일하니 해는 빛을 나르고
우는 비둘기 날갯짓이 마치 뽕나무 가지와 같네.
다만 세 번 누웠기 때문에 누에는 장차 늙으려 하고
자른 촛불이 많았으나 밤은 아직 끝나지 않았네.

집 안의 누에는 삼면에 들고
문 앞의 봄은 반 정도 지났네.
뽕나무와 마는 녹색과 그늘이 조화를 이루고
바람과 비는 길고 등잔은 어둡네.
뽕나무 잎에는 누에가 실을 열심히 뽑고
누워서 짧은 낮을 대신하네.
사이를 틈타 팔뚝을 베고 잠을 청했더니
꿈이 버들꽃처럼 어지럽네.

大起大起時

盈箱大起時
食葉聲似雨
春風老不知
蠶婦忙如許
呼童刈早麥
朝飯已過午
妖歌得綾羅
不易青裙女

대기大起

봄 깊은 곳곳에 띠로 만든 집 가리고
시렁에 오잠吳蠶이 가득하니 부녀자들이 바쁘네.
금년에 얻을 것 세어보니 거둔 고치가 두 배이고
얼음 같은 실과 눈 같은 명주가 광주리에 가득하네.

올봄 차가움과 따듯함이 균일하여
남쪽 밭두둑의 뽕나무 작황이 좋네.
잠박의 잎이 부족할까 걱정스럽고
가지 끝을 채집할까 일찍부터 경계하네.
봄이 얼마나 남았는지 모르겠지만
누에가 늙으려는 것만은 알아차리겠네.
붉은 분가루가 누구 것인지
꽃향기 찾아 언덕 풀을 밟네.

봄빛은 느릿느릿 당당하게 지나가고
꾀꼬리는 하루 종일 바쁘네.
잠박의 누에는 비로소 크게 일어나
얼음 같은 실이 푸른 광주리를 비추네.

捉績

麥黃雨初足蠶
老人愈忙辛勤
減眼食顯倒著
衣裳熱腸映練
裝練二金色光
松明照夜屋柱
宇呼東岡

착적捉績

몇 날 밤을 계속 잎을 먹는 모습 어지럽고
비바람소리 문틈으로 시끄럽게 들리네.
기뻐서 새로운 누에를 보니 옥처럼 밝고
등불 아래 점검하는 게 가장 힘드네.

태어남과 성숙에는 때가 있고
늙고 어린 것에는 가루로 섞을 수 없네.
부녀자와 시부모가
밤낮으로 수고할까 걱정이네.
송진으로 기와동이에 불을 밝혀
별빛이 화살처럼 계단으로 떨어지네.
차례차례 시렁 머리를 준비하다가
문득 아이들 돌보는 것을 잊어버렸네.

누에 광주리의 높고 낮음은 시렁 머리로 나누고
누에 잎 먹는 시끄러운 소리는 비 소리 듣는 것과 같네.
실 짜는 것을 흐뭇하게 바라보면 빛이 반들반들하고
한 집안의 부녀들이 모두 부지런히 힘쓰네.

分箔

分箔
三眠三起餘飽蠶局促
衆多挖分箔早晩硫滿屋
郊原過新雨桑柘添濃綠
竹間快活吟澌愧麥飽熟

분박分箔

갠 날을 사랑스럽게 만나 성건 광주리를 비추고
신록이 구름처럼 잎이 점점 늘어나네.
하늘 기운 개어 화창하니 누에 일이 많고
광주리를 옮기고 잠박을 나누어 띠 처마에 두루 펼치네.

새로운 제비는 바람에 가볍게 스치고
새로운 누에는 모두 날로 자라네.
잠박을 나누니 날씨는 따뜻하고
잎 먹는 소리 비 소리처럼 울리네.
어린 부녀자는 숲 사이에서 따고
게으름 피우다 돌아가는 길에 밭두둑에서 쉬네.
문 앞 뽕나무 바람에 흔들리고
누른 구름은 푸른 땅에 접해 있네.

버들개지 날릴 때 낮에 대나무로 만든 발을 내리고
뽕나무는 부드럽고 산횐쑥은 작아 먹이를 서서히 더하네.
오히려 고운 손에 의지하여 잠박을 나누느라
아침저녁으로 처마를 지날 겨를도 없네.

採桑

吳兒歌採桑三下
青春深隣里謀歡
好過呼無欺侵深
藍各自攜層梯高
侶異黃鸚飽氣楢
啞吒鳴綠陰

채상採桑

뽕밭에 풍족하게 비 내리니 뽕잎이 무성하게 자라고
봄누에가 크게 일어나는 것과 비슷하네.
둥구미는 젊어지고 광주리는 끌면서 시끌벅적 웃고
오디새 날아오는 곳은 가장 높은 가지라네.

맑고 화창한 날씨는 아름답고
집집마다 뽕잎 따기에 바쁘네.
내린 이슬은 많고
우거진 숲은 습하네.
높은 나뭇가지에서 긴팔원숭이가 오르는 것을 배우고
떨어진 오디를 어린애에게 줍도록 하네.
어제 따서 바구니에 가득 채워 돌아가고
잠시 오히려 넉넉하지 않는 것을 꾸짖네.

담 옆 뽕나무 가지 비온 뒤 더욱 푸르고
우거진 그늘 처음 뒤집어지니 잎이 가지런할 때라네.
봄은 깊어 고치 들어가니 누에가 다투어 굶주리고
어린아이 광주리 끌면서 푸른 가지로 오르네.

上簇
采采綠葉空蘭々
白苧翹翹撥筷
輕放手鬢老然腸恨
山市浮晴
嵐風日作妍暖會看繭
如甕粟
々光照眼

상족上蔟

자주 가는 광주리 잡아도 싫증나거나 피곤하지 않고
오랫동안 몸치장과 공복을 잊었네.
오늘 아침 사대부 여자들 안색이 밝고
우리의 눈부신 누에로 고치를 만들 때네.

동쪽 인근에서는 이른 밭 갈기를 재촉하고
서쪽 집에서는 종자 담그길 호통하네.
꽃이 남은 시절 촉 지역 새 지저귀고
늦은 봄 강남의 누에는 익어가네.
기어가는 듯 국화에 내린 눈은 허리에
예쁘게 단장한 듯 흰 실은 배에 있네.
풀을 잘라 시렁을 만들어 처음으로 가지런하게 하고
여자들은 상족을 보네.

뽕나무를 보고 가지를 살피니 팔다리가 피곤하고
부드러운 뽕잎을 따서 굶주린 누에에게 먹이네.
오늘 아침 새로운 실을 뽑았다고 알리니
어른과 아이들 즐겁게 상족할 때네.

炙箔

義之藝新炭重之下簾華
初出結綱蠹速若霄滿箔
辛烟不膝勤候火珠汗落
得閒兒女子圑臥呼不覺

자박炙箔

누에의 성질은 처음부터 추운 것을 매우 두려워하니
발과 천막을 깊게 드리워 밤이 장차 막히려하네.
화로의 머리가 더욱 뜨거워 소나무로 불을 밝히고
노모는 열심히 일하면서 매일 찾아보네.

사립문 따뜻하니 바람에 꽃소식 날아오고
차가운 땅 가을 보리밭에 비가 내리네.
갈대로 만든 발을 게집에 펼치고
소나무 동이로 누에 집을 데우네.
향기 나니 눈 같은 누에고치가 밝으니
은빛 실을 빛처럼 토해내네.
대문에는 사람의 적은 발자국마저 꺼리니
사람소리 누추한 집에 요란스럽네.

무거운 발을 말지 못하니 찬바람 두려우니
오히려 익은 소나무 밝아 밤을 향해 막네.
흰 눈 부슬부슬 내려 잠박에 가득 쌓이니
부지런한 어린 여자 등을 잡고 가보네.

예부터 누에고치 켜는 일은 부녀자의 큰 공헌이니
궁궐에서 고치를 바친다는 소식 일찍부터 들었네.
그림을 펼쳐놓고 기쁜 마음으로 보니 겹겹이 가득 차 있고
띠 집에 맑은 빛이 쌓인 눈과 같네.

지난달에는 새로운 누에를 목욕시켰고
이번 달에는 새로운 고치를 고르네.
목욕한 누에는 버들잎처럼 가늘고
뽑은 고치는 버들 솜처럼 말리네.
몸치장 일찍이 한적 없고
풍광이 몰래 움직이는 것을 알겠네.
인근 곳곳에서 노고를 위로하고
기쁜 정을 함께 나누네.
고치 봉헌은 여자의 공을 무겁게 여기는 데서 유래했고
그림을 그렸으니 지금도 옥으로 장식한 아름다운 궁에 진열한
것을 볼 수 있네.
성인은 단청을 아름답게 하지 않고
옥 같은 곡식과 구슬 같은 비단은 뜻을 같이 했다네.

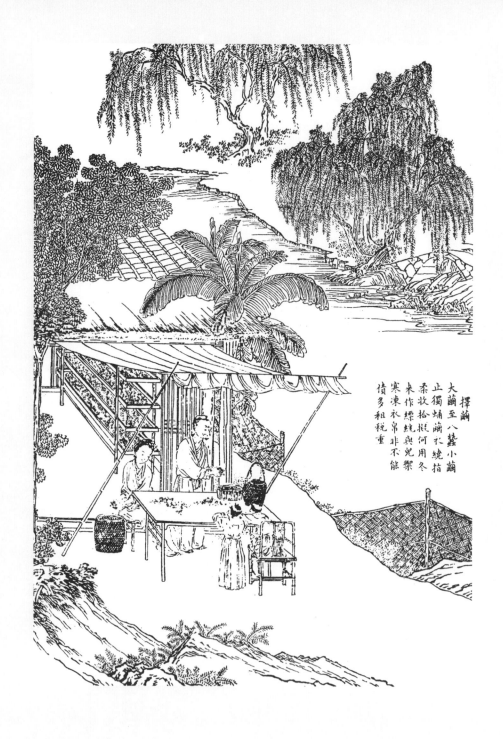

擇繭
大繭至八蠶小繭
止獨蛹繭水繞指
柔收拾擬何用冬
來作縹純與兜禦
寒凍衣帛非不能
償多租稅重

택견擇繭

얼음 같은 고치 뛰어나 흰 비단을 만들고
무거운 면으로 깔아 큰 추위를 막네.
중용에 나아갈 수 있었던 것은 재질과 방법 때문이고
광주리에서 다음에 볼 것을 취하네.

광주리를 기울이니 향기가 눈처럼 밝고
고치를 골라 날마다 처마에 올리네.
절반은 실을 만들고
3푼은 솜으로 충당하네.
여자에게 조용히 할 것을 부탁하고
관습대로 여윈 것과 씩씩한 것을 안다네.
염려하는 것은 소낙비에
이앙한 모가 불어난 물에 떠내려가는 것이라네.

약한 고치 어느 때 비단 만들까
힘써 바라는 것은 한 몸이 추위에서 벗어나기라네.
여덟 누에는 홀로 번데기 되어 다시 반드시 선택되어
모두 다음에 볼만한 비단 취하길 바랄 것이네.

窖藏

盤中水精鹽井上梧桐葉陶器固封
泥窖藏過旬渫門前春水生布穀催
舂碓明朝踏繰車二輪嬝白䋆

조견繅繭

1년 누에 일 벌써 성공하여
지난 일을 열거하면서 베 짜는 여자에게 부탁하네.
때에 잘 맞춰 고치를 굽고
호미를 어깨에 메고 우거진 뽕밭으로 향하네.

소매를 걷고 긴 치마를 풀어헤쳐
향기로운 땀 붉은 뺨에 축축하네.
농사는 선량한 사람에게 맡기고
누에의 공적은 오로지 첩에게 있네.
계단 아래 하족이 온전하고
힘써 만든 조견이 접해있네.
고생은 하늘이 감동하고
얼음과 눈 같은 고치는 광주리에 가득하네.

봄 해는 길어 부녀자의 공을 붙잡고
어떤 마음으로 모란의 붉은 꽃을 사랑할까.
좋은 고치는 촌의 부엌 머리 쪽으로 향하고
삽을 둘러매고 아이를 이끌고 뽕 숲으로 가네.

練絲
遠邨煮繭香
鮮事誰家娘
盈盈意媚寬
拍拍手探湯
上益頻包好
縛軸頭結長
晚來得少休
女伴語隔墻

연사練絲

곳곳에서 피어오르는 저녁밥 짓는 연기 사립문을 둘러싸고
비취 색 솥에서 향기 나니 고치 삶을 시간이구나.
끝없는 실은 여기서 나오고
동이머리 기쁜 색깔이 두 눈썹을 움직이네.

작은 집으로 흐르는 연기 푸르고
계곡 앞에서 길은 물은 깨끗하네.
흔들리는 수레 감아 도는 바람 같고
솥에 비친 것은 휘날리는 눈과 같네.
실 머리는 수장으로 들어가고
좌우로 돌면서 아주 바쁘네.
삐걱삐걱 서로 울리는 소리 들리고
지나가는 사람 고치 향기 맡네.

고치 굽는 연기 짧은 울타리에 날리고
창자 같은 실 첩첩이 연사 만들 때라네.
넘어진 것을 찾아 시험 삼아 펼치니 섬섬옥수라네.
어떻게 가지 머리가 미인 울부짖는 소릴 들을까.

蠶蛾

蠶蛾初脫繭，
蠕蠕如蝶翅，
翩翩然得偶，
粉翅光散子，
金粟圓歲月判悠，
、種嗣期綿綿，
送蛾臨遠水蠶，
歸祝明年

잠아蠶蛾

나방 알을 펼쳐 놓으니 금과 곡식 같고
물가에 나누어 날리니 맡길만한 곳이네.
고치실로 이익을 모두 남기려하지 말고
내년 옷 만드는 자금으로 남겨놓게나.

이웃이 비로소 왕래하고
잠시 바쁜 일손을 늦추네.
고치에서 나온 나방 훌쩍 날아오르고
날개는 빛나고 기름진 가루는 아름답네.
벼 싹은 이미 올라와 푸르고
뽕잎은 다시 푸른 것을 볼 수 있네.
나방은 반드시 물가로 보내야 하고
널리 퍼뜨리는 것은 농촌의 풍속이라네.

누에나방의 실 깨끗하니 바야흐로 알을 낳으니
시냇가로 보내는 것이 임무라네.
다시 다음해 봄에 집으로 일찍 돌아오길 원하니
올해는 지난해의 밑거름이라네.

祀謝

春前作鹽市盛事傳西蜀此邦
辜先蠶再拜然滿目馬草暴王
肌絲神不為厚雖云事游花鮮
與民為福

힘써 족簇에 제사지내고 신령스런 뽕나무에 제사지내니
기쁘게 얻은 실로 벌써 보상을 기대하네.
이때부터 서릉씨의 공덕이 성대하니
만년토록 옷을 입어 그 은택이 끝이 없네.

풍부한 제사 선잠으로 보답하고
뜰에 뿌려 우두커니 서서 오도록 하는 격이네.
술을 나누어 술두루미그릇에 따르고
규백圭璧에게 실을 바치네.
당 아래로 가족들이 쫓아가고
당 위 주인에게 절하네.
신의 은택으로 내년에도 상자에 가득
두 배 수확하길 바라네.

해마다 수고롭게 뽕나무 경작에 힘쓰니
일찍 세금을 갚을 수 있으리라.
금일 누에가 생겨 경건하게 제사지내니
서릉의 공덕을 한 없이 받드네.

緯
浸緯供織紝寒女兩鬢
丫纏總一縷熱成就百
種華夬水春筍寒揀輪
蟾影斜人間小阿香晴
空轉雷車

녹음이 햇빛을 가리고 들에는 인가가 있으니
매번 누에가 이르는 때 시끄럽지 않고 조용하네.
초여름부터 고치를 만든 후
울타리 주변의 새로운 소리가 베 짜는 기계에 울리네.

넘실넘실 가로실 짜는 수레는 부인 몫이고
형포荊布는 본디 노복의 일이라네.
실처럼 가늘게 머리까지 다스리고
곱게 새로운 것을 씻어내네.
마음이 바빠 먹을 겨를이 없고
팔이 게을러 어떻게 일찍 깨달을 수 있으랴.
문득 돌아가는 까마귀 울부짖는 소릴 들으니
석양이 집 모서리에 걸렸네.

누에 켜는 바퀴 힘차게 돌아가니 수많은 집에 울려 퍼지고
한 낮이 조용하고 사람들이 게으르니 어찌 시끄러우리오.
물에 젖은 실 기쁜 마음으로 바라보면서 베 짜는 작업장에 제
공하니
뇌신雷神이 철컥철컥 뇌거雷車를 돌리네.

織
青燈聯博暮絡緯
鳴井闌軋ゝ揮素
手風露凄已寒辛
勤度幾梭始復成
一端寄言騶綺伴
當念麻苧草

직織

종래 누에 길쌈하는 여자 공적이 많으니
마땅히 부지런히 힘써 비단 아낄 것을 생각하네.
베 짜는 부녀자 실처럼 고운 손으로 물건을 만드니
밤의 창은 오히려 북에 머물지 않네.

하나의 북이 하나의 북을 돌리면서
빈번하게 푸른 등잔 옆에서 떨어지네.
곱디고운 기계에 꽃이 달리고
휘늘어진 손에서 베를 짜네.
교태부리는 계집 잠자면서 코 골고
가을벌레도 소리 내네.
처마 끝의 달은 점점 높아가고
종이창은 밝아 새벽빛이네.

베 짜는 여자의 수고는 오후에 많으나
장차 쉽게 비단에 드러나지 않네.
은빛 난초가 비치는 곳에서 바야흐로 한 마디를 만드니
벌써 스스로 순환하여 만개의 북을 던지네.

絡絲
兒大督模絲
翰官延時節
正向來催租瓶
朝來掉雙勁
寧復鮮腕脫
辛苦夜來眼
敗屋燈明滅

락사絡絲

옷 없이 세상을 마치니 먼저 정과 관련 있고
차가운 기운이 사람들을 재촉하니 귀뚜라미 소리 들리네.
띠로 만든 집과 듬성듬성 만든 울타리에 가을밤은 깊은데
짧은 도지개(등잔걸이) 서로 대하면서 솜을 만드네.

베 짜는 여자 또한 아주 바빠서
처연하게 집에서 한숨짓네.
어두운 등불아래 흰 실을 타고
거듭해서 부드러운 팔을 힘들게 하네.
곱디고운 귀밑 털 차게 비치고
밤은 반쯤 깊었네.
아내의 마음은 겨를이 없고
마음이 바빠 실 차례가 어지럽네.

가을이 깊은 규방을 숨겨 정을 금할 수 없으니
귀뚜라미가 찬 소릴 보낼 수 있으리.
남편은 만 리 길 옥관玉關으로 떠났고
탄식하느라 새로운 실로 솜을 만들 수 없네.

經
素絲頭結多羨君
好安排青綜不動
塵履步交去來脈
脈意亂暮暮首
重回王言巴如
赤竹經綸才熱

경經

어린 난초 키우듯 온갖 정성으로 베 짜고
실을 당겨 잘 다듬어 비단을 만드네.
뽕나무 그늘에서 왕래하는 기계소리 울리니
벌써 강남의 생사로 만든 한 필의 비단을 보네.
지난번 얼레에서 만든 실
지금 굴대로 날실 만들기에 적합하네.
모두 고르고 세밀하게 잘 다듬어
진기하고 소중히 여겨 서로 정성을 다하네.
그대는 엄청난 명주를 보게나
비로소 장척丈尺 비단이 이루어진다네.
시장에 나온 흰 비단들
고통스러워 어찌 볼 수 있겠는가.

섬돌 아래 회오리바람 불어 여자와 난을 기다리니
새로운 실 날실로 만들어 흰 비단 만들려 하네.
두서를 잘 맞추어 장단을 나누니
약 반은 같아서 자세히 볼 수 있네.

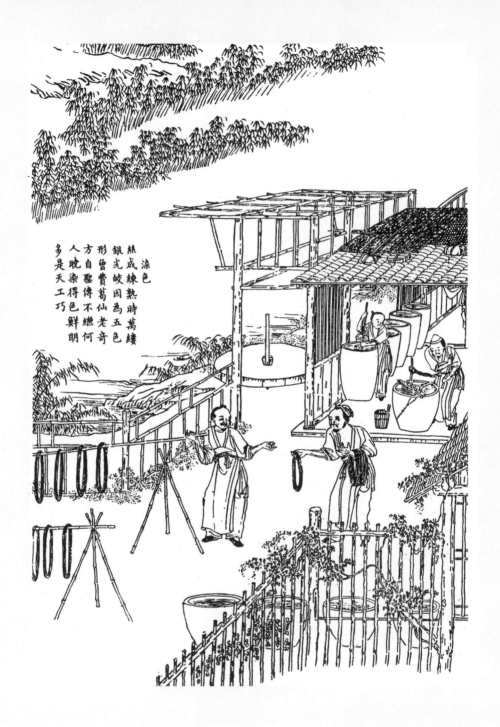

澡色
熟成練時萬縷
銀光破固為五色
形魯費葛仙老奇
方自聖傳不繼何
人曉染得色鮮明
多是天工巧

뭉친 기름 깨끗하여 새로운 실로 솜을 타니
신선이 사는 곳을 전해 들어 색깔이 육지를 떠나네.
일대의 문명은 아름답게 꾸미는 장식이니
모름지기 다섯 무늬로 하여금 드러나는 것을
준비토록 해야 하네.

깊고 얕게 분홍빛 비단을 만들고
푸르고 누렇게 기교한 지혜를 움직이네.
실로 박태기나무를 쬐고
바람을 맞아 비단 머금을 생각하네.
밝게 오색이 어지럽고
구름과 안개처럼 문드러지게 기세등등하네.
좋은 말 기계공에게 주고
쇠로 만든 북으로 비단 금 글자를 새기네.

날실과 씨실 성공은 오히려 실의 염색에 있나니
깨끗하고 빛나는 수많은 실들이 찬란하게 흩어지네.
자연의 기교가 빼앗은 곳은 사람의 기교와 관련 있네.
시렁 위에서 다시 펼쳐진 오색을 보네.

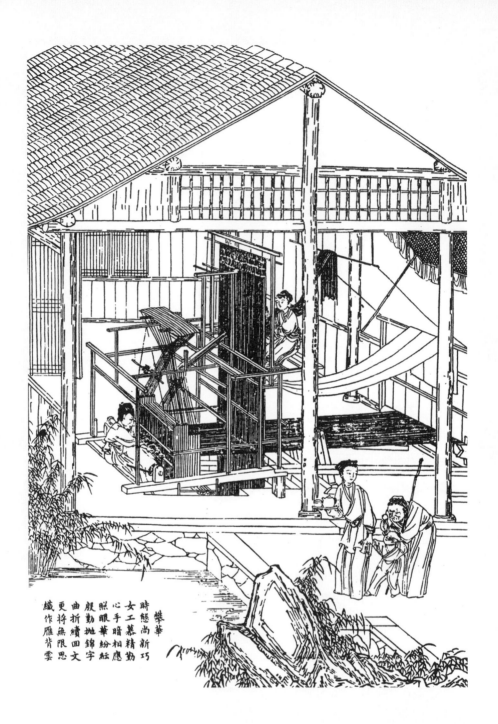

華樂
巧新尚態時
勤精慕工女
應相暗心
紘紛華照
字錦拋勤股
文田繡折曲
思限無將更
雲背雁作織

반화攀花

예쁜 모양 다투어 전하여 비단 무늬를 씻으니
베 짜는 여자 아주 고생하는 게 가련하도다.
구름무늬와 안개무늬는 사람들을 즐겁게 하려는 뜻이니
스스로 얼마간의 비단 치마를 만드네.

비단을 짜려면 마땅히 길게 짜야하고
꽃을 당기려면 반드시 쌍으로 당겨야 하네.
실마리가 번잡하면 손목이 수고롭고
북이 차가우면 은 항아리를 태우고도 남는다.
새로운 모양은 강남의 무늬 비단을 능가하고
비스듬한 문채는 촉 땅의 비단을 제사지내네.
완성한 한 필의 비단 어느 집에 떨어지나
어찌 차마 잠자리를 마름질하리오.

많이 쌓인 것은 수놓은 비단이니
기교를 다투어 만든 꽃무늬 비단이 가장 뛰어나네.
깊은 가을에 베 짜는 여자가 가련하니
겨우 흰 포로 만든 치마를 새롭게 기웠네.

剪綵事機杼知意
低眉把刀剪：尺盈：彼美
人剪：其束帛翰
官給邊用辛苦
旦惜大勝漢纖何
粉汙不再著

전백翦帛

손으로 비단을 가지런히 하고 어름과 눈처럼 맑으니
가을 옷을 만들어 정을 더욱 두텁게 하리라.
머뭇거리면서 어지럽게 칼과 자를 사용하지 않으면
수많은 실로 비단을 만들 수 있으리라.

천 개의 실이 만개의 실을 돌아오게 하고
완성한 비단은 비교할 만한 게 없도다.
자를 쥐고 정을 더욱 품어
잘라서 자주 머리를 숙이고자 하네.

붉은 것이 나누어지니 고운 복사나무 같고
푸른 것이 쪼개지니 부드러운 버드나무 같네.
다만 시부모의 추위를 면하려면
며느리 혼자 어찌 추하리오.

쪽빛 같은 시내 끝자락 가을 물 맑고
옷을 재단하여 멀리 부치니 정이 한층 두텁네.
쇠로 만든 칼로 머뭇거리려니
실이 모두 흰 손에서 이루어지네.

成衣

銀針透繡金首冲
橋連長短在工人寬
窗過尺數橫裁雁陣
雲碎補鴉翎日永成
念織營莫把紫家貝

성의成衣

벌써 묶은 백단을 만들고 또한 꿰매니
비로소 의상을 얻어 몸을 덮을 수 있네.
예부터 궁정에는 세탁이 많았으니
누에로 비단 짜는 일, 사람들을 아주 힘들게 하니 가련하도다.

9월에 수의授衣를 신고하고
실로 꿰맨 것은 느슨한 것을 허용하지 않네.
근소하게 절단한 것을 몰아내고
선명하게 장단에 잘 맞네.
칼과 자가 바람과 추위를 맞이하고
하늘이 구름을 가득 만드네.
천제天帝의 힘은 천시天時를 아우르고
농사와 누에는 배부르고 따뜻한 것을 위로하네.
잘게 묶은 비단 꿰매는데 쓰이니
다만 지독한 추위 때문에 중요한 몸을 섬기네.
임금은 그림 그리는 일이 수고로울까 근심하니
밤 옷은 영원히 모든 백성들을 보호하네.

참고문헌

기본자료

이충구 · 임재완 · 김병헌 · 성당제 역주, 『이아주소1~5』, 소명출판, 2004.

王雲五 主編, 『詩經今註今譯』, 商務印書館, 1914.

黃壽祺 · 梅桐生 譯, 『楚辭全譯』, 貴州人民出版社, 1995.

반고, 신정근 역주, 『백호통의』, 소명출판, 2005.

정재서 역주, 『山海經』, 민음사, 2001.

費著 撰, 『蜀錦譜』, 中華書局, 1985.

劉肅, 『大唐新語』, 靑少年出版社, 1995.

王毓瑚 校, 『王禎農書』, 農業出版社, 1981.

徐光啓, 『農政全書』上 · 下, 岳麓書社, 2002.

宋應星 지음, 崔炷 주역, 『天工開物』, 傳統文化社, 1997.

劉祖憲, 『橡繭圖說』中國科學技術典籍通彙, 農業卷, 河南敎育出版社, 1994.

董元亮, 『柞蠶彙誌』中國科學技術典籍通彙, 農業卷, 河南敎育出版社, 1994.

鄭珍, 『樗繭譜』中國科學技術典籍通彙, 農業卷, 河南敎育出版社, 1994.

王元綎, 『野蠶錄』中國科學技術典籍通彙, 農業卷, 河南敎育出版社, 1994.

增韞, 『柞蠶雜誌』中國科學技術典籍通彙, 農業卷, 河南敎育出版社, 1994.

增韞, 『柞蠶問答』中國科學技術典籍通彙, 農業卷, 河南敎育出版社, 1994.

汪日楨, 『湖蠶述』, 中華書局, 1956.

沈秉成, 『蠶桑輯要』, 農業出版社, 1960.

賈思勰, 繆啓愉 · 繆桂龍 撰, 『齊民要術譯注』, 上海古籍出版社, 2006.

『說文解字注』, 黎明文化事業公司, 1978.

『中國考古文物之美』2, 「河南安陽婦好墓」, 文物出版社, 1994.

『中國考古文物之美』5, 「湖北隨縣曾侯乙墓」, 文物出版社, 1994.

『中國考古文物之美』8, 「湖南長沙馬王堆西漢墓」, 文物出版社, 1994.

農業出版社編輯部, 『中國農諺』上冊, 農業出版社, 1986.

劉歆 撰・葛洪 輯, 林東錫 譯註, 『西京雜記』, 동문선, 1998.

馬宗申 校註, 姜義安 參校, 『授時通考校註』, 中國農業出版社, 1995.

趙承澤 主編, 『中國科學技術史』紡織卷, 科學出版社, 2002.

吳金成 외, 『明末・淸初社會의 照明』, 한울, 1990.

『澗松文萃』, 한국민족미술연구소, 2007.

마르코 폴로, 김호동 역주, 『동방견문록』, 사계절, 2000.

단행본

D. H. 퍼킨스, 양필승 옮김, 『중국경제사』, 신서원, 1997.

C.A.S. 윌리암스, 이용찬 외 옮김, 『환상적인 중국문화』, 평단문화사, 1985.

국립제주박물관 편, 『실크로드의 역사와 문화』, 서경문화사, 2008.

김영종, 『반주류 실크로드사』, 사계절, 2004.

니콜라 디코스모, 이재정 옮김, 『오랑캐의 탄생』, 황금가지, 2005.

랴오번, 오수경 외 옮김, 『중국 고대극장의 역사』, 솔, 2007.

레이 황, 홍순도 외 옮김, 『중국, 그 거대한 행보』, 경당, 2002.

로베르 에티엔, 주명철 옮김, 『폼페이 최후의 날』, 시공사, 1995.

로이드 E. 이스트만, 이승휘 옮김, 중국사회의 지속과 변화, 돌베개, 1999.

루링, 이은미 옮김, 『중국여성』, 시그마북스, 2008.

르네 그루쎄, 김호동 외 옮김, 『유라시아 유목제국사』, 사계절, 1998.

리귀룽, 이화승 옮김, 『제국의 상점』, 소나무, 2008.

마크 엘빈, 이춘식 외 옮김, 『중국역사의 발전형태』, 신서원, 1989.

미야오 지료, 심우성 옮김, 『아시아 무용의 인류학』, 동문선, 1991.

미야자키 이치사다, 임중혁・박선희 옮김, 『중국중세사』, 신서원, 1996.

박태균 외, 『동아시아의 지역질서』, 창비, 2005.

박한제, 『제국으로 가는 여정』, 사계절, 2003.

발레리 한센, 신성곤 옮김, 『열린 제국: 중국 고대-1660』, 까치, 2005.

서영교, 『전쟁기획자들』, 글항아리, 2008.

신웬어우 외, 허일 옮김, 『중국의 대항해자 정화의 배와 항해』, 심산, 2005.

수잔 휫필드, 김석희 옮김, 『실크로드이야기』, 이산, 2001.

양승윤 외, 『바다의 실크로드』, 청아출판사, 2003.

에두아르트 폭스, 이기웅 외 옮김, 『풍속의 역사3-色의 시대』, 까치, 1987.

에드워드 불워, 이석현 옮김, 『폼페이 마지막 날』, 성바오로출판사, 1979.

오다니 나카오, 민혜홍 옮김, 『대월지』, 아이필드, 2008.

왕대유, 임동석 옮김, 『용봉문화원류』, 동문선, 1994.

요시카와 고지로, 이목 옮김, 『한무제』, 천지인, 2008.

웨난, 이익희 옮김, 『마왕퇴의 귀부인1 · 2』, 일빛, 2001.

윌리엄 맥닐, 김우영 옮김, 『세계의 역사1 · 2』, 이산, 2007.

육소형, 강경범 외 옮김, 『취고당검소』, 동문선, 2007.

이균, 『국제무역의 역사』, 두남, 2006.

이나미 리츠코, 이은숙 옮김, 『사치향락의 중국사』, 차림, 1997.

이민호, 『근세중국의 국가경영과 재정』, 한국학술정보, 2008.

이시다 미키노스케, 이동철 옮김, 『장안의 봄』, 이산, 2004.

이이화, 『한국사 이야기9』, 한길사, 2000.

이춘식, 『中華思想의 理解』, 신서원, 2002.

자크 앙크틸, 최내경 옮김, 『목화의 역사』, 가람기획, 2007.

자크 제르네, 김영제 옮김, 『전통중국인의 일상생활』, 신서원, 1995.

장-노엘 로베르, 조성애 옮김, 『로마에서 중국까지』, 이산, 1998.

장정명, 남종진 옮김, 『초문화사』, 동문선, 2002.

장징, 이목 옮김, 『미녀란 무엇인가』, 뿌리와이파리, 2004.

잭 웨더포드, 정영목 옮김, 『칭기스 칸, 잠든 유럽을 깨우다』, 사계절, 2005.

정수일, 『고대문명교류사』, 사계절, 2001.

조너선 D. 스펜스, 김석희 옮김, 『칸의 제국』, 이산, 2000.

존 홉슨, 정경옥 옮김, 『서구 문명은 동양에서 시작되었다』, 에코리브르, 2005.

주경철 , 『문명과 바다』, 산처럼, 2009.

주운영, 최병수 외 옮김, 『중국의 전통문화, 한국에 미친 영향』, 개신, 2008.

진동원, 송정화 · 최수경 옮김, 『중국, 여성 그리고 역사』, 박이정, 2005.

진보량, 이치수 옮김, 『중국유맹사』, 아카넷, 2001.

차미경, 『상징의 미학 경극』, 신서원, 2005.

케네스 포메란츠 외, 박광식 옮김, 『설탕, 커피 그리고 폭력』, 심산, 2003.

티모시 브룩, 이정 · 강인환 옮김, 『쾌락의 혼돈』, 이산, 2005.

필립 커틴, 김병순 옮김, 『경제인류학으로 본 세계무역의 역사』, 모티브북, 2007.

하야시 미나오, 이남규 옮김, 『고대 중국인 이야기』, 솔, 1998.

홍석준 · 임춘성, 『동아시아의 문화와 문화적 정체성』, 한울, 2009.

화메이, 김성심 옮김, 『복식』, 대가, 2008.

논문

김호, 「당대 황실여성의 생활과 지위」, 『동양사학연구』 97집, 2006.

박기수, 「淸末 廣州의 生絲 · 비단 제품 수출에 대한 기초적 연구」, 『명청사연구』 30집, 2008.

육정임, 「송원대 방직업과 여성의 지위」, 『동양사학연구』 96집, 2006.

이석현, 「송대 예속민의 노동형태」, 『동양사학연구』 80집, 2002.

이은주, 「전통 견직물의 촉각적 감성요인」, 『감성과학』 10권 1호, 2007.

조복현, 「송대 견가의 변동과 그 특징 연구」, 『동양사학연구』 100집, 2007.

--------, 「송대 관료사회에서 뇌물수수가 성행한 배경과 사풍」, 『동양사학연구』 95집, 2006.

조풍, 「遼대 견직물 袍의 圖案과 裁斷」, 『한국복식』 19호, 2001.

최인려 · 이화영, 「16~18세기 중국 강남지방의 직물생산에 관한 연구」, 『한국전통생활문화학회지』, 2001.

최재수, 「고대중국의 해상활동과 해상실크로드」, 『한국해운학회지』 20호, 1995.

중국을 낳은 뽕나무

ⓒ 강판권 2009

초판인쇄 2009년 6월 26일
초판발행 2009년 6월 30일

지은이 강판권
펴낸이 강성민
편집장 이은혜
편 집 신헌창
마케팅 신정민

펴낸곳 (주)글항아리 | 출판등록 2009년 1월 19일 제406-2009-000002호

주소 413-756 경기도 파주시 교하읍 문발리 파주출판도시 513-8
전자우편 bookpot@hanmail.net
전화번호 031-955-8888(관리부) 031-955-8898(편집부)
팩스 031-955-2557

ISBN 978-89-93905-02-1 03900

이 도서의 국립중앙도서관 출판시도서목록(CIP)은 e-CIP홈페이지(http://www.nl.go.kr/ecip)에서
이용하실 수 있습니다. (CIP제어번호 : CIP2009001892)